गांधी-दृष्टि के विविध आयाम

गांधी-दृष्टि के विविध आयाम

शम्भू जोशी
मिथिलेश

राजकमल प्रकाशन

ISBN : 978-93-88183-80-2

मूल्य : ₹495

पहला संस्करण : 2020

प्रकाशक : राजकमल प्रकाशन प्रा. लि.
1-बी, नेताजी सुभाष मार्ग, दरियागंज
नई दिल्ली-110 002

शाखाएँ : अशोक राजपथ, साइंस कॉलेज के सामने, पटना-800 006
पहली मंजिल, दरबारी बिल्डिंग, महात्मा गांधी मार्ग, इलाहाबाद-211 001
36 ए, शेक्सपियर सरणी, कोलकाता-700 017

वेबसाइट : www.rajkamalprakashan.com
ई-मेल : info@rajkamalprakashan.com

मुद्रक : बी.के. ऑफसेट
नवीन शाहदरा, दिल्ली-110 032

GANDHI-DRISHTI KE VIVIDH AAYAM
by Shambhu Joshi & Mithilesh

अनुक्रम

प्रस्तावना

एक ऐसे समय में जब अहिंसा एवं लोकतंत्र को विश्व जनमत की स्वीकृति मिल चुकी है और महात्मा गांधी को बीसवीं सदी के महान व्यक्तित्व के रूप में चयनित किया जा चुका है, यह देखना काफी दिलचस्प है कि उनके विचार किस तरह से हमारे समय की समस्याओं को हल करने में हमारी मदद करते हैं। पहले से चली आ रही अहिंसक परम्परा को नये रूप से विकसित और पल्लवित करने का श्रेय महात्मा गांधी को अवश्य दिया जाना चाहिए क्योंकि सार्वजनिक जीवन में अहिंसा के व्यापक प्रयोग उन्होंने करके दिखाए। जिस तरह एक वैज्ञानिक अपनी प्रयोगशाला में विभिन्न पदार्थों के साथ अपने प्रयोग कर नियम प्रतिपादित करता है, उसमें सफलता और असफलता, दोनों ही उसके मार्ग की राही होती हैं, ठीक उसी तरह गांधी भी एक समाज वैज्ञानिक की तरह अहिंसा को आधार बनाकर न केवल स्वयं के प्रति अपितु समाज में व्याप्त समस्याओं के अहिंसक समाधान के प्रयोग करते हैं और तदनुसार अहिंसक नियमों की व्याख्या करते हैं। अपनी अहिंसा दृष्टि के कारण ही वे महत्त्वपूर्ण हो जाते हैं। वे वैज्ञानिकों और दर्शनशास्त्रियों की तरह अपने आसपास के वातावरण के साथ जिरह और मुठभेड़ करते हैं और अहिंसा दृष्टि का प्रतिपादन करते हैं।

उनकी अहिंसक तत्त्वमीमांसीय दृष्टि ही उन्हें औरों से अलग करती है। गांधी का समय हिंसा, तीव्र औद्योगिकीकरण और उपनिवेशवाद के साथ-साथ विश्वयुद्धों का समय भी है। वह उनसे भागते या पहले से चली आ रही विरोध की परम्परा को यथावत स्वीकार नहीं करते बल्कि अपने विवेक से उनके मूल कारणों को समझने का प्रयास कर अपना समाधान प्रस्तुत करते हैं। मनुष्य जाति की एकता और अखंडता—या कहना चाहिए, अहिंसा—में उनके अटूट विश्वास का ही परिणाम है कि वह रंगभेद जैसी ताकत के समक्ष हिंसा को नहीं बल्कि मनुष्यता को खड़ा करते हैं। हिंसा का उपाय ज्यादा हिंसा नहीं बल्कि मनुष्यता ही है। यह गांधी के विचार की बुनियाद भी कही जा सकती है। उनके लिए किसी भी समस्या का हल इस बात में है कि मनुष्यता को केन्द्र में रखकर इसका क्या समाधान खोजा जा सकता है। जब मनुष्य—चाहे प्रतिपक्षी ही सही—अपने मूल स्वभाव (अहिंसा) को छोड़कर उसके विरोध में काम करने लगे तो गांधी के अनुसार मनुष्यता का तकाजा यही है कि उसे प्रेम के

नियम से ही अहिंसा की ओर प्रवृत्त किया जाए। वस्तुतः मनुष्यता की अखंडता की अवधारणा का सामाजिक प्रयोग गांधी-विचार की बुनियाद है। क्या हम ऐसा समाज बना सकते हैं जिसमें व्यक्ति-व्यक्ति के बीच अविरोध की स्थिति हो और सभी केवल अपने लिए नहीं बल्कि ऐसे समाज के निर्माण के लिए जिएँ जो सभी के कल्याण के लिए प्रतिबद्ध हो ? वस्तुतः गांधी की 'स्व' की परिभाषा में 'समस्त' भी स्वतः ही शामिल हो जाता है इसलिए उनके लिए सत्याग्रह ही उपाय हो सकता था।

अहिंसा का नियम ही इस संसार को संचालित करने का नियम है, अपनी इसी दृष्टि के आधार पर उन्होंने अपनी जीवन-दृष्टि विकसित की। उनकी चिन्ता वस्तुतः 'मनुष्य के बर्बरीकरण' को रोकने की थी। यही वह समस्या थी जो धर्म, देश, काल, भाषा, स्थान से परे समस्त मानव जाति के समक्ष विद्यमान थी और कमोबेश आज भी हमारे सामने मुँह बाये खड़ी है। गांधी का समस्त चिन्तन इसी बर्बरीकरण के प्रति सत्याग्रह कहा जा सकता है। विचारों से प्रारम्भ होकर मानवीय कर्मों में यह बर्बरीकरण कैसे रोका जाए, इसी चिन्तन में गांधी-विचार ने अपने अहिंसक समाधानों को प्रस्तुत किया। गांधी-विचारों और समाधानों को इस परिप्रेक्ष्य में देखने पर उनकी प्रासंगिकता स्पष्ट होने लगती है।

गांधी को कई अध्येताओं ने व्यक्तिवादी बताया और कहा कि वह व्यक्ति पर जोर देते हैं, परन्तु यह देखना वाजिब होगा कि उनकी व्यक्ति की अवधारणा आत्ममुग्ध व्यक्ति की नहीं बल्कि सामाजिक कल्याण के प्रति प्रतिबद्ध व्यक्ति की है जो समाज में अपने अधिकारों के प्रति उतना ही सचेत है जितना अपने कर्तव्य के प्रति। वे समाजोन्मुख व्यक्तिवाद के समर्थक कहे जा सकते हैं। व्यक्ति का आत्मचेता होना समाज के लिए खतरा नहीं बल्कि समाज के लिए उपलब्धि है। गांधी-विचार इसलिए सामाजिक क्षेत्र में पारस्परिकता और अन्योन्याश्रितता का पक्षधर है क्योंकि सभी यहाँ स्व का ही रूप है। समाज अपने स्व का ही विस्तार है। इसी तर्क से प्रत्येक व्यक्तिगत कर्म सामाजिक कर्म भी हो जाता है और व्यक्तिगत कर्म की कसौटी सामाजिक कल्याण। विनोबा आगे चलकर इस तर्क को 'सामूहिक समाधि' के नाम से व्याख्यायित करते हैं।

चूँकि मनुष्य का मूल सार ही अहिंसा के नियम से प्रसूत है अतएव उसके जीवन की सार्थकता यही है कि उसका समस्त जीवन और क्रियाकलाप इसी अहिंसा नियम से अनुपालन में हो। अतएव गांधी-विचार की सामाजिक-आर्थिक दृष्टि जिन सिद्धान्तों का प्रतिपादन करती है—सत्याग्रह, स्वदेशी, रचनात्मक कार्यक्रम, ट्रस्टीशिप, एकादशव्रत, सात सामाजिक पातक, विकेन्द्रीकरण, ग्राम स्वराज्य आदि—उनके मूल में अविरोधी विकास की अवधारणा ही कार्य कर रही है।

वस्तुतः यह पुस्तक इसी सामाजिक-आर्थिक-राजनीतिक दृष्टि पर प्रकाश डालती है। यह बताने का प्रयास करती है कि गांधी की मूल दृष्टि को आधार

बनाकर उनके सिद्धान्त किस तरह समाज के व्यापक परिवर्तन की बुनियाद बनाते हैं। उनकी अहिंसा दृष्टि तथा उनके समस्त सिद्धान्तों को व्याख्यायित करने का प्रयास इस पुस्तक में किया गया है।

इस पुस्तक में कुल आठ अध्याय हैं। पहला अध्याय गांधी की सामाजिक दृष्टि से सम्बन्धित है जिसमें गांधीय सामाजिक दर्शन के विविध तत्त्वों, यथा—एकादश व्रत, सामाजिक पातक आदि की चर्चा की गई है। दूसरे अध्याय में गांधी की राजनीतिक दृष्टि की समीक्षा के अन्तर्गत धर्म, स्वराज, लोकतंत्र, व्यक्ति स्वातंत्र्य एवं रामराज्य की उनकी अवधारणा को स्पष्ट करने का प्रयास किया गया है। तीसरे अध्याय में गांधी की आर्थिक दृष्टि को समझाने का प्रयास किया गया है जिसमें स्वदेशी, अपरिग्रह, अस्तेय तथा मशीनीकरण पर गांधी के विचार प्रस्तुत किये गए हैं। चौथा अध्याय गांधी के शैक्षिक दृष्टि को निरूपित करता है जिसमें नई तालीम के आधार पर गांधीय शैक्षिक दर्शन को प्रस्तुत किया गया है। पाँचवाँ अध्याय गांधी की श्रम-दृष्टि से सम्बन्धित है। इस अध्याय में शारीरिक एवं बौद्धिक श्रम की गांधीय अवधारणा को प्रस्तुत किया गया है, साथ ही श्रम के प्रतिमूल्य के प्रश्न पर भी प्रकाश डाला गया है। अध्याय छह गांधी की औद्योगिक दृष्टि के बारे में है। इस अध्याय में श्रम एवं पूँजी, श्रम-संगठन विवाद-निपटान की गांधीय प्रविधि पर विस्तृत चर्चा की गई है। इसी अध्याय में न्यासिता-सिद्धान्त पर भी प्रकाश डाला गया है। अध्याय सात गांधी की पर्यावरणीय दृष्टि से सम्बन्धित है। इसमें गांधी के अहिंसक पर्यावरणीय दृष्टि को रेखांकित किया गया है। आठवें एवं अन्तिम अध्याय में सामाजिक आन्दोलन की गांधीय प्रविधि पर विस्तार से चर्चा के अन्तर्गत सत्याग्रह के बुनियादी सिद्धान्त पर बात करते हुए पैसिव रेजिस्टेंस एवं सत्याग्रह के बीच के अन्तर को स्पष्ट करने का प्रयास किया गय७ है। इस अध्याय में सत्याग्रह के विविध प्रकारों पर भी चर्चा की गई है।

इस पुस्तक के प्रकाशन हेतु प्रेरणा के स्रोत उन सभी शिक्षकों का दिल से आभार, जिन्होंने गांधी-दृष्टि से हमारा परिचय कराया। महात्मा गांधी अन्तरराष्ट्रीय हिन्दी विश्वविद्यालय के कुलपति प्रो. गिरीश्वर मिश्र के प्रति भी हम आभारी हैं जिन्होंने सदैव अकादमिक पहल के लिए प्रोत्साहित किया। राजकमल प्रकाशन समूह के प्रबन्ध निदेशक अशोक महेश्वरी एवं आमोद महेश्वरी का दिल से आभार, जिनके अथक प्रयासों से वृहद हिन्दी समाज के सामने अपने अर्द्ध-पल्लवित विचारों को प्रस्तुत करने में हम सफल रहे।

आशा है यह पुस्तक हिन्दी पट्टी के विद्यार्थियों एवं अध्येताओं को गांधी-दृष्टि के प्रति समग्र चिन्तन के लिए प्रेरित करेगी, इसी विश्वास के साथ—

शम्भू जोशी एवं **मिथिलेश**

भूमिका

गांधी हैं विकल्प

डॉ. राममनोहर लोहिया ने जब यह कहा था कि विश्व को गांधी और अणुबम में से किसी एक को चुनना होगा तो वह केवल युद्ध और शान्ति की बात नहीं कर रहे थे। उनका आशय अहिंसा और हिंसा के सभी सूक्ष्म-स्थूल रूपों और आयामों में से किसी एक के चुनाव का था। गांधी आज की कथित सभ्यता को 'शैतानी सभ्यता' कहते हैं क्योंकि यह सभ्यता मूलतः एक हिंसक सभ्यता है। विनाश की ओर ले जाने की उसकी गति इतनी तेज़ है कि मार्टिन रीज जैसे विचारक इस शताब्दी को 'फाइनल सेंचुरी' तक कह देते हैं। महात्मा गांधी ने 1931 ई. में लंदन में भारतीय छात्रों की एक सभा को सम्बोधित करते हुए कहा था : 'मुझे अपने देशवासियों की पीड़ाओं के निवारण से भी अधिक चिन्ता मानव-प्रकृति के बर्बरीकरण की है।'—वह बर्बरीकरण जो इस आधुनिकतावादी कही जानेवाली सभ्यता के लालच का एक स्वाभाविक परिणाम है। जब गांधी जी बर्बरीकरण की बात करते हैं तो वह केवल स्थूल हिंसा तक सीमित नहीं है। उसमें हिंसा के वे सब रूप और आयाम शामिल हैं, जिन्हें संरचनागत हिंसा, सांस्कृतिक हिंसा और पीड़ितोन्मुख अप्रत्यक्ष हिंसा कहते हैं। प्रत्यक्ष हिंसा भी इस संरचनागत हिंसा का ही प्रतिफलन होती है, जिसे सांस्कृतिक हिंसा एक वैधता प्रदान करने की कोशिश करती है। आधुनिक विकास की समूची प्रक्रिया—जो प्रकृति और मानव-प्रकृति, दोनों के प्रति बर्बर व्यवहार करती है—इस बौद्धिक विश्वास से ही प्रेरित है जो मेजारोस के अनुसार, हमें बताता रहा है कि आधुनिक तकनीकी और उस पर आधारित आधुनिकीकरण से हमारी सारी समस्याएँ हल हो जाएँगी। लेकिन, हम शायद यह भूल गए कि तकनीकी अर्थात् उत्पादन-शक्तियाँ ही बड़ी हद तक उन उत्पादन-सम्बन्धों का आधार होती हैं, जिन पर हमारी सभ्यता का 'सुपर-स्ट्रक्चर' विकसित होता है। मेरी नाचीज राय में तो सोवियत समाजवादी व्यवस्था और उससे प्रेरित अन्य समाजवादी कही जानेवाली व्यवस्थाओं के पतन का कारण यही रहा कि उन्होंने उन्हीं उत्पादन-शक्तियों के आधार पर समाजवादी व्यवस्था का विकास करना चाहा, जो पूँजीवाद और उसके नये रूप भूमंडलीकरण और कॉरपोरेट बहुराष्ट्रीय पूँजीवाद के उन उत्पादन-सम्बन्धों का

आधार है, जिनमें श्रम की भूमिका निरन्तर क्षीण होती जा रही है, जिसका परिणाम है रोजगारविहीन विकास—जॉबलेस ग्रोथ—की ओर बढ़ते जाना। बेरी कॉमनर का कथन याद आता है कि हमारी समस्याएँ प्रौद्योगिकीवाद की असफलता नहीं, बल्कि उसकी सफलता के नतीजे हैं। युद्ध तो प्रत्यक्ष हिंसा है ही, लेकिन प्रकृति का विनाश, बेरोजगारी, मानव-प्रकृति का एकायामी होते चले जाना, मानवीय अकेलापन, विविध प्रकार के सामाजिक-राजनीतिक तनाव आदि संरचनागत हिंसा और उसे वैध ठहरानेवाली विश्वास-प्रणाली अर्थात् सांस्कृतिक हिंसा की ही अभिव्यक्तियाँ हैं।

सवाल यह उठता है कि क्या महात्मा गांधी कोई रास्ता सुझाते हैं? इस सवाल का उत्तर उस बुनियादी सवाल के उत्तर में है कि क्या यह व्यवस्था हमारी ज़रूरतों को कृत्रिम रूप से बढ़ाए बिना जीवित रह सकती है? और क्या उनकी पूर्ति हमारे हिंसक हुए बिना सम्भव है—अपने आपके प्रति हिंसक और अपने सामाजिक और प्राकृतिक परिवेश के प्रति हिंसक?

महात्मा गांधी के विचार-सूत्रों में यदि इस प्रकार की सभी समस्याओं के प्रति एक अद्भुत जागरूकता तथा एक नैतिक-तार्किक संगति दिखाई देती है तो इसका कारण शायद यही है कि उनका सारा जीवन और चिन्तन अहिंसा—प्रेम—के नियम से प्रेरित रहा है। विस्मय इस बात का होता है कि उनके नैतिक आग्रहों में कहीं भी अर्थशास्त्रीय सवालों की अनदेखी नहीं है। वह यह मानते हैं कि 'सच्चा अर्थशास्त्र कभी उच्चतम नैतिक मानकों का विरोधी नहीं होता, ठीक उसी प्रकार सच्चा नीतिशास्त्र वही माना जा सकता है, जो नीतिशास्त्र होने के साथ-साथ एक अच्छा अर्थशास्त्र भी हो...। सच्चा अर्थशास्त्र सामाजिक न्याय सुनिश्चित करता है। दुर्बलतम व्यक्तियों सहित सबकी भलाई को बढ़ावा देता है और ढंग की ज़िन्दगी जीने के लिए अपरिहार्य होता है।' इस दृष्टि से महात्मा गांधी का ध्यान सबसे पहले उत्पादन के वास्तविक प्रयोजन और उसकी शक्तियों अर्थात् उत्पादन की प्रक्रिया और साधनों पर जाता है।

प्रौद्योगिकीय नियतिवाद—टेक्नोलॉजिकल डिटरमिनिज़्म—आधुनिक युग की एक ऐसी समस्या है, जिसने विचारकों का ध्यान आकर्षित किया है। जिस प्रौद्योगिकी पर आज हम आश्रित हैं, उसमें अन्य समस्याओं के साथ आर्थिक-राजनीतिक सत्ता के किसी-न-किसी प्रकार के केन्द्रीकरण और राज्य सत्तावाद का होना अनिवार्य है—ऐसी राजसत्ता जो वास्तविक अर्थों में कॉरपोरेट पूँजीवाद के एजेंट की हैसियत में लाई जा रही है। यहाँ तक कहा जा सकता है कि तकनीकी—अर्थनीति और राजनीति की ही नहीं—हमारी जीवन-शैली की प्रेरक-निर्धारक होने के कारण अपने में एक विचारधारा और कार्यक्रम हो जाती है।

महात्मा गांधी 'टेक्नोलॉजिकल डिटरमिनिज़्म' की इस समस्या को न केवल पूरी तरह पहचानते हैं बल्कि उसका समाधान भी सुझाते हैं। वह यह जानते हैं कि

असली संघर्ष राजनीतिक विचार के क्षेत्र में नहीं बल्कि अस्तित्व के नियम अर्थात् प्रेम और हिंसा के बीच उन नियमों से प्रसूत प्रौद्योगिकियों का है। यदि हम एक न्यायपूर्ण और अहिंसक अर्थात् प्रेममय समाज का विकास करना चाहते हैं, तो हमें इस उद्देश्य के अनुरूप जीवन-दृष्टि के साथ-साथ अहिंसक उत्पादन-शक्तियों का भी विकास करना होगा। महात्मा गांधी का 'स्वदेशी' और विकेन्द्रीकृत अर्थव्यवस्था का आग्रह, दरअसल, 'टेक्नोलॉजिकल डिटरमिनिज्म' के सवाल का समाधान प्रस्तुत करता है। गांधी जी की दृष्टि में 'स्वदेशी' का तात्पर्य है स्थानीय ज़रूरतों के लिए स्थानीय संसाधनों से किया गया उत्पादन। शुभाकर, रोबिन क्लार्क, ममफोर्ड, इवान इलिच आदि ने अनेक विकल्प सुझाए हैं, जिन्हें समुचित प्रौद्योगिकी, नर्म प्रौद्योगिकी आदि संज्ञाओं से जाना जाता है। महात्मा गांधी का स्वदेशी का आग्रह इन सबकी प्रेरणा रहा है। अब तो मेजारोस, लेबो विट्ज और टैरी इगलटन जैसे नये मार्क्सवादी विचारक भी विकेन्द्रीकृत प्रौद्योगिकी और उत्पादन की बात करने लगे हैं, जिस पर न कॉरपोरेट का नियंत्रण हो, न राज्य का। यह उन उत्पादन-शक्तियों के विकल्प से ही हो सकता है, जो उत्पादन के साथ-साथ मुनाफ़े के वितरण की समस्या का भी समाधान अन्तर्निहित किए हैं। दरअसल, स्वदेशी प्रौद्योगिकी और उससे प्रसूत अहिंसक उत्पादन-सम्बन्धों के कारण पूँजी का शोषणपरक केन्द्रीकरण सम्भव ही नहीं रहता और लाभ के न्यायपूर्ण वितरण अर्थात् आर्थिक समता का आदर्श भी बड़ी हद तक स्वयमेव हासिल होने लगता है। सत्य और अहिंसा, महात्मा गांधी के विचार में, केवल वैयक्तिक गुण ही नहीं माने जाने चाहिए बल्कि उनका सामाजिक-आर्थिक प्रतिफलन साध्य के रूप में ही नहीं, बल्कि साधनों और प्रक्रिया में भी दिखाई देना चाहिए। कह सकते हैं कि 'स्वदेशी' का आग्रह आधुनिक प्रौद्योगिकी से प्रसूत आर्थिक-राजनीतिक हिंसा तथा पूँजीवाद-साम्राज्यवाद के सभी प्रत्यक्ष-परोक्ष रूपों के बरक्स एक प्रकार का सत्याग्रह हो जाता है।

कुछ आवश्यक बड़े उद्योगों के नियंत्रण के लिए महात्मा गांधी 'न्यासिता' (ट्रस्टीशिप) तथा कुछ के लिए सीधे राज्य के नियंत्रण का भी प्रस्ताव करते हैं। लेबोविदन जैसे सोवियतोत्तर मार्क्सवादी भी सामाजिक उत्पादन-सम्बन्धों के लिए उत्पादन के साधनों पर सामाजिक नियंत्रण का प्रस्ताव करते हैं जो राज्य के माध्यम से नहीं बल्कि स्वयं श्रमिकों द्वारा संगठित उत्पादन-व्यवस्था का प्रस्ताव है। मेजारोस इस प्रकार की प्रणाली को सहकारी उत्पादन वर्ग—'एसोशिएटेड प्रोड्यूसर्स'—संज्ञा देते हैं और गांधी जी की ही तरह यह मानते हैं कि समाजवादी व्यवस्था का विकास नीचे से होना चाहिए, न कि ऊपर से नियंत्रित। लेकिन विकेन्द्रीकृत तकनीक पर ही, जिसे गांधी जी 'स्वदेशी' कहते हैं, विकेन्द्रीकृत स्वामित्व का विकास हो सकता है। राष्ट्रीय अथवा बहुराष्ट्रीय, किसी भी प्रकार के पूँजीवाद और उसके अनिवार्य प्रतिफलन साम्राज्यवाद का विकल्प इसलिए 'स्वदेशी' तकनीकी और उत्पादन-

व्यवस्था ही हो सकती है, जिसके अन्तर्गत मानवीय स्वातंत्र्य और व्यक्तित्व भी पोषित होता है और प्राकृतिक विनाश का ख़तरा भी नहीं रहता। इस अर्थ में गांधी जी द्वारा प्रस्तावित 'स्वदेशी' उस व्यवस्था के विकल्प का बीज है, जिसके कारण मानव-जाति अपने अस्तित्व पर कुठाराघात करती जा रही है। 'लोभ' की जगह 'प्रेम' पर आधारित सामाजिक संरचना ही सत्य अर्थात् अस्तित्व के नियम का व्यावहारिक सांस्थानिक रूप हो सकती है। टैरी ईगलटन प्रेम के आदर्श की रोशनी में मार्क्स की व्याख्या करते हुए कहते हैं कि अन्य के माध्यम से ही हम अपने को खोज पाते हैं—'परायी पीड़ा' को जानकर ही अपनी वैष्णवता को अर्जित कर सकते हैं। इससे अधिक सुन्दर नीतिशास्त्र की कल्पना मुमकिन नहीं—वह नीतिशास्त्र, जो अर्थनीति, राजनीति और सामाजिक सम्बन्धों को अपने में समाहित किए है। शिक्षा का प्रयोजन भी इसलिए इस प्रेम को व्यावहारिक स्तर पर प्रतिष्ठित करने के लिए विद्यार्थी को प्रशिक्षित करना हो सकता है। सत्याग्रह की शिक्षा ही वास्तविक शिक्षा है क्योंकि सत्याग्रह-प्रतिरोध में प्रेम का समावेश है।

मुझे गर्व है कि शम्भू जोशी और मिथिलेश महात्मा गांधी अन्तरराष्ट्रीय विश्व-विद्यालय, वर्धा में मेरे छात्र रहे हैं। यह पुस्तक इन दोनों का सम्मिलित प्रयास है। इस पुस्तक की प्रमुख विशेषता यह है कि उन्होंने गांधी-दृष्टि के विविध आयामों को उनके साध्य सत्य तथा साधन अहिंसा अर्थात् प्रेम के बीज से पल्लवित सिद्ध करने का स्तुत्य प्रयास किया है। इस काम को पूरी तरह प्रामाणिक बनाने के लिए उन्होंने अधिकांशत: महात्मा गांधी के अपने लेखन से प्रचुर प्रमाण जुटाने के साथ-साथ गांधी-चिन्तन के कई प्रामाणिक विद्वानों के विचारों का भी गम्भीर विश्लेषण किया है। मेरी मान्यता है कि यह पुस्तक जहाँ सामान्य पाठकों को गांधी-विचार की प्रामाणिक जानकारी दे सकेगी, वहीं अध्येताओं, छात्रों और अध्यापकों के लिए भी अतीव उपयोगी साबित होगी। इस स्तुत्य प्रयास के लिए मिथिलेश और शंभू को धन्यवाद और प्रेमिल आशीर्वाद।

—नन्दकिशोर आचार्य

सुथारों की बड़ी गुवाड़,
बीकानेर-334005
18 दिसम्बर, 2018

गांधी-दृष्टि के विविध आयाम

अध्याय-1

सामाजिक दृष्टि

सत्य और अहिंसा ही महात्मा गांधी के सम्पूर्ण चिन्तन एवं कर्म का केन्द्रबिन्दु है। 'ईश्वर सत्य है' से 'सत्य ईश्वर है'[1] की उनकी यात्रा दार्शनिक आधार लिये हुए है। लेकिन सत्य की कोई एक निश्चित और एकायामी धारणा स्वीकार नहीं की जा सकती है क्योंकि विभिन्न धर्मों एवं दर्शनों में सत्य को जानने, उसकी प्रक्रिया, अभिव्यक्ति में कई भिन्नताएँ हैं। गांधी जी इसी विचार को स्पष्ट करते हुए सत्य के अनन्त रूपों को स्वीकार करते हैं और मानते हैं कि निरपेक्ष सत्य को जानना मनुष्य के वश की बात नहीं है। अत: मनुष्य के लिए यह आवश्यक है और यह कर्तव्य भी कि सत्य जैसे उसे दिखाई दे, उसका अनुगमन करे एवं ऐसा करते हुए अहिंसा को अपनाए :

> *'निरपेक्ष सत्य को जानना मनुष्य के वश की बात नहीं है। उसका कर्तव्य है कि सत्य जैसा उसे दिखाई दे, उसका अनुगमन करे और ऐसा करते समय शुद्धतम साधन अर्थात् अहिंसा को अपनाए।'*[2]

अहिंसा के माध्यम से ही हम सत्य के विभिन्न रूपों के अस्तित्व को स्वीकार कर सकते हैं और विभिन्नताओं के बावजूद जीवन संचालित कर सकते हैं। साध्य एवं साधन के एकत्व के कारण सत्य का आग्रह एक प्रकार से अहिंसा का ही आग्रह हो जाता है। अहिंसा की इस अनुभूति का आधार अस्तित्व मात्र के एकत्व का विचार है। इस अहिंसा दृष्टि का सार मम तथा ममेतर/स्व और पर के बीच प्रेमपूर्ण एवं सृजनात्मक सम्बन्धों में निहित है। इस ममेतर/पर में केवल मनुष्य ही नहीं अपितु सम्पूर्ण सृष्टि शामिल है। इस अहिंसा दृष्टि का व्यावहारिक आधार व्यक्ति द्वारा न केवल अन्य व्यक्ति अपितु सम्पूर्ण सृष्टि के साथ प्रेमपूर्ण सम्बन्ध स्थापित करना है। वस्तुत: गांधी जी के जीवन का सार अहिंसा पर आधारित एक मानवीय सभ्यता का निर्माण करना है। 1931 में लन्दन में भारतीय विद्यार्थियों की सभा में

1. *यंग इंडिया,* 23/12/1931, पृ. 427-28
2. *हरिजन,* 24/11/1933, पृ. 6

गांधी जी द्वारा कहा गया निम्नलिखित कथन उनके समस्त विचारों को समझने का प्रस्थान-बिन्दु है :

> *'मुझे अपने देशवासियों की पीड़ाओं के निवारण से ज्यादा चिन्ता मानव-प्रकृति के बर्बरीकरण को रोकने की है।'*[1]

उपर्युक्त दार्शनिक प्रस्थापनाएँ ही गांधी जी के समस्त चिन्तन का विन्यास करती हैं। उनके लिए सत्य अहिंसा के रूप में अभिव्यक्त होता है। अत: उनके अनुसार एक आदर्श समाज-व्यवस्था और उसके प्रत्येक सदस्य के आचरण की कसौटी अपने सूक्ष्म एवं सकारात्मक अर्थों में अहिंसा हो जाती है। गांधी जी एक ऐसी समाज-व्यवस्था की कल्पना करते हैं जिसमें सत्ता के किसी भी रूप का केन्द्रीकरण न हो क्योंकि यह हिंसक मनोवृत्ति है। उनकी समाज-व्यवस्था में आदर्श इकाई स्वावलम्बी मनुष्य व आत्मनिर्भर गाँव हैं।[2]

एक अहिंसक व्यक्ति के निर्माण के लिए वे एकादश व्रतों की धारणा प्रस्तुत करते हैं। एकादश व्रत को निम्नानुसार बताया जा सकता है :

1. सत्य
2. अहिंसा
3. ब्रह्मचर्य
4. अस्तेय
5. अपरिग्रह
6. शरीर-श्रम
7. अस्वाद
8. अभय
9. सर्व-धर्म-सम-भाव
10. स्वदेशी
11. स्पर्श-भावना

ये व्रत व्यक्तिगत गुण ही नहीं बल्कि सामाजिक गुण भी हैं। इनका जीवन में प्रयोग न केवल व्यक्तिगत रूपान्तरण का अपितु सामाजिक रूपान्तरण का भी माध्यम बन सकता है। स्वयं गांधी जी का जीवन इस बात का प्रमाण है कि इनमें से किसी भी एक व्रत का स्वीकार स्वयमेव अन्य व्रतों को समाहित करता है। अहिंसा का उनका आग्रह हमें न केवल एक अहिंसक व्यक्तित्व बनाता है अपितु अहिंसा को सामाजिक क्षेत्र में लागू करने को भी प्रेरित करता है।

एक स्वावलम्बी व्यक्तित्व और स्वतंत्रता एक-दूसरे से घनिष्ठ रूप से आबद्ध हैं। एक अहिंसक व्यक्तित्व का अर्थ ही स्वतंत्र होना है। गांधी जी के लिए तो 'स्वतंत्रता जन्म के समान'[3] आधारभूत है। मनुष्य को व्यक्तिगत स्वतंत्रता से वंचित

---

1. *यंग इंडिया,* 29/10/1931, पृ. 325
2. देखें, नन्दकिशोर, आचार्य, *नयी तालीम* : अहिंसक व्यक्ति व समाज-रचना का माध्यम, *बुनियादी तालीम*—सं. अरविन्दाक्षन, ए. कुमार, मिथिलेश; राजकमल प्रकाशन, नई दिल्ली, 2013, पृ. 122-23
3. *यंग इंडिया,* 09/03/1922, पृ. 148

कर किसी प्रकार की समाज-रचना नहीं की जा सकती,[1] अतः स्वतंत्रता की उपेक्षा नहीं की जा सकती है। परन्तु यह स्वतंत्रता अमर्यादित है या उसकी कोई सीमा है? गांधी जी ने व्यक्तिगत स्वतंत्रता एवं सामाजिकता को संयोजित करते हुए लिखा :

> *'मैं व्यक्तिगत स्वतंत्रता को मूल्यवान समझता हूँ, पर आपको यह नहीं भूलना चाहिए कि मनुष्य बुनियादी तौर पर एक सामाजिक प्राणी है। अपने व्यक्तिवाद को सामाजिक प्रगति की अपेक्षाओं के साथ समायोजित करके ही वह इतनी उन्नति कर सका है। अप्रतिबंधित व्यक्तिवाद तो जंगल के पशु का नियम है। हमें व्यक्तिगत स्वतंत्रता और सामाजिक संयम के बीच एक मध्यम मार्ग की खोज करनी होगी। समूचे समाज की भलाई के लिए स्वेच्छापूर्वक सामाजिक संयम को स्वीकार करने से व्यक्ति और समाज, जिसका वह सदस्य है, दोनों की संवृद्धि होती है।'*[2]

इस उद्धरण के अनुसार एक अहिंसक समाज हेतु व्यक्तिगत स्वतंत्रता और सामाजिकता के बीच मध्यम मार्ग की खोज की जानी है। यह मध्यम मार्ग व्यक्ति के अहं के विसर्जन और सामाजिकता के स्वीकार से प्राप्त किया जा सकता है। इस मध्यम मार्ग की प्राप्ति यानी व्यक्तिगत अहं विसर्जन एवं सामाजिकता के स्वीकार में श्रम की भूमिका अत्यन्त महत्त्वपूर्ण हो जाती है।

प्रसिद्ध विचारक ई.एफ. शुमाकर ने बौद्ध अर्थशास्त्र पर विचार करते हुए श्रम के तीन प्रयोजन बताए :

1. मनुष्य को अपनी क्षमताओं का उपयोग करने व उनको विकसित करने का अवसर मिलना चाहिए।
2. उसे अन्य लोगों के साथ काम करके अपनी अहं भावना पर काबू पाने में मदद मिले।
3. वह सुन्दर जीवन के लिए आवश्यक वस्तुओं व सेवाओं को बना सके।[3]

इस उद्धरण से यह स्पष्ट है कि व्यक्ति एवं समाज के बीच एक सुदृढ़ आधार श्रम को केन्द्र में रखकर स्थापित किया जा सकता है। श्रममूलक संस्कृति स्वावलम्बी व्यक्ति एवं तदनन्तर एक स्वावलम्बी समाज को प्रकट करती है। हम सभी जानते हैं कि श्रम मनुष्य जीवन का सार है। इसी के आधार पर हम अपनी भौतिक एवं आध्यात्मिक (एकत्व की साधना के सन्दर्भ में) आवश्यकताएँ पूरी करते हैं। ऐसा

---

1. *हरिजन*, 01/02/1942, पृ. 27
2. वही, 27/05/1939, पृ. 144
3. शुमाकर, ई.एफ., *स्मॉल इज ब्यूटीफुल : एज इफ पीपुल मेटर्स* (हिन्दी अनुवाद—*समुचित तकनीक : बेहतर भी, कारगर भी : अर्थशास्त्र का अध्ययन मानो जनता का भी अस्तित्व हो*, अनु. भवानीदत्त पांड्या), राधाकृष्ण, 1977, नई दिल्ली, पृ. 38-39

करते हुए एक सृजनात्मक कर्म हमारे व्यक्तित्व का निर्माण कर हमें उदात्त जीवन मूल्यों की ओर ले जाता है। मनोविश्लेषकों के अनुसार श्रम एक व्यक्तित्व-निर्माण की प्रक्रिया हो जाती है। आर्थिक प्रक्रिया से आगे बढ़कर श्रम नैतिक एवं आध्यात्मिक मूल्यों का निर्धारक बन जाता है। श्रम अपने विकास और इसी विकास के जरिये समाज के नैतिक विकास की भी प्रक्रिया बन जाता है। इस पूरी विकास-प्रक्रिया में श्रम मनुष्य तथा अन्यों (प्रकृति) के बीच एकत्व की साधना हो जाता है। अपने स्वार्थ से उठकर लोक-कल्याण में रत हो जाता है। यही श्रम की सामाजिक प्रासंगिकता है जिसे गांधी जी अहिंसक व्यक्तित्व के निर्माण में 'शरीर-श्रम' के जरिये अभिव्यक्त करते हैं।

जैसाकि पूर्व में स्पष्ट किया गया है कि श्रम समाज के निर्माण की आधारशिला है। अतः एक श्रमशील समाज ही मानवीय समाज कहला सकता है। श्रम ने ही समाज के सामाजिक पक्ष को बनाए रखा है। प्रसिद्ध मार्क्सवादी इतिहासकार एरिक हॉब्सबॉम ने श्रम की इसी भूमिका को इंगित करते हुए लिखा :

> *'परिवार अथवा श्रम का महत्त्व ऐसे ही ऊर्जावान कारक थे जिन्होंने न केवल मानव-समाजों को एकजुट रखा था बल्कि अर्थव्यवस्था को कार्य-क्षम भी बनाए रखा था।'*[1]

पुनः शुमाकर का उल्लेख इस सन्दर्भ में महत्त्वपूर्ण हो जाता है जहाँ वे एक श्रम-दर्शन का विकास करने की बात करते हैं और उसे समाज की सच्ची आधारशिला बताते हैं :

> *'आज सर्वाधिक आवश्यकता ऐसे वांछनीय श्रम-दर्शन का विकास करने की है। श्रम ऐसा कुछ अमानवीय कार्य नहीं है जिसे मशीनों से पूरा किया जा सके। श्रम को मनुष्य की देह और आत्मा का कल्याण करनेवाले कृत्य के रूप में प्रतिष्ठित किया जाना चाहिए। परिवार के बाद श्रम और उसके द्वारा बने सम्बन्ध ही समाज की सच्ची आधारशिला हैं। अगर आधारशिला ही कमजोर हो तो उसके ऊपर सुदृढ़ समाज का निर्माण कैसे किया जा सकेगा? और अगर समाज रुग्ण हो तो यह कैसे सम्भव है कि वह शान्ति के लिए खतरा न बने?'*[2]

उपर्युक्त दोनों ही उद्धरणों से स्पष्ट हो जाता है कि श्रम सामाजिकता की अत्यन्त महत्त्वपूर्ण आधारशिला है। न केवल श्रम अपितु उससे बननेवाले सम्बन्ध—

---

1. देखें, एरिक हॉब्सबॉम और एन्तोनियो पोलितो की बातचीत, *भूमंडलीकरण : अर्थव्यवस्था, राजनीति और संस्कृति, आलोचना*—अक्टूबर-दिसम्बर, 2012, राजकमल, नई दिल्ली, पृ. 67
2. *शुमाकर,* वही, पृ. 27

यानी सामाजिकता का बोध—भी स्वस्थ एवं सुदृढ़ (जिसमें नैतिक विकास भी शामिल है) सामाजिक विकास के लिए महत्त्वपूर्ण हैं। गांधी जी के विचारों में शरीर-श्रम इसी सामाजिकता का पर्याय है। डॉ. राममनोहर लोहिया को पत्र का जवाब देते हुए उन्होंने इसी ओर संकेत करते हुए लिखा :

> *'अहिंसा के विषय में अपने प्रयोगों से मुझे पता चला है कि व्यावहारिक अहिंसा का मतलब है— सबके साथ मिलकर शारीरिक श्रम करना। रूसी दार्शनिक बोंडारेफ ने इसे जीविकाश्रम का नाम दिया। इसका मतलब है— आत्यन्तिक सहयोग।'*[1]

इस शारीरिक श्रम और आत्यन्तिक सहयोग को व्यावहारिकता और दैनन्दिन जीवन से जोड़ते हुए वे कहते हैं :

> *'सत्य और अहिंसा के विषय में चौंतीस साल के सतत अनुभव और प्रयोग ने मुझे कायल कर दिया है कि अहिंसा तभी तक निभ सकती है जब तक कि वह सजग शारीरिक श्रम से सम्बद्ध हो और अपने पड़ोसियों के साथ हमारे रोजाना व्यवहार में व्यस्त हो।'*[2]

गांधी जी ने श्रम के इस महत्त्वपूर्ण पक्ष को ध्यान में रखकर समाज की पुनर्रचना और एक आदर्श समाज की संकल्पना में शरीर-श्रम को महत्त्वपूर्ण स्थान दिया, जो पहले एक स्वावलम्बी व्यक्ति का और तदनन्तर स्वावलम्बी एवं स्वस्थ समाज का निर्माण करता है। इस पूरी प्रक्रिया में श्रम द्वारा नैतिक, भौतिक एवं आध्यात्मिक (सामुदायिक भाव) विकास अन्तर्निहित है इसलिए वे शरीर-श्रम को 'समाज-सेवा का सर्वोत्तम रूप'[3] मानते हैं।

उन्होंने जीवन के विभिन्न आयामों—सामाजिक, राजनीतिक, आर्थिक, शिक्षा इत्यादि—में कोई अलगाव नहीं देखा। व्यक्ति और समाज की सम्पन्नता एवं सर्वांगीण विकास हेतु मनुष्य की मूलभूत आवश्यकताओं का निर्धारण कर उसकी पूर्ति हेतु उत्पादक श्रम की अनिवार्यता का विश्लेषण किया। सभी के लिए बुनियादी जरूरतों की पूर्ति की संकल्पना, शरीर-श्रम, श्रम की पवित्रता, स्वावलम्बन एवं परस्पर सहयोग, कृषि एवं कृषि आधारित उद्योग, हस्तशिल्प एवं कला आधारित अर्थव्यवस्था तथा इन पर आधारित शिक्षा आदि को आधार बनाकर ऐसी समाज व्यवस्था और सामूहिक जीवन-पद्धति को प्रस्तुत किया जिसमें व्यक्ति एवं समाज का कल्याण एवं सर्वांगीण विकास हो सके।

---

1. *सम्पूर्ण गांधी वाङ्मय,* खंड-71, पृ. 153
2. वही, पृ. 154
3. *हरिजन,* 01/06/1935, पृ. 125

प्रो. बी.एन. गांगुली ने 'गांधी'ज सोशल फिलॉसफी'[1] में उनके सामाजिक दर्शन के महत्त्वपूर्ण तत्त्वों को निम्नानुसार बताया है :

1. गांधी ने एक ऐसी सामाजिक व्यवस्था के लिए कार्य किया जो वृहद् उत्पादन (मास प्रोडक्शन) और वृहद् उपभोग (मास कंजम्प्शन) पर आधारित समाज में व्यक्ति के दारुणिक अकेलेपन और नि:शक्तता को दूर करने में समर्थ हो सके।
2. मानव-प्रकृति में विद्यमान सृजनात्मक श्रम के गैर-सर्वहारा रूपों को सामने लाना चाहते थे। इसका व्यावहारिक रूप विकेन्द्रित उत्पादन और उपभोग के साथ विकेन्द्रित समुदायों पर आधारित समाज की पुनर्रचना था।
3. एक व्यक्ति की शक्ति उसके व्यक्तित्व और जीवन व्यतीत करने के 'औचित्य' के अधिकतम संयोजन पर निर्भर करती है, अत: इस पर आधारित आत्मज्ञान ही सामाजिक पुनर्रचना का सार है। गांधी के अनुसार आधुनिक सभ्यता द्वारा उत्पन्न किये गए छद्म-आत्म (स्यूडो-सेल्फ) की बुराई से लड़ने का यही साधन है।
4. गांधी समग्र व्यक्तित्व की 'स्वत:स्फूर्त' और 'औचित्यपूर्ण' गतिविधियों में विश्वास करते हैं ताकि 'तर्क' और 'प्रकृति' के बीच द्वन्द्व समाप्त किया जा सके।
5. गांधी के सामाजिक दर्शन का आधार यह विचार है कि स्वराज के रूप में सकारात्मक स्वतंत्रता का अर्थ है—व्यक्ति की विशिष्टता को स्वीकार किया जाना। सभी व्यक्ति अलग परन्तु जन्मना समान हैं।
6. व्यक्ति की सुरक्षा किसी उच्च सत्ता द्वारा प्राप्त नहीं की जानी चाहिए बल्कि यह स्वत:स्फूर्त गतिविधि का परिणाम होनी चाहिए। यह स्वतंत्रता के वर्तमान भ्रम से अलग अपने सच्चे अर्थों में उसका परिणाम होनी चाहिए। सुरक्षा अपने समुदायों के सदस्यों के प्रति संलग्नता भाव में निहित होनी चाहिए।
7. स्वत:स्फूर्त गतिविधि का अर्थ अराजकता नहीं है। विध्वंस और सत्ता की लालसा व उसके प्रति समर्पण अकेलेपन और लोगों द्वारा अपनी 'अस्मिता' प्राप्ति की व्यर्थता का परिणाम है।
8. गांधी इस बात में विश्वास नहीं करते हैं कि भौतिक 'प्रचुरता' एक गैर-सत्तावादी समाज (नॉन-अथॉरिटेरियन सोसायटी) की स्थापना और मनुष्य का 'अलगाव' समाप्त कर सकती है। गांधी श्रम, सम्पदा और आनन्द के ऐसे दर्शन की कल्पना रखते हैं जिसमें पूर्व और पश्चिम, दोनों ही दर्शनों का सामंजस्य है।

---

1. गांगुली, बी.एन., *गांधी'ज सोशल फिलॉसफी : पर्सपेक्टिव एंड रिलेवेंस,* नेशनल गांधी म्यूजियम एंड राधा पब्लिकेशंस, नई दिल्ली, 2000, पृ. 12-13

प्रो. गांगुली गांधी–दर्शन के सामाजिक आयाम को काफी व्यापकता के साथ प्रस्तुत करते हैं। जीवन की अविभाज्यता के कारण इसमें आर्थिक, राजनीतिक आदि आयाम स्वतः ही शामिल हो जाते हैं। इसीलिए गांधी जी जब स्वराज की परिभाषा करते हैं तो *लोकतंत्र में उन वयस्क मतदाताओं को शामिल करने का प्रस्ताव करते हैं जिन्होंने अनिवार्य रूप से शारीरिक श्रम किया हो।*[1]

गांधी जी ने अपने तात्कालिक समाज में तीन महत्त्वपूर्ण सामाजिक भेदों को देखा जिसका उन्होंने आजीवन विरोध किया। वे हैं :

1. जाति–व्यवस्था,
2. मानसिक व शारीरिक श्रम का भेद,
3. ग्रामीण–शहरी का भेद।

गांधी जी का उद्देश्य एक अहिंसक समाज का विकास था। अतएव उन्होंने हर उस प्रथा का, विशेषाधिकार, एकाधिकार का विरोध किया जो किसी भी शोषण, दमन, हिंसा, उत्पीड़न पर आधारित हो।[2] वह जाति–प्रथा को तीनों आधारों[3] पर चुनौती देते हैं, वे हैं :

1. विवाह,
2. खान–पान,
3. उच्चावच क्रम।

वे इन तीनों में से किसी को भी स्वीकार नहीं करते और इन प्रतिबन्धों को समाज के लिए अनावश्यक एवं हानिकर मानते हैं। 1931 में वे लिखते हैं :

> *'...अन्तर्जातीय विवाहों तथा अन्तर्जातीय भोजों को लेकर अनावश्यक और हानिकर प्रतिबन्ध लगा दिये गए।...विभिन्न वर्णों के लोग परस्पर विवाह कर सकते हैं और एक–दूसरे के साथ बैठकर भोजन कर सकते हैं। ये प्रतिबन्ध शुद्धता और सफाई के हित में आवश्यक हो सकते हैं, पर यदि कोई ब्राह्मण लड़का शूद्र लड़की से विवाह करता है या शूद्र लड़का ब्राह्मण लड़की से विवाह करता है तो इससे वर्ण के नियम का कोई उल्लंघन नहीं होता।'*[4]

---

1. *यंग इंडिया,* 29/01/1925, पृ. 41
2. *'मैं विशेषाधिकार और एकाधिकार से घृणा करता हूँ जिसमें जनसाधारण सहभागी न हो सके, वह मेरे लिए त्याज्य है।'* — *हरिजन,* 02/11/1934, पृ. 303
3. आचार्य, नन्दकिशोर, *सभ्यता का विकल्प : गांधी–दृष्टि का पुनराविष्कार,* वाग्देवी प्रकाशन, बीकानेर, 1995, पृ. 91
4. *यंग इंडिया,* 04/06/1931, पृ. 129

जहाँ तक उच्चावच क्रम का प्रश्न है, वे इस पिरामिडीय व्यवस्था को अस्वीकार करते हैं और एक सागरीय वलय की कल्पना करते हैं जिसमें सभी मनुष्य समान हैं। वे स्पष्ट करते हैं :

> *'छुआछूत हिन्दू समाज में आ घुसे ऊँच-नीच के भेद का परिणाम है और इसे नष्ट कर रहा है। इसलिए अस्पृश्यता पर आक्रमण वास्तव में इस ऊँच-नीचवाद पर आक्रमण है। जिस क्षण छुआछूत का उन्मूलन हो जाएगा, सच्चे वर्णधर्म की स्थापना हो जाएगी— समाज के चार भाग जो परस्पर पूरक होंगे, जिनमें कोई किसी से श्रेष्ठ अथवा हीन नहीं होगा।'* [1]

इस सामाजिक भेद का वे धर्मशास्त्रीय आधारों पर भी विरोध करते हैं। गांधी जी सत्य और अहिंसा को आधार बनाकर तर्क या नैतिक दृष्टि के प्रतिकूल किसी भी धर्मग्रंथ की व्याख्या को अस्वीकार करने में झिझकते नहीं हैं :

> *'हिन्दू धर्मग्रंथों में मेरे विश्वास का तात्पर्य यह नहीं है कि मैं उनके एक-एक शब्द और श्लोक को दैवी प्रेरणा से उद्‌भूत मानता हूँ।...मैं ऐसी किसी भी व्याख्या को मानने से इनकार करता हूँ जो तर्क या नैतिक दृष्टि के प्रतिकूल हो, भले ही यह व्याख्या कितनी ही विद्वत्तापूर्ण क्यों न हो।'* [2]
>
> *'मैं अक्षरचारी नहीं हूँ। इसीलिए मैं दुनिया के विभिन्न धर्मग्रंथों की भावना को समझने का प्रयास करता हूँ। धर्मग्रंथों की व्याख्या करते समय मैं स्वयं उन्हीं के द्वारा निर्धारित सत्य और अहिंसा की कसौटी को लागू करता हूँ। इस कसौटी पर जो खरे नहीं उतरते, उन्हें अस्वीकार कर देता हूँ और जो खरे उतरते हैं, उनको अपना लेता हूँ।'* [3]

अतः यह स्पष्ट है कि वे धर्मशास्त्रीय आधारों पर भी छुआछूत और जाति-व्यवस्था को अस्वीकार करते हैं। एक अन्य तथ्य द्रष्टव्य है कि समाज में दृश्यमान छुआछूत को सफाई पेशा से जोड़कर देखा जाता है। गांधी जी इस निम्न समझे जानेवाले कार्य और इसे करनेवाले समाज को सम्मान प्रदान करते हैं। इस सम्मान का उद्‌देश्य श्रमशील समाज का सम्मान है। वे सभी को इस सफाई कार्य में अनिवार्य रूप से भागीदार बनाकर न केवल इस समाज के प्रति अपितु समस्त श्रमशील समाज के प्रति संवेदनशील बनाना चाहते हैं :

> *'प्रत्येक व्यक्ति को अपनी सफाई का काम खुद ही करना चाहिए। भोजन जितना आवश्यक है उतना ही मलोत्सर्ग भी है, और सर्वोत्तम यही है कि प्रत्येक व्यक्ति अपनी सफाई खुद करे। यदि यह असम्भव हो तो प्रत्येक परिवार को*

---

1. *हरिजन,* 11/02/1933, पृ. 03
2. *यंग इंडिया,* 06/10/1921, पृ. 317
3. वही, 27/08/1925, पृ. 293

तो अपनी सफाई का जिम्मा खुद लेना ही चाहिए। मैंने बरसों से यह महसूस किया है कि समाज के एक खास वर्ग को सफाई का जिम्मा देकर कहीं भारी गलती की गई है। इतिहास में उस आदमी का कोई उल्लेख नहीं मिलता जिसने सबसे पहले इस अनिवार्य सफाई-सेवा को निम्नतम दर्जा दिया। वह जो भी रहा हो, उसने हमारे साथ किसी अर्थ में भलाई नहीं की।

'बचपन से ही हमारे मन में यह बात बैठा दी जानी चाहिए कि हम सब सफाईपेशा हैं, और इसका सबसे आसान उपाय यह है कि हम सब रोटी कमाने के लिए सफाई का काम हाथ में लें। इस प्रकार अगर सफाई का काम बुद्धिमानी से हाथ में लिया जाए तो इनसान-इनसान की बराबरी को सच्चे रूप में समझने में बड़ी मदद मिलेगी।'[1]

अपने सम्पूर्ण जीवन में उन्होंने इस नियम का पालन किया और एक सार्वजनिक आचार-व्यवहार के रूप में लागू करने का प्रयास किया। इसका महत्त्व, चाहे प्रतीकात्मक ही रहा हो, असन्दिग्ध है। पुनः यह स्मरणीय है कि वंचित वर्गों का सम्मान एक श्रमशील वर्ग का सम्मान भी है।

यहाँ एक और तर्क यह भी दिया जा सकता है कि अपने समाज-दर्शन में गांधी जी ने समाज को प्रभावित करनेवाली प्रेरक प्रेरणा धर्म को भी श्रम-विचार से जोड़कर प्रस्तुत किया। हिन्दू धर्म में इसे यज्ञ की अवधारणा से जोड़कर प्रस्तुत किया।[2] भगवान बुद्ध, सन्त तुकाराम, सन्त ज्ञानदेव इत्यादि के जरिये श्रम विमर्श को आम जनता के बीच प्रस्तुत करते हुए धर्म को श्रमशील समाज की अवधारणा से जोड़ते हैं।[3]

इसी के साथ वे शारीरिक एवं मानसिक श्रम के बीच की खाई को भी समाप्त करने की बात कहते हैं। उन्होंने इस बात को गहराई से देखा और विश्लेषित किया कि समाज लगातार इन दोनों श्रम-रूपों में बँटा हुआ है। तत्कालीन शिक्षा-व्यवस्था इस खाई को और चौड़ा करती जा रही है। बौद्धिक तबके द्वारा बहुसंख्यक श्रमशील जनता का तिरस्कार एक अस्वस्थ समाज की निशानी है। अतः वे हर एक व्यक्ति से यह आशा करते हैं कि वह शरीर-श्रम करे :

'महान प्रकृति चाहती है कि मनुष्य अपनी रोटी के लिए पसीना बहाए। इसलिए जो व्यक्ति एक मिनट भी बर्बाद करता है, वह अपने पड़ोसियों पर भार है और ऐसा करना अहिंसा के प्रथम पाठ का उल्लंघन है।'[4]

अपने आदर्श समाज में वे यह कल्पना करते हैं कि सभी बौद्धिक वर्ग शरीर-श्रम करेंगे और इसके जरिये अपनी आजीविका कमाएँगे :

1. गांधी, मो. क., *फ्रॉम यर्वदा मन्दिर : आश्रम ऑब्जर्वेंसेज* (अनु. वी.जी. देसाई), नवजीवन पब्लिशिंग हाउस, अहमदाबाद, 1957, पृ. 36-37
2. *हरिजन,* 29/06/1935, पृ. 156
3. वही, 02/11/1935, पृ. 298
4. *यंग इंडिया,* 11/04/1929, पृ. 114-15

'यदि प्रत्येक व्यक्ति अपनी रोटी के लिए शारीरिक श्रम करे तो इसका अर्थ यह होगा कि कवि, डॉक्टर, वकील आदि अपनी विशेष योग्यताओं का उपयोग मानव सेवा के लिए निःशुल्क करना अपना कर्तव्य समझेंगे।'[1]

यहाँ बौद्धिक वर्ग को श्रमशील बनाकर गांधी जी समाज में एक सांस्कृतिक क्रान्ति की बात करते हैं, जहाँ बौद्धिक वर्ग एक ओर अपनी विशेषज्ञता (जो कि एक तरह से समाज के योगदान का ही प्रतिफल है) को निःशुल्क जन-कल्याण हेतु उपयोग करते हैं, वहीं श्रमशील होकर श्रमशील जनता की समस्याओं, आकांक्षाओं का परिचय प्राप्त करते हैं। वे आय की समानता का भी उल्लेख करते हैं।

इस पृष्ठभूमि को ध्यान में रखते हुए गांधी एक ऐसी शिक्षा-व्यवस्था की प्रस्तावना करते हैं, जिसे *नयी तालीम* कहा जाता है। इसमें स्थानीय हस्तकला, शिल्प उद्योग के जरिये शिक्षा देने का प्रावधान किया गया था। इसका तात्पर्य था कि शिक्षा में श्रमशील जनता के अनुभव का प्रवेश हो, साथ ही शिक्षार्थी एक अमूर्त समाज के स्थान पर मूर्त समाज की समस्याओं, अनुभवों से शिक्षा प्राप्त कर सके। यह शिक्षा-व्यवस्था उसे शिक्षित होने के बाद अपने समाज से न तो काटती है और न ही श्रमशील समाज को हेय दृष्टि से देखना सिखाती है। *गांधी जी के यहाँ नयी तालीम भी श्रम के सहयोग से सामाजिक शोषण एवं अनैतिकता के प्रति सत्याग्रही शिक्षा हो जाती है।*

गांधी जी ने भारतीय समाज के एक और भेद को अपने विचार का विषय बनाया, वह है—ग्रामीण-शहरी का भेद। उनके लिए भारत का अर्थ ही है—*सात लाख गाँव।*[2] वे तात्कालिक समय में विद्यमान गाँवों को वैसा ही नहीं रहना देना चाहते हैं अपितु गाँवों को सामाजिक पुनर्रचना का आधार बनाते हुए उनमें क्रान्तिकारी बदलाव चाहते हैं। गाँवों में विद्यमान विभिन्न समस्याओं—अस्वच्छता, छुआछूत, अशिक्षा, बेरोजगारी आदि—में वे व्यापक बदलाव लाना चाहते हैं।[3] उनकी इच्छा है कि शहर गाँवों का शोषण करना बन्द कर दे :

'मैं नगरों की बढ़वार को एक बुराई मानता हूँ; यह मानव जाति और दुनिया के लिए दुर्भाग्य का विषय है; यह इंग्लैंड और, निश्चित रूप से, भारत के लिए भी दुर्भाग्य का विषय है। अंग्रेजों ने शहरों के माध्यम से भारत का शोषण किया है। शहरों ने पलटकर गाँवों का शोषण किया है। शहरों का भवन-निर्माण गाँवों के रक्त-रूपी सीमेंट से हुआ है। मैं चाहता हूँ कि जो रक्त आज नगरों की धमनियों में बह रहा है, वह फिर एक बार गाँवों की रक्तवाहिकाओं में बहने लगे।'[4]

---

1. *हरिजन*, 02/03/1947, पृ. 47
2. वही, 04/04/1936, पृ. 63
3. *यंग इंडिया*, 30/04/1931, पृ. 94
4. *हरिजन*, 23/06/1946, पृ. 198

अतएव यह आवश्यक है कि गाँवों का शोषण बन्द हो। इसके लिए गांधी जी एक विकेन्द्रित स्थानीय 'स्वदेशी' आर्थिक विचार को प्रस्तुत करते हैं जो उत्पादन, वितरण एवं स्वामित्व का विकेन्द्रीकरण करता है। साथ ही गाँवों का यह आर्थिक सशक्तीकरण एवं विकेन्द्रीकरण उनके राजनीतिक विकेन्द्रीकरण का मार्ग प्रशस्त करेगा। गांधी जी द्वारा प्रस्तुत व्यवस्था में गाँव केन्द्रीभूत इकाई है :

> *'अहिंसा पर आधारित समाज गाँवों में बसे ऐसे व्यक्ति-समूहों के रूप में ही हो सकता है जिनमें स्वैच्छिक सहयोग, गरिमामय और शान्तिपूर्ण सह-अस्तित्व की शर्त हो।'*[1]

यह स्पष्ट है कि गांधी जी अपने समय के समाज के साथ एक व्यापक सत्याग्रह करते हैं। वे शोषण के विभिन्न रूपों की आलोचना करते हैं। एक स्वावलम्बी मनुष्य का निर्माण करने हेतु श्रमाधारित आर्थिक, राजनीतिक, सामाजिक व्यवस्था बनाने का प्रयास करते हैं। वे *सात सामाजिक पातकों (सोशल सिंस)* की बात करते हैं[2] :

1. सिद्धान्तहीन — राजनीति
2. श्रमहीन — सम्पत्ति
3. विवेकहीन — सुख
4. चरित्रहीन — ज्ञान
5. नीतिहीन — व्यापार
6. दयाहीन — विज्ञान
7. त्यागहीन — पूजा

इसे उनकी *सामाजिक आचार संहिता* भी कहा जा सकता है। गांधी विचार के महत्त्वपूर्ण विद्वान प्रो. रामजी सिंह ने इन्हें ईसा मसीह के दस आदेशों के समान बताया है।[3]

गांधी जी मानते थे कि *सुसंस्कृत मानव परिवार में श्रम का स्थान अद्वितीय है।*[4] श्रम का व्यक्तिगत एवं सामाजिक आयाम ही उन्हें प्रेरित करता है कि वह एक श्रमाधारित समाज की प्रस्तावना करें। उनके लिए श्रम इसलिए भी महत्त्वपूर्ण है कि यह समानता एवं सहयोगमूलक है और एक क्रान्तिकारी विचार भी :

> *'रोटी के लिए श्रम करने के नियम का पालन करने से समाज की संरचना में एक मौन क्रान्ति होगी। तब जीवन के लिए संघर्ष करने के स्थान पर परस्पर सेवा के लिए संघर्ष करने में मानव की विजय मानी जाएगी और पशु के नियम के स्थान पर मानव के नियम की प्रतिष्ठा होगी।'*[5]

---

1. *हरिजन,* 13/01/1940, पृ. 410-11
2. *सम्पूर्ण गांधी वाङ्मय,* खंड-28, पृ. 381
3. सिंह, प्रो. रामजी, *गांधी जी और मानवता का भविष्य,* कॉमनवेल्थ पब्लिशर्स, नई दिल्ली, 2000, पृ. 148
4. *हरिजन,* 28/07/1946, पृ. 236
5. वही, 29/06/1935, पृ. 156

अध्याय–2

गांधी की राजनीतिक दृष्टि

वास्तव में जिसे हम लोकतांत्रिक राज्य कहते हैं, वह वास्तव में कितना लोकतांत्रिक है? जिस संसदीय लोकतंत्र की प्रशंसा सभी लोग करते हैं, क्या वह अपने–आपमें लोकतांत्रिक मूल्यों के अनुसार है? आज के समय में राजनीति का उद्देश्य केवल सत्ता–प्राप्ति और उसका अपने हितों के अनुसार उपयोग करना होता है। वस्तुत: राजनीति में राज्य हिंसा का संगठित रूप है। चूँकि वह स्वयं में ही हिंसा के नियम से संचालित होता है, अत: उसका स्वरूप देखने में चाहे लोकतांत्रिक ही क्यों न हो लेकिन वह नैतिक स्वरूप लिये हुए नहीं होता है। इसी बिन्दु पर गांधी हमारे लिए महत्त्वपूर्ण सिद्ध हो जाते हैं। वह धर्म और राजनीति के बीच समन्वय की बात करते हैं। प्रेम का नियम यदि देश–क्षेत्र का नियम है तो जीवन की सभी क्रियाओं की कसौटी यही है कि किस हद तक इस भावना से समस्त गतिविधियाँ परिचालित होती हैं। गांधी के अनुसार उसे प्रेम के नियम से संचालित किया जा सकता है। गांधी के लिए पूरे विश्व में नैतिक व्यवस्था की स्थापना करना ही राजनीति हो जाता है। यही कारण है कि उनके लिए हिन्दुस्तान की आजादी की लड़ाई एक आध्यात्मिक साधना हो जाती है।

गांधी स्पष्ट करते हैं कि इस सत्य के प्रति मेरी भक्ति ही मुझे राजनीति में लाई है। वस्तुत: सत्य की स्थापना ही राजनीति का उद्देश्य होना चाहिए क्योंकि राजनीति अच्छाई करने का साधन है। इसलिए उसके साधन भी उचित होने आवश्यक हैं, क्योंकि हमारा उद्देश्य एक अहिंसक समाज की रचना करना है। अत: यदि हमें एक नैतिक समाज बनाना है तब साधन भी उसी के अनुसार अपनाने होंगे। जब तक हमारे साधन साध्य के अनुसार नहीं होंगे तब तक हम उचित लक्ष्य की प्राप्ति नहीं कर पाएँगे। इसी बिन्दु पर वह साधन एवं साध्य के बीच एकत्व की बात करते हैं, क्योंकि सत्य एवं अहिंसा एक ही सिक्के के दो पहलू हैं। गांधी की राजनीति सत्याग्रह की राजनीति बन जाती है, सत्याग्रह उनकी राजनीतिक प्रौद्योगिकी हो जाती है।

गांधी के अनुसार राजनीति का क्षेत्र भी क्योंकि प्रेम के नियम से संचालित है, अत: वह अपनी राजनीतिक गतिविधियों को प्रेम से संचालित करते हैं और सत्याग्रह

को इसका आधार बनाते हैं। सत्याग्रह का अर्थ है : सत्य का आग्रह। हिंसक लड़ाई में जीत हमेशा सत्य की हो, यह जरूरी नहीं होता। उसका लक्ष्य तो सत्य है लेकिन उसकी प्रक्रिया असत्यपूर्ण होती है। दूसरी ओर सत्याग्रह में जीत या आग्रह सत्य का रहता है। वस्तुतः सत्याग्रह राजनीति में धार्मिक भावना का समावेश कहा जा सकता है।

गांधी के अनुसार सत्याग्रह के निम्नलिखित अर्थ हो सकते हैं :

1. यह किसी अन्य व्यक्ति के विरुद्ध होता है।
2. किसी भी मुद्दे को संवाद द्वारा समाप्त कर प्रतिपक्ष में नैतिक बल का विकास करना।
3. स्वयं सत्याग्रह पूर्व की तुलना में एक नैतिक उच्चता हासिल करना।

वस्तुतः सत्याग्रह अपनी पूरी प्रक्रिया में ही जीत और जीत का मानक लेकर चलता है। सत्याग्रह की पूरी प्रक्रिया में किसी की हार नहीं होती है। इसमें पराजय जैसी कोई चीज नहीं होती है। सत्याग्रह में स्थायी नाश पहुँचाने का कोई सवाल नहीं होता है।

सत्याग्रह के लिए निम्नलिखित बातें होना आवश्यक है :

पहला, विरोधी के लिए आपके मन में घृणा नहीं होनी चाहिए बल्कि प्रेम होना चाहिए। दूसरा, जब तक आपके धीर की पूर्ति न हो तब तक दुख सहन करने की प्रवृत्ति होनी चाहिए तथा तीसरा मुद्दा वास्तव में सच्चा और महत्त्वपूर्ण होना चाहिए।

सत्याग्रह के लिए गांधी असहयोग और सविनय अवज्ञा जैसे तरीके भी बतलाते हैं। इस पर अध्याय आठ में विस्तार से चर्चा की गई है।

गांधी जब राज-व्यवस्था पर अपने विचार प्रकट करते हैं तो वे यह सवाल उठाते हैं कि क्या कोई अहिंसक राजनीतिक व्यवस्था भी हो सकती है जो प्रेम के नियम को पुष्ट करती हो ? एक ओर जब राज्य को वे शक्ति-सम्पन्न और हिंसा का संगठित रूप कहते हैं, तब राज्य की क्या कोई दूसरी कल्पना उनके मन में थी, यह देखना बहुत प्रासंगिक है। राज्य जो मूल रूप से हिंसक होता है, जिसकी प्रवृत्ति हिंसा की होती है, सामान्यतः राज्य के नागरिक उसे हिंसा के तौर पर नहीं देखते हैं। वस्तुतः उसे उसकी अनिवार्य लागत के तौर पर देखते हैं, क्योंकि राज्य उनके हितों की रक्षा करता है तो उसकी हिंसा को वह चुपचाप सहन करते हैं। इसी तरह संसदीय लोकतंत्र जिसे लोकतंत्र का एक स्वरूप माना जाता है, क्या वह अपने-आपमें लोकतंत्र के मूल्यों पर खरा उतरता है ? यह सवाल गांधी बार-बार उठाते हैं कि क्या संसदीय लोकतंत्र में लोगों के हितों को ज्यादा महत्त्व दिया जाता है या दल के हितों को ? यह सवाल आज भी प्रासंगिक है। इतिहास हमें बताता है कि इस संसदीय लोकतंत्र के माध्यम से ही हिटलर और मुसोलिनी राज्य की सत्ता तक पहुँचे थे और उन्होंने इतिहास में जिन वृत्तियों को जन्म दिया, वह हम लोगों के लिए आज भी ध्यान देने योग्य है।

क्या सम्प्रभुता की कोई अहिंसक अवधारणा हो सकती है? क्या अहिंसक सम्प्रभुता हो सकती है? केन्द्रीकरण जो राज्य का मूल स्वरूप होता है, क्या वह भी विकेन्द्रित राज्य में तब्दील हो सकता है?—ऐसे बहुत सारे सवाल हैं जो गांधी की राजनीतिक दृष्टि में मौजूद हैं। गांधी उनके विकल्पों पर विचार करते हुए एक विकल्प हम लोगों के सामने प्रस्तुत करते हैं। सामान्यत: राज की अवधारणा एक पिरामिडीय संरचना के तौर पर देखी जाती है जिसमें केन्द्र राज्य की शक्ति में केन्द्रित होता है और जिसके आधार में लोग रहते हैं। व्यक्तियों के बारे में नीति केन्द्र द्वारा बनाई जाती है जहाँ यह आवश्यक नहीं है कि उनसे कोई पूछताछ की जाए या उनसे उनके बारे में कोई जानकारी प्राप्त की जाए। गांधी इस संरचना का विरोध करते हुए होरिजेंटल पावर की बात करते हैं जिसे वह महासागरीय वलय की अवधारणा भी कहते हैं। इस अवधारणा में सत्ता एक केन्द्र में नहीं बल्कि समान स्तर पर बैठे रहती है। सभी महत्त्वपूर्ण होते हैं लेकिन एक दूसरे का सहयोग करते हैं। सत्ता सभी के सहयोग से ही बनी रहती है। वस्तुत: यह राज्य की सत्ता की अवधारणा में एक महत्त्वपूर्ण परिवर्तन के तौर पर देखा जाना चाहिए। यहीं पर गांधी केन्द्रीकरण को विकेन्द्रीकरण से परिवर्तित करते हैं। यहाँ सम्प्रभुता का एक समान स्तरीय बँटवारा होता है और लोग सशक्त होते हैं। आज जिसे हम जन-सहभागिता या लोग-भागीदारी कहते हैं, वह गांधी के इसी अवधारणा का एक सशक्त और प्रत्यक्ष उदाहरण है।

सम्प्रभुता की इस अवधारणा (महासागरीय वलय) में व्यक्ति महत्त्वपूर्ण हो जाते हैं और अपने-आपमें सम्प्रभु भी। स्वराज वस्तुत ऐसे ही सम्प्रभु व्यक्तियों द्वारा सम्भव है। स्वराज, जिस पर गांधी बहुत बल देते थे, वह सम्प्रभुता की अवधारणा ही सही लोकतंत्र को परिभाषित करती है। ऐसी सम्प्रभुता जिसमें हर व्यक्ति सम्प्रभु हो और परस्पर अन्योन्याश्रित प्रक्रिया के द्वारा ही लोगों से जुड़ा हुआ हो; वह स्वयंचेता हो, लेकिन दूसरों के हितों की भी परवाह अपने हितों के बराबर करता हो—गांधी की यह अवधारणा वास्तविक विकेन्द्रीकरण की अवधारणा को प्रस्तुत करती है। इसी बिन्दु पर गांधी राजनीति का उद्देश्य स्वराज की स्थापना भी मानते हैं और ग्राम स्वराज्य के सिद्धान्त को प्रस्तुत करते हैं। इसे उनके राजनीतिक सिद्धान्त के तौर पर भी देखना चाहिए, जो राजनीतिक सम्प्रभुता की समस्तरीय संरचना का सबसे व्यावहारिक उदाहरण कहा जा सकता है। यहाँ राज्य मिट नहीं जाता है बल्कि अपनी भूमिका को बदलकर शासन के स्थान पर सहयोगी संस्था के रूप में हो जाता है और विभिन्न स्तरों पर समन्वय संस्था के तौर पर कार्य करता है।

वस्तुत: गांधी की राजनीतिक दृष्टि का आधार मनुष्य की उनकी अवधारणा—मनुष्य मूलत: अच्छा है और प्रकृति के नियम के हिसाब से वह अहिंसा का पालन करता है—से समझा जा सकता है। आज राजनीतिक दृष्टि का उद्देश्य भी इसी

अनुसार बनना चाहिए। राजनीति का उद्देश्य मनुष्य की इसी अच्छाई को प्रेरित करनेवाला होना चाहिए। ऐसे संस्थान बनाए जाने चाहिए जो उसे अच्छाई की ओर प्रेरित कर सके और मनुष्य के समाज में जो बुराई उपस्थित है, उसे कम-से-कम किया जाना चाहिए और ऐसा करते हुए भी अहिंसा के साधनों का प्रयोग किया जाना चाहिए। गांधी की राजनीतिक दृष्टि का मूल इन बिन्दुओं में ही खोजा जा सकता है।

गांधी का धर्म

गांधी का जन्म एवं लालन-पालन एक हिन्दू के रूप में हुआ और आजीवन उन्होंने इस पहचान को दृढ़ता से स्वीकार भी किया। लेकिन गौर करनेवाली बात यह है कि इस पहचान को दृढ़ता से स्वीकार करने के बाद भी विभिन्न धर्मों (ईसाई, इस्लाम और यहूदी) के साथ उन्होंने नजदीकी सम्बन्ध बनाये रखा। उन्होंने यहूदी धर्म को व्यक्तिगत दृष्टिकोण से अपने मित्रों—पोलक, कालेनबाख और सोन्जा श्लेजिन—के जरिये समझा। ईसाई धर्म में उनकी रुचि निजी और आध्यात्मिक, दोनों थी जिसके प्रेरणास्रोत डोक और एंड्रूज थे। उनकी विचारधारा पर विविध विचारों वाले गैर-रूढ़िवादी ईसाई साहित्य का भी खासा प्रभाव दिखता था—सबसे ज्यादा टॉल्स्टॉय की 'द किंगडम ऑफ गॉड इज विदिन यू' एवं जॉन रस्किन की 'ऑन टू द लास्ट' का। इस्लाम के साथ उनके सम्बन्ध ज्यादातर तथ्यात्मक और राजनीतिक थे। उन्होंने कुरान कई बार पढ़ा था, लेकिन उन पर ज्यादा प्रभाव 'गीता' या 'सरमन ऑन द माउंट' का पड़ा था।

गांधी के अनन्य मित्र हेनरी पोलक ने गांधी के धर्म-सम्बन्धी अवधारणा के बारे में लिखा है :

> *'जन्म से वैष्णव बनिया होने के बावजूद वे स्वभाव से ब्राह्मण थे। अपने साथियों के शिक्षक जो सिर्फ पाठ नहीं पढ़ाते थे, बल्कि उस पर अमल भी करते थे; प्रभाव से क्षत्रिय, जो उनमें विश्वास रखने वालों के बचाव के लिए हमेशा रक्षक की भूमिका में होता था। अपनी इच्छा से शूद्र, जो दीन-हीन और तिरस्कृत लोगों के सेवक थे। स्वामी रामकृष्ण के बारे में कहा जाता है कि उन्होंने एक अछूत की गन्दी झोंपड़ी अपने हाथों से साफ की थी, यह साबित करने के लिए कि वे अछूत लोगों के प्रति किसी अहंकार या घृणा से मुक्त हैं। एक ऊँची जाति (द्विज जाति) के दीवान के बेटे को अपने हाथों से अपने घर के शौचालय और उस बन्दीगृह के शौचालय को साफ करते देखा गया, जिसमें उसे नजरबन्द किया गया था।'*[1]

1. एच.एस.एल. पोलक, *पैसिव रेजिस्टेंस इन साउथ अफ्रीका;* इसका उद्धरण रामचंद्र गुहा की पुस्तक— *गांधी : भारत से पहले*, पेंगुइन बुक्स, पृ. 582-83 से लिया गया है।

पोलक ने धर्म को लेकर उनकी सार्वभौमिकता के बारे में जिक्र किया है :

> *उनके लिए धर्म का अर्थ है—सभी को गले लगाने की सहिष्णुता और इसका पहला गुण है— उदारता। जन्म से हिन्दू होते हुए भी वे सभी धर्म के लोगों— मुस्लिम, ईसाई, पारसी, यहूदी, बौद्ध, कन्फ्यूशियस मत माननेवालों की बातों को अपना आध्यात्मिक भाई-बन्धु मानते हैं। वे उनमें कोई अन्तर नहीं करते। वे मानते हैं कि सभी धर्म मोक्ष की ओर ले जाते हैं, सभी ईश्वर को देखने के तरीके हैं और जहाँ तक एक-दूसरे से सम्बन्ध का सवाल है, लोग पहले मनुष्य हैं और किसी सम्प्रदाय के अनुयायी बाद में। इसलिए सभी धर्मों के या किसी भी धर्म को नहीं माननेवाले लोग उनके समर्पित मित्र, प्रशंसक और सहायक हैं।*[1]

कई वर्षों बाद दक्षिण अफ्रीका के अपने अनुभवों को बाँटते हुए गांधी ने कहा कि फीनिक्स और टॉल्स्टॉय फार्म के निवासी अलग-अलग जातियों के—हिन्दू, सुन्नी और शिया, प्रोटेस्टेंट और कैथोलिक, पारसी और यहूदी थे। इन्होंने जिन पेशों से शुरुआत की थी, वे वास्तुशिल्प, पत्रकारिता, विधि और व्यापार थे। अब उन्होंने अपने धर्म और योग्यता को छपाई, बागबानी, बढ़ईगीरी और गृह-निर्माण जैसे कार्यों के लिए समर्पित कर दिया था। गांधी के शब्दों में :

> *'सत्य और अहिंसा के रास्ते पर चलने से धार्मिक अन्तर खत्म हो गया और हमने हर धर्म की सुन्दरता को देखना सीख लिया। मुझे दक्षिण अफ्रीका में बसाई अपनी दोनों कॉलोनियों में कोई भी धार्मिक विवाद याद नहीं आता... परिश्रम नीरस नहीं था, इसमें काफी आनन्द था।'*[2]

गांधी की धर्म-सम्बन्धी समझ स्पष्ट रूप से इंगित करती है कि उनके लिए धर्म का अर्थ नैतिकता है और नैतिकता ही धर्म का दूसरा नाम है। यहाँ धर्म का अर्थ विश्व के व्यवस्थित नैतिक शासन से है । इसका सम्बन्ध किसी पंथ, उपासना-पद्धति से नहीं है और धर्म का अर्थ मूल रूप से नैतिकता की बात करना है। गांधी के लिए सत्ता-प्राप्ति के तरीके भी नैतिक होने चाहिए। वे स्पष्ट कहते हैं कि धर्म से वंचित राजनीति त्याज्य है। गांधी की इस दृष्टि को सबसे बेहतर तरीके से डॉ. राममनोहर लोहिया ने स्पष्ट किया था। उनका प्रसिद्ध वाक्य है : धर्म एक दीर्घकालीन राजनीति है और राजनीति एक अल्पकालीन धर्म है। यहाँ धर्म का अर्थ अच्छाई को करना और राजनीति का अर्थ बुराई से लड़ना है। राजनीति धर्म के बगैर कलह बन जाती है और यदि धर्म बुराई से नहीं लड़ता तो निश्चय प्राण-शून्य हो जाता है।

---

1. एच.एस.एल. पोलक, *पैसिव रेजिस्टेंस इन साउथ अफ्रीका* —इसका उद्धरण रामचंद्र गुहा की पुस्तक— *गांधी : भारत से पहले*, पेंगुइन बुक्स, पृ. 582-83 से लिया गया है।
2. वही

गांधी एवं स्वराज

उनके राजनीति–दर्शन को समझने के लिए 'स्वराज' की उनकी अवधारणा को समझना होगा। गांधी जब स्वराज की बात करते हैं तब उनका लक्ष्य संसाधनों पर समस्त लोगों के समान अधिकार को मानना होता है, बजाय इसके कि कुछ लोगों का संसाधनों पर नियंत्रण रहे। ऐसा करते हुए वे बहुसंख्यक और अल्पसंख्यक में कोई भेद नहीं करते हैं। गांधी के अनुसार, वस्तुतः राज्य का उद्देश्य शासन करना नहीं होता है बल्कि सत्य की खोज करना हो जाता है—उस सत्य की खोज करना, जहाँ सभी व्यक्ति मूल रूप से अच्छे हैं और उनके बीच परस्पर सौहार्दपूर्ण सम्बन्ध हैं। इन्हीं सम्बन्धों को बनाये रखना तथा उसके लिए सहयोग करना ही राज्य का उद्देश्य हो जाता है और इसे प्राप्त करने की कला सत्याग्रह है। सत्ता के विकेन्द्रीकरण से लोग सशक्त होते हैं, नीति स्पष्ट होती है और नियम लोगों के हितों के अनुकूल बनते हैं जो सामूहिक कल्याण का मार्ग प्रशस्त करते हैं। राज्य शक्ति का न्यूनतम प्रयोग करता है। लोग आपसी हितों के आधार पर अपने विवादों का निपटारा करते हैं। समाज मजबूत बनता है। इसीलिए गांधी एक अराजकतावादी की तरह कहते हैं कि सरकार का हस्तक्षेप न्यूनतम होना चाहिए। समुदाय को सशक्त होना चाहिए और अपने लोगों के हितों को इस तरीके से पूरा करना चाहिए कि विरोध की स्थिति उत्पन्न न हो।

'स्वराज' की परिकल्पना में उन्होंने सरकार की जरूरत को स्वीकार किया, लेकिन उनके अनुसार ऐसी सरकार के कार्यकलाप नाममात्र के ही होने चाहिए। उनका विचार था कि समाज के सबसे ऊपर और सबसे निचले वर्ग के कुछ ही लोग ऐसे हैं, जिन्हें नियंत्रित कर लिया जाए, तो सरकार का काम पूरा हो जाता है। देश के अधिकतर लोगों के लिए सरकार की कोई जरूरत नहीं है। धीरे-धीरे ऐसी स्थिति आ सकती है, जब प्रत्येक व्यक्ति अपनी अंतश्चेतना के आधार पर स्वतः ही संचालित होगा। ऐसी स्थिति में किसी को भी सरकार की जरूरत नहीं होगी। यह उनके चरम आदर्श 'रामराज्य' की परिकल्पना थी।[1] उनके लिए स्वराज्य दूसरों पर शासन न होकर आत्मानुशासन है, जिसमें व्यक्ति–स्वतंत्रता का महत्त्वपूर्ण स्थान है। इसलिए वे अपने आपको टॉल्स्टॉय की भाँति अहिंसक अराजकतावादी भी कहते हैं। गांधी के लिए स्वाधीनता से बढ़कर स्वराज का महत्त्व था।

> *'आज स्वाधीनता से हम यह समझते हैं कि अपनी जाति के अधीन एक शासन, जो शासन समाज के सारे जीवन पर नियंत्रण करना चाहता है। स्वराज्य का अर्थ है, एक ऐसी व्यवस्था— जहाँ प्रत्येक मनुष्य के अपने जीवन पर उसका अधिकार अनेकांश में अक्षुण्ण है। समाज के बड़े काम करने के लिए वह अन्य*

1. रत्तू, कृष्ण कुमार, *गांधी दर्शन : नई सदी के बदलते सन्दर्भ*, पूर्वोक्त, पृ. 208–09

लोगों के साथ स्वेच्छा से सहयोग करता है और सहयोगिता की जो व्यवस्था बन जाती है, वह शासन या दंड के द्वारा मनुष्य को नहीं चलाती है।'[1]

गांधी के यहाँ अधिकार–प्राप्ति के लिए कर्तव्य का पालन जरूरी है।[2] गांधी की नजर में अधिकार कर्तव्य के पीछे–पीछे चलते हैं। इसलिए उन्होंने अधिकार से ज्यादा कर्तव्य पर जोर दिया क्योंकि उनके अनुसार कर्तव्य के जरिये ही अधिकार की प्राप्ति हो सकती है।

गांधी के लिए महज राजनीतिक स्वतंत्रता की प्राप्ति ही पर्याप्त न थी। इसलिए जब देश भर में आजादी का जश्न मनाया जा रहा था, गांधी ने उन समारोहों में हिस्सा नहीं लिया। जब हिन्दुस्तान की सरकार के सूचना और प्रसारण विभाग का एक अधिकारी गांधी के पास उनके सन्देश के लिए आया तो उन्होंने जवाब दिया कि 'मैंने मैदान छोड़ दिया है।' जब उनसे फिर से आग्रह किया गया तो उन्होंने कहा : 'मुझे कोई भी सन्देश नहीं देना है। यदि ऐसा करना बुरा है तो होता रहे।'[3] इससे स्पष्ट है कि गांधी सीमित अर्थों की इस आजादी से सन्तुष्ट नहीं थे। मार्क्सवादी लेखक रजनी पाम दत्त भी लिखते हैं कि साम्राज्यवाद और राष्ट्रीय बुर्जुआ वर्ग, दोनों का हित इसी में था कि जनसाधारण की क्रान्ति को रोका जाए। इन दोनों के बीच सौदेबाजी का नतीजा था माउंटबेटन समझौते का सुलहवादी स्वरूप। इस वजह से आजादी के स्वरूप और उसकी शर्तों को शुरुआत में ही बड़े गम्भीर रूप से सीमित होना था। ऐसा ही हुआ भी। गांधी ने वास्तव में इस समझौते को यह कहकर खारिज कर दिया कि यह स्वराज की उनकी अवधारणा के अनुकूल नहीं है। उन्होंने अगस्त, 1947 के जश्नों में भाग तक नहीं लिया।[4] हत्या के चार दिन पूर्व 1948 के स्वाधीनता दिवस के अवसर पर गांधी ने कहा : '26 जनवरी का यह दिन स्वाधीनता दिवस है। इसे मनाना तब बड़ा सही था जब हम उस आजादी के लिए लड़ रहे थे, जिसे न हमने देखा था, न ही जिसका संचालन किया था। अब हमने इसका संचालन कर लिया है और हमारा मोहभंग हो गया है—कम–से–कम मेरा तो हुआ है, आपका भले ही न हुआ हो।'[5] क्योंकि गांधी के लिए स्वराज्य का अर्थ अंग्रेजों की अनुपस्थिति मात्र नहीं था।

गांधी राजनीतिक आजादी को अधूरा मानकर चुप नहीं बैठते। 26 जून, 1947 को दिल्ली में उनसे मुलाकात करने आए दो लोगों से अपनी बातचीत में वे कहते हैं : 'आज जो आजादी हमें मिलने वाली है, उससे मैं तनिक भी सन्तुष्ट नहीं हूँ;

1. बसु, निर्मल कुमार, *गांधी जी क्या चाहते थे?,* पूर्वोक्त, पृ. 18
2. गांधी, म. क., *इंडियन ओपिनियन,* 20 जून, 1908
3. तेंदुलकर, डी.जी., *महात्मा : लाइफ ऑफ मोहनदास करमचंद गांधी,* खंड–8, पृ. 95–96
4. दत्त, रजनी पाम, *आज का भारत,* पूर्वोक्त, पृ. 8–9
5. तेंदुलकर, डी.जी., *महात्मा : लाइफ ऑफ मोहनदास करमचंद गांधी,* खंड–8, पृ. 333

कारण, मेरी आजादी की परिकल्पना बिलकुल भिन्न है। मैं केवल राजनीतिक दृष्टि से ही आजाद होना नहीं चाहता।'[1] इसलिए गांधी देश के हर नागरिक को 'राजनीतिक तालीम' देने की बात करते हैं। और इस तालीम में आनेवाली सरकारी दखलअन्दाजी अथवा रुकावटों से भी दो-दो हाथ करने[2] की बात करते हैं। वे जनता की राजनीतिक तालीम की पहचान बुनियादी हक के रूप में करते हैं और वे मानते हैं कि 'इस बुनियादी हक के बिना स्वराज्य मिल ही नहीं सकता।'[3] जो लोग गांधी पर मध्यवर्ग, पूँजीपतियों-सामंतों-जमींदारों का पक्षधर होने का आरोप लगाते हैं, उन्हें गांधी के राजनीतिक दर्शन को भली भाँति समझना होगा।

राष्ट्रीय रंगमंच पर आए हुए अपने पूर्ववर्ती राजनेताओं से गांधी जी इस अर्थ में भिन्न थे कि उन्होंने चुने हुए कुछ विशिष्ट लोगों की राजनीति को ठुकराकर जनान्दोलन की कुंजी लाकर सामने रख दी। वे एक ऐसे नेता थे, जिनका जनता के दिल और दिमाग से गहरा सम्पर्क था, जो उसकी व्याख्या करने के साथ ही साथ उसे अपने विचारों के अनुरूप ढाल सकता था। वे यदि लहर के उत्तुंग शिखर थे तो वह लहर स्वयं जनता ही थी।[4] जनता पर उनका असीम भरोसा था। विकेन्द्रीकरण, कर्तव्य पर जोर, व्यक्ति स्वतंत्रता सहित रामराज्य की उनकी कल्पना के पीछे जनता में उनकी अगाध श्रद्धा ही थी। वे शासन-सत्ता के मुखापेक्षी बने रहने के बजाय जीवन के हर क्षेत्र में आम जनता की अहिंसक पहलकदमियों को इतना बढ़ा देना चाहते हैं, ताकि सत्ता का औचित्य ही समाप्त हो जाए।

गांधी का लोकतंत्र

गांधी लोकतंत्र के प्रचलित स्वरूप से सन्तुष्ट नहीं थे। उनके लोकतंत्र में गाँव को इकाई माना गया है। उनका सच्चा लोकतंत्र केन्द्र में बैठे बीस लोगों के द्वारा नहीं चलाया जा सकता। इसका संचालन तो नीचे से, हर गाँव के लोग करेंगे।[5] वे लोकतंत्र में जनता की इच्छा को सर्वोपरि[6] मानते थे। अभिव्यक्ति की स्वतंत्रता की पुरजोर वकालत करते हुए वे कहते हैं कि वाणी और लेखनी की स्वतंत्रता स्वराज की आधारशिला है। अपनी पूरी ताकत लगाकर वे इसकी रक्षा करने की बात कहते हैं। इसी कारण वे मुट्ठी भर लोगों द्वारा सत्ता-प्राप्ति के बजाय जनता में प्रतिरोध की

1. *सम्पूर्ण गांधी वाङ्मय*, खंड-88, पृ. 190
2. गांधी, म. क., *रचनात्मक कार्यक्रम*, पूर्वोक्त, पृ. 27
3. वही
4. इंदिरा गांधी, *'गांधी की विरासतें?' (आलेख)*, *महात्मा गांधी 100 वर्ष*, सम्पादक, एस. राधाकृष्णन, सर्वोदय साहित्य प्रकाशन, वाराणसी, जून 1969, पृ. 92-93
5. गांधी, म. क., *हरिजन*, 18 जनवरी, 1948
6. वही, 14 दिसम्बर, 1947

सामर्थ्य विकसित करते हुए स्वराज्य प्राप्त करना चाहते हैं।[1] और उनके लिए स्वराज का अर्थ है—सब लोगों का शासन, न्याय का शासन। इस शासन में मंत्री चाहे हिन्दू हो, मुसलमान हो या सिख हो और विधान सभाओं के सदस्य चाहे केवल हिन्दू हों, केवल मुसलमान हों अथवा किसी अन्य समुदाय के हों—सबको निष्पक्ष न्याय[2] करना होगा। गांधी के लिए 'स्वराज का अर्थ है सरकार के नियंत्रण से मुक्त होने का सतत प्रयास—चाहे सरकार विदेशी हो अथवा राष्ट्रीय।'[3] सत्ता द्वारा जनता पर किसी प्रकार के नियंत्रण को वे व्यक्ति-स्वतंत्रता में बाधक मानते हैं।

आम तौर पर यह माना जाता है कि जनता को सत्ता विधायिका के जरिये प्राप्त होती है। इस मान्यता के विपरीत गांधी सत्ता का मूल स्रोत जनता में निहित मानते हैं। वे मानते हैं कि 'सत्ता जनता के बीच रहती है, जनता की होती है और जनता समय-समय पर अपने प्रतिनिधियों की हैसियत से जिनको पसन्द करती है, उतने समय के लिए उसे सौंप देती है।'[4] जनता से भिन्न अथवा स्वतंत्र विधायिका की किसी सत्ता को गांधी वैध नहीं मानते। गांधी जी सत्ता के अधिकतम विकेन्द्रीकरण के पक्षधर थे। केन्द्रीकृत सत्ता से निरंकुशता का खतरा बना रहता है। सत्ता के विकेन्द्रीकरण से उत्तरदायित्व की भावना बढ़ती है। इसलिए गांधी ने ग्राम स्वराज्य की स्थापना पर जोर दिया था। इस ग्राम स्वराज्य में सत्ता और राज्य का दखल कम से कम हो। गांधी मानते थे कि राज्य से मनुष्य की व्यक्तिगत विशेषता को क्षति पहुँचती है।

गांधी के लिए दलीय लोकतंत्र ही लोकतंत्र का अन्तिम स्वरूप नहीं है, उसमें विकास की गुंजाइश है। चर्चित साहित्यकार जैनेन्द्र उम्मीद करते हैं कि ऐसा कुछ यदि भारतवर्ष सम्भव करके दिखा सका तो गांधी जी से आरम्भ हुई परम्परा सफल हुई मानी जाएगी।[5] लेकिन ऐसा हुआ नहीं। इसके विपरीत आज दुनिया के सभी देश दुर्बल वर्ग के प्रति एहसान दिखाने का ढोंग करते हैं। ...जनतंत्र की गांधी की अवधारणा में दुर्बल से दुर्बल व्यक्ति को वही अवसर मिलेगा जो बलवान से बलवान व्यक्ति को मिलता है।[6] गांधी अब्राहम लिंकन के लोकतंत्र का अर्थ बताते हुए कहते हैं : 'जनता के लिए जनता द्वारा जनता का शासन' का अर्थ है—'शुद्ध अहिंसात्मक शासन।' हिंसात्मक जनतंत्र हिंसात्मक उपायों द्वारा समस्त विरोध पक्ष को दबा देता है या समाप्त कर देता है। इसमें व्यक्ति की स्वाधीनता की गुंजाइश नहीं।[7] इसलिए प्रचलित लोकतंत्र से गांधी सन्तुष्ट होकर चुप बैठने के

---

1. गांधी, म. क., *यंग इंडिया,* 6 अगस्त, 1925
2. वही, *यंग इंडिया,* 16 अप्रैल, 1931
3. वही, यंग इंडिया, 6 अगस्त, 1925
4. वही, *रचनात्मक कार्यक्रम,* पृ. 11
5. कुमार, जैनेन्द्र, *अकाल पुरुष गांधी,* पूर्वोक्त, पृ. 209
6. गांधी, म. क., *हरिजन,* 18 मई, 1940, पृ. 289
7. वही, 27 मई, 1938, पृ. 143

बजाय इसे वास्तविक अर्थों के लोकतंत्र में तब्दील करने के लिए अन्त तक प्रयत्नशील रहते हैं।

अपने इन्हीं विचारों के कारण गांधी संसदीय लोकतंत्र को अन्तिम आदर्श मानने को तैयार नहीं थे। बल्कि उन्होंने तो ब्रिटिश पार्लियामेंट, जिसे पार्लियामेंटों की माता कहा जाता है, को 'बाँझ' और 'वेश्या' तक करार दिया। वैसे संसदीय लोकतंत्र को अन्य विद्वानों और दार्शनिकों ने भी शक की निगाह से देखा है। लेकिन गांधी ने उसे भिन्न नजरिये से देखने-समझने और अहिंसक जनान्दोलनों के जरिये बदलने की कोशिश की है। आजादी के बाद संसदीय किस्म की शासन व्यवस्था को उन्होंने तात्कालिक अनिवार्यता के रूप में ही कबूल किया था। उनकी स्पष्ट मान्यता थी, चूँकि पार्लियामेंट्री शासन-व्यवस्था में निर्णय बहुमत से लिये जाते हैं इसलिए यह परस्पर अनुकूल समूहों में ही ठीक-ठीक काम देता है। लेकिन भारत में जहाँ अंग्रेजी हुकूमत ने साम्प्रदायिक आधार पर जनता को विभाजित कर मतदाताओं के अलग-अलग गिरोह खड़े कर दिये हैं और बनावटी दीवारें बना दी हैं, वहाँ पार्लियामेंट्री शासन-पद्धति का दिखावा ही किया जा सकता है। गांधी कहते हैं कि 'ऐसी अलग-अलग और बनावटी इकाइयों को, जिनमें आपसी मेल नहीं है, एक ही मंच पर एक-से काम के लिए इकट्ठा करने से जीती-जागती एकता कभी पैदा नहीं हो सकती।'[1] गांधी बहुमत की तानाशाही के स्थान पर एक ऐसे नवीन ग्राम गणराज्य, जिसे अक्सर भारत के पुराने ग्रामीण शासन से जोड़ दिया जाता है जो सही नहीं है, के माध्यम से एक ऐसे शासन की स्थापना करना चाहते हैं जिसमें अल्पमत की आवाज को भी, सही होने के बावजूद, महज बहुमत के आधार पर दबाया न जा सकेगा। वे दूसरों द्वारा थोपे गए अनुशासन के बजाय आत्मानुशासन के हिमायती थे।

वस्तुतः गांधी सरकार को जनता के अधिकार में लाकर असली गणतंत्र की प्रतिष्ठा करना चाहते थे।[2] सरकार की, पुलिस की या फौज की ताकत, फिर वह कितनी ही जबर्दस्त क्यों न हो, थोड़े ही लोगों को दबाने में कारगर होती है। लेकिन जब समूचा राष्ट्र सब कुछ सहने को तैयार हो जाता है, तो उसके दृढ़ संकल्प को डिगाने में किसी पुलिस या फौज की कोई जबर्दस्ती काम नहीं देती।[3] आधुनिक युग में ऐसी सरकारों का अभाव नहीं है जो बहुत खुले तौर पर उच्च वर्ग द्वारा शासन का उपकरण है जैसाकि उन आर्थिक रूप से पिछड़े देशों में है जहाँ एक अशिक्षित, असंगठित और उत्साहहीन कृषक वर्ग पर भूस्वामियों का प्रभुत्व है।[4]

1. गांधी, म. क., *रचनात्मक कार्यक्रम,* पृ. 12
2. बसु, निर्मल कुमार, *गांधी जी क्या चाहते थे ?,* पृ. 35
3. गांधी, म. क., *रचनात्मक कार्यक्रम,* पृ. 11
4. बॉटमोर, टी.बी., *आधुनिक समाज में वर्ग,* पृ. 71

गांधी अपने आपको अहिंसक अराजकतावादी बताते हुए राज्य का खात्मा चाहते हैं। उनकी परिकल्पना के स्वराज्य, जो ग्राम स्वराज्य अथवा 'रामराज्य' के रूप में अभिव्यक्त हुआ है, वह राज्य शक्ति का लोप चाहता है। गांधी सत्ता और शक्ति को इतना विकेन्द्रित कर देना चाहते हैं कि राज्य अपने-आप अपनी अहमियत खो देगा। साम्यवाद जहाँ अन्तिम तौर पर सरकारों का संसार से सम्पूर्ण रूप से लोप का हिमायती है, वहीं गांधी जी राजशक्ति का सम्पूर्ण रूप से लोप चाहते हुए भी सोचते हैं कि जब तक पृथ्वी पर मनुष्य-समाज है, तब तक शायद राज्य-शक्ति की भी आवश्यकता रहेगी, इसलिए गांधी इस बात के लिए प्रयत्नशील रहे कि किस प्रकार स्वेच्छा से निर्माण की हुई संस्थाएँ संसार में बढ़ा दी जाएँ और सरकार की नियंत्रण करने की शक्ति को कम किया जाए।[1] गांधी राज्य को हिंसा का मूल स्रोत मानते हैं। गांधी का स्वदेशी भी अपने मूल रूप में भारत में नये अर्थात् भारतीय राज्य की स्थापना का सिद्धान्त है। गांधीवादी चिन्तक राजीव वोरा लिखते हैं कि उसे महज आर्थिक क्षेत्र या उसके एक पक्ष, अर्थात् टेक्नोलॉजी तक ही सीमित करके देखने का चलन पिछले कुछ दशकों से रहा। परिणामस्वरूप स्वदेशी में किसी प्रकार की शक्ति का संचार नहीं हुआ। गांधी जी का कहना है कि स्वदेशी के बिना स्वराज की कल्पना नहीं की जा सकती तथा स्वराज एवं रामराज्य एक ही है। यह स्पष्ट करता है कि स्वदेशी का विचार राज्य की स्थापना का सिद्धान्त है। किसी भी सभ्यता पर जब विदेशी राज्य की स्थापना हो जाती है, तब अपने राज्य की स्थापना का इच्छुक समूह संघों की रचना करता है। उसी प्रकार गांधी जी ने भी अपने समय में अनेक विविध संघों की रचना तो की, लेकिन उनके निधन के बाद दृष्टि के अभाव में उन संघों की शक्ति का लोप हो गया।[2] फलस्वरूप जनता पर सत्ता हावी होती चली जा रही है। गांधी सत्ता-संचालन में आम लोगों की प्रत्यक्ष भागीदारी को स्थान देते हैं। उन्होंने सर्वोदय दर्शन के आधार पर समाज के अन्तिम व्यक्ति को केन्द्र में रखते हुए ऐसे समाज-निर्माण का सपना देखा था।

व्यक्ति-स्वातंत्र्य

गांधी के राजनीतिक चिन्तन में व्यक्ति-स्वतंत्रता की काफी अहमियत है। उनकी स्वतंत्रता की अवधारणा में प्रत्येक व्यक्ति को अपनी प्रतिभा का उपयोग करने की आजादी की बात की गई है। किन्तु किसी व्यक्ति को अपनी प्रतिभा से होनेवाले लाभों के मनमाने उपयोग का अधिकार उन्हें स्वीकार नहीं था। वे व्यक्ति को राष्ट्र

1. बसु, निर्मल कुमार, *गांधी जी क्या चाहते थे?*, पूर्वोक्त, पृ. 35
2. रत्तू, कृष्ण कुमार, *गांधी दर्शन : नई सदी के बदलते सन्दर्भ*, पूर्वोक्त, पृ. 197

अथवा अपने चहुँओर विद्यमान सामाजिक संरचना का अंग मानते हैं। इसलिए व्यक्ति को अपनी प्रतिभा का उपयोग केवल स्वहित में न कर उस सामाजिक संरचना के हित में करना चाहिए जिससे वह सम्बद्ध है।[1] गांधी के भारत की आजादी की आकांक्षा में दुनिया की हरेक प्रजाति की आजादी की भावना निहित है।[2] इस अर्थ में गांधी की स्वतंत्रता की आकांक्षा अत्यन्त ही व्यापक हो जाती है। वस्तुत: वे भारत की मुक्ति के जरिये दुनिया की सभी तथाकथित दुर्बल प्रजातियों को पाश्चात्य शोषण से मुक्त कराना चाहते हैं।[3] गांधी हर व्यक्ति की स्वतंत्रता तो चाहते हैं किन्तु उनका यह व्यक्ति-स्वातंत्र्य नैतिक अर्थों में किसी दूसरे की स्वतंत्रता का अतिक्रमण नहीं करता।

गांधी के लिए स्वतंत्रता का अर्थ केवल भौगोलिक अथवा राजनीतिक स्वतंत्रता मात्र नहीं है। उनके लिए मनुष्य की स्वतंत्रता का अर्थ उसके अधिकतम स्वावलंबन से है। उनके अनुसार यदि मनुष्य को स्वतंत्रता का आनन्द लेना हो तो 'प्रत्येक मनुष्य को रोजमर्रा के उपयोग की जिस चीज की जरूरत हो, उसे स्वयं पैदा करना सीख ले।' वे इतने पर ही नहीं रुकते बल्कि आगे बढ़कर कहते हैं कि 'जो चीज आदमी खुद पैदा न कर सके, उसके बिना काम चला लेना चाहिए। इससे स्वावलंबन बढ़ेगा और वह उत्तरोत्तर प्रगति करेगा।' गांधी की दृष्टि में स्वावलंबन स्वतंत्रता की बुनियाद है और परावलंबन गुलामी की निशानी। वे आवश्यकताओं को बढ़ाने वाली पूँजीवादी अर्थनीति को मनुष्य को परावलंबी और अन्तत: गुलाम बनाने वाली मानते हैं। उनके अनुसार पूँजीवाद का नाश—एक तरफ इसके खिलाफ शोर मचाकर और दूसरी तरफ अपनी आवश्यकताओं को बढ़ाते जाने से नहीं हो सकता। बल्कि गांधी तो अपनी आवश्यकताओं को कम करने तथा अधिकतम स्वावलंबन में ही पूँजीवाद का नाश[4] देखते हैं। यही कारण है कि गांधी पूँजीपतियों का जबर्दस्ती नाश करने में न तो किसी प्रकार के त्याग का दर्शन ही कर पाते हैं और न ही इसमें कोई बहादुरी[5] ही देखते हैं।

---

1. गांधी, म. क., *हरिजन,* 2 अगस्त, 1942
2. वही, *यंग इंडिया,* 1 अक्टूबर, 1931; गांधी कहते हैं कि *'अगर मैं अपने देश के लिए आजादी चाहता हूँ तो मेरा विश्वास कीजिए, मैं यह आजादी इसलिए नहीं चाहता कि मैं समस्त मानव जाति के पाँचवें हिस्से की आबादी वाले राष्ट्र के रूप में, संसार की किसी अन्य प्रजाति अथवा किसी एक का भी शोषण करूँ। अगर मैं अपने देश की आजादी चाहता हूँ तो मुझे इसे हासिल करने का तब तक कोई अधिकार नहीं है जब तक कि मैं दुनिया की हरेक प्रजाति को, वह दुर्बल हो अथवा सबल, आजादी के इसी अधिकार का उपयोग करने का सहर्ष अवसर नहीं देता और उनके उस अधिकार की कदर नहीं करता।'*
3. वही, *यंग इंडिया,* 12 जनवरी, 1928
4. *सम्पूर्ण गांधी वाङ्मय,* खंड-87, पृ. 260
5. वही, पृ. 266

गांधी अपने आध्यात्मिक प्रयोगों[1] के जरिये ही राजनीतिक क्षेत्र में प्रेरणा ग्रहण करते हैं। दोस्तोयेव्स्की ने भी रूस के सन्दर्भ में लिखा है : 'अन्ततः समझने लगे हैं कि हम स्पष्टतया परिभाषित और मौलिक चरित्र के राष्ट्र हैं और हमारी समस्या एक नई जीवन-पद्धति विकसित करने की है, जो हमारी मिट्टी की उपज हो और लोक-परम्पराओं से जीवनी-शक्ति लेती हो।'[2] दोस्तोयेव्स्की यूरोप की भौतिक प्रगति में तबाही का अक्स देखते हैं। वे कहते हैं : 'ये ईश्वरविहीन देश। ये मनुष्य-निर्मित ईश्वर के देश, सम्पदा, हिसाब-किताब, विज्ञान के साथ अपनी कृत्रिमता के बोझ से दफन हो रहे हैं। मुक्ति की तलाश जन से शुरू होनी चाहिए—उन सीधे-सरल रूसी जनों से, जिनमें शैशव की आस्था आज भी विद्यमान है और इतिहास के द्वार पर प्रहार करने की प्रतीक्षा कर रहे हैं।'[3] दोस्तोयेव्स्की लिखते हैं कि 'पश्चिम ने क्राइस्ट को खो दिया है।...यही कारण है कि पश्चिम मर रहा है। अन्य कोई कारण नहीं।'[4] गांधी भी भारत में नई जीवन-शैली और नई राजनीति के अग्रदूत थे। इसी परिप्रेक्ष्य में उनके रामराज्य को समझने की जरूरत है।

पाश्चात्य स्रोतों पर राजनीतिक चिन्तन की इमारत खड़ी करने के बजाय गांधी ने लोकप्रिय धार्मिक प्रतीकों का सहारा लिया था। 'गांधी की सफलता का जितना बड़ा कारण राजनीति में एक नये मुहावरे का इस्तेमाल था, उतनी ही बड़ी वजह यह भी थी कि गांधी को भारतीय समाज की संरचना की सही समझ थी और उनको व्यक्ति की सामाजिक वफादारियों की गहरी पहचान भी थी तथा वे जानते थे कि इन वफादारियों का उपयोग राजनीतिक कार्रवाई के लिए कैसे किया जा सकता है। गांधी के पूर्ववर्ती तथा समकालीन राजनीतिज्ञों में से अधिकांश भारतीय समाज को एक संश्लिष्ट समाज मानकर चल रहे थे, इसलिए वे व्यापक जनाधार वाले राजनीतिक आन्दोलन खड़े नहीं कर पाए। वे भारत की असली तसवीर को देख रहे थे, चूँकि वे समझ रहे थे कि यह देश तरह-तरह के वर्गों, समुदायों और धार्मिक समूहों का एक जमघट है, इसलिए वे इस उपमहाद्वीप के लोगों में 'न भूतो न भविष्यति' कोटि की जागरूकता पैदा कर पाए।'[5]

यही कारण है कि गांधी अपने अर्थों में धर्म का राजनीति से अनिवार्य सम्बन्ध स्थापित करते हैं। उनके आन्दोलनों का धार्मिक पहलू तो जगजाहिर रहा है, किन्तु उसे ठीक सन्दर्भ में शायद ही समझा गया हो। आचार्य हजारीप्रसाद द्विवेदी की दृष्टि में असहयोग आन्दोलन राजनीतिक चेतना, सुधारवाद, परम्परावाद और धार्मिकता

---

1. गांधी, म. क., *आत्मकथा,* पृ. 6
2. त्रोएत, हेनरी, दोस्तोयेव्स्की, पृ. 143
3. वही, पृ. 151
4. त्रोएत, हेनरी, दोस्तोयेव्स्की, पूर्वोक्त, पृ. 242
5. कुमार, रवीन्द्र, *आधुनिक भारत का सामाजिक इतिहास,* पृ. 41-42

का अद्भुत सम्मिश्रण था। जहाँ धार्मिक परम्परा पर आश्रित खिलाफत की पुष्टि उसका लक्ष्य था, वहाँ कतिपय धार्मिक परम्पराओं को सुधार कर अस्पृश्यता निवारण उसके कार्यक्रम का महत्त्वपूर्ण अंग था। स्वराज्य के निमित्त राजनीतिक चेतना का विस्तार और खिलाफत सम्बन्धी धार्मिक भावनाओं की पुष्टि, दोनों ही उसके महत्त्वपूर्ण कार्य थे।[1] असहयोग आन्दोलन ने राजनीतिक कार्यकर्ताओं तथा जनता में प्रतिरोध की भावनाओं को पुष्ट किया तथा देश को गांधी जी का नेतृत्व और स्वतंत्रता-संघर्ष का नया उपकरण प्रदान किया। पर खिलाफत आन्दोलन ने मुसलमानों में जितनी राजनीतिक जागृति पैदा की, उससे अधिक उनमें धार्मिक भावनाओं को पुष्ट किया और दोनों ने उग्र साम्प्रदायिक राजनीति का रूप धारण कर लिया।[2] वस्तुतः यह गांधी के इस आन्दोलन के कारण हुआ, ऐसा मानना तर्कसंगत नहीं है। गांधी के सर्व-धर्म-समभाव ने तो देश में साम्प्रदायिक एकता लाने में ऐतिहासिक भूमिका ही अदा की थी। ब्रिटिश हुकूमत की 'फूट डालो और राज करो' की नीति एवं निहित स्वार्थी साम्प्रदायिक संकीर्णतावादी ताकतों ने ही देश में साम्प्रदायिक विद्वेष उत्पन्न कर इस कड़ी को छिन्न-भिन्न करने में महत्त्वपूर्ण भूमिका अदा की थी। गांधी के रामराज्य में नस्ल, जाति, धर्म, सम्प्रदाय, लिंग अथवा आर्थिक आधार पर भेदभाव का पूर्णतः निषेध किया गया है।

1. द्विवेदी, हजारीप्रसाद, *स्वतंत्रता संघर्ष का इतिहास*, पूर्वोक्त, पृ. 26-27
2. वही, पृ. 27-29

अध्याय-3

आर्थिक दृष्टि

महात्मा गांधी की आर्थिक दृष्टि भी अन्य विचारों की तरह सत्य व अहिंसा की बुनियाद पर आधारित है। इसी अहिंसा दृष्टि को उनके आर्थिक विचारों का स्रोत कहा जा सकता है। उनके लिए जीवन अपनी सम्पूर्णता में है तथा जीवन के सभी आयाम अन्तर्गुम्फित हैं। वे कहते हैं :

> *'आज मनुष्य के क्रिया-कलाप का सम्पूर्ण विचार एक अखंड इकाई है। आप सामाजिक, आर्थिक, राजनीतिक और शुद्ध धार्मिक कार्यों को अलग-अलग चौखटों में नहीं बाँध सकते।'*[1]

वे मानव जीवन के सामाजिक, राजनीतिक, आर्थिक, सांस्कृतिक जीवन को अलग-अलग नियमों से परिभाषित एवं संचालित नहीं करते, जैसाकि तत्कालीन समय में तथा आज भी किया जाता है। उनके लिए जीवन एक अखंड इकाई है और जीवन के समस्त क्रिया-कलापों का आधार प्रेम का नियम है जिसकी अभिव्यक्ति तत्प्रसूत अहिंसा के जरिये होती है। अतः गांधी जी जब अपने आर्थिक विचारों को अभिव्यक्त करते हैं तब अहिंसा-दृष्टि का विस्तार आर्थिक क्षेत्र में कर रहे होते हैं।

अनेक विद्वानों ने गांधी जी के आर्थिक दर्शन पर अपने विचार व्यक्त किये। इसमें गांधीवादी अर्थशास्त्र पूँजीवाद की आलोचना, प्रौद्योगिकी विमर्श, स्वामित्व का प्रश्न इत्यादि शामिल हैं। कुछ विचारकों ने गांधी जी द्वारा प्रस्तुत आर्थिक विचारों को अहिंसक अर्थव्यवस्था का द्योतक भी कहा है। प्रो. रोमेश दीवान और सुशीला गिडवानी ने गांधीवादी अर्थशास्त्र के छह मूल तत्त्व बतलाए हैं[2] :

1. स्वदेशी
2. शरीर-श्रम
3. अपरिग्रह
4. ट्रस्टीशिप
5. शोषणविहीनता
6. समानता

---

1. *हरिजन,* 24/12/1938, पृ. 393
2. दीवान, रोमेश एवं गिडवानी सुशीला, *एलिमेंट्स इन गांधियन इकोनॉमिक्स, गांधी-मार्ग,* खंड-1, अंक-5, अगस्त, 1979, पृ. 248-58

डॉ. के. सहगल ने गांधी जी के आर्थिक सिद्धान्तों को सार रूप में प्रस्तुत करते हुए निम्नानुसार बताया है[1] :

1. अहिंसक स्वामित्व : ट्रस्टीशिप
2. अहिंसक उत्पादन : उपयुक्त प्रौद्योगिकी
3. अहिंसक उपभोग : अपरिग्रह
4. अहिंसक कार्य : शरीर–श्रम
5. अहिंसक आवंटन : सहयोग
6. अहिंसक वितरण : समानता
7. अहिंसा : आर्थिक व्यवस्था की पुनर्रचना।

प्रो. गोपीनाथ धवन ने गांधी जी के आर्थिक दर्शन के निम्नलिखित चार आधार[2] बताएँ हैं :

1. अस्तेय,
2. अपरिग्रह,
3. शरीर–श्रम (ब्रेड लेबर),
4. स्वदेशी।

प्रसिद्ध रचनाकार एल्डस हक्स्ले ने गांधी जी के क्रान्तिकारी एवं सबके कल्याण की भावना वाले आर्थिक विचारों के बारे में लिखा :

> *'गांधी जी के आर्थिक विचार मनुष्य एवं ब्रह्मांड की प्रकृति की वास्तविक स्वीकृति पर आधारित हैं। वे अर्थव्यवस्था को व्यक्ति के भौतिक जीवन स्तर के रूप में नहीं बल्कि उच्चतर सामाजिक मूल्यों की स्थापना के माध्यम के रूप में देखते हैं। ऐसी आर्थिक व्यवस्था किसी भी व्यक्ति के हित के विरोध में नहीं जा सकती।'*[3]

यह उद्धरण एक अहिंसक अर्थव्यवस्था की विशिष्टता को प्रकट करता है जो गांधी जी के विचारों का परिणाम है।

गांधी जी ने आधुनिक पूँजीवादी व्यवस्था में लालच, शोषण, सत्ता और हिंसा में सीधा सम्बन्ध देखा जो मानवीय समाज में अलगाव को बढ़ावा दे रहे थे। वे पाश्चात्य औद्योगिकी, भौतिकवादी सभ्यता के कटु आलोचक थे। वे मशीनीकरण (Mechanization), व्यक्तित्वलोप (Depersonalization) तथा नौकरशाही (Bureaucracy) के विरोध में थे जो कि आधुनिक वृहद् आर्थिक एवं सामाजिक

1. सहगल, के., *सस्टेनेबल डेवलपमेंट : ए स्प्रिचुअल डाइमेंशन,* ज्ञान पब्लिशिंग हाउस, दिल्ली, 2008, पृ. 216
2. धवन, प्रो. गोपीनाथ, द *पॉलिटिकल फिलॉसफी ऑफ महात्मा गांधी,* पॉपुलर बुक डिपो, बॉम्बे, 1946, पृ. 79
3. उद्धृत, दास, रतन, द *ग्लोबल विजन ऑफ महात्मा गांधी,* सरूप एंड संस, नई दिल्ली, 2005, पृ. 146

संरचना के आयाम थे।[1] उन्होंने औद्योगिकीकरण, प्रौद्योगिकी, केन्द्रीकरण, पर्यावरण, सामाजिक रिश्तों, मानव के नैतिक व सांस्कृतिक कल्याण के प्रश्नों पर अपना ध्यान केन्द्रित किया। गांधी जी के आर्थिक विचारों में समानता का आधार समस्त श्रम के समान महत्त्व में है। समस्त शोषण, दमन और वर्ग विभाजन की जड़ में शरीर-श्रम की अनुपस्थिति निहित है। शरीर-श्रम मानवीय व गैर-मानवीय श्रम के बीच की खाई को पाटकर सामाजिक-आर्थिक व्यवस्था में अलगाव और अकेलेपन की समस्याओं से निजात दिलाता है।[2]

एक अन्य लेखक ब्रायन मार्टिन ने अपनी पुस्तक 'नॉन वायलेंस वर्सेज कैपिटलिज्म' में पूँजीवाद के विकल्प के रूप में पाँच सिद्धान्त प्रस्तावित किए जो एक अहिंसक व्यवस्था का आधार है और पूँजीवाद इनमें से एक भी सिद्धान्त को पूरा नहीं करता है[3] :

1. समस्त क्रियाओं का आधार प्रतिद्वन्द्विता के स्थान पर सहयोग होना चाहिए।
2. सामाजिक उत्पादन के वितरण में लोगों की बुनियादी जरूरतें प्राथमिकता में होनी चाहिए।
3. काम के इच्छुक हर व्यक्ति को सन्तुष्टिपरक श्रम मिलना चाहिए।
4. व्यवस्था की संरचना एवं संचालन सत्ता या विशेषज्ञों द्वारा नहीं बल्कि लोगों द्वारा होना चाहिए।
5. समस्त व्यवस्था अहिंसा पर आधारित होनी चाहिए।

इसमें कोई सन्देह नहीं है कि ब्रायन मार्टिन पूँजीवाद के बरक्स जिस वैकल्पिक व्यवस्था के सिद्धान्त बताते हैं, वह व्यापक रूप में गांधी जी की स्वदेशी की अवधारणा में शामिल है बल्कि गांधी जी तो प्रौद्योगिकी को भी अहिंसक स्वरूप प्रदान करते हैं जो शायद ब्रायन मार्टिन शामिल करना विस्मृत कर गए।

जोसेफ प्रभु ने अपने लेख 'गांधी : एम्पायर एंड ए कल्चर ऑफ पीस' में गांधी जी द्वारा आधुनिक अर्थशास्त्र की आलोचना के तीन आधार बताए[4] :

1. यह अपने चरित्र में पूर्णत: भौतिकवादी है और भौतिक सन्तुष्टि के जरिये मानवीय कल्याण का उद्देश्य रखती है। व्यक्ति को उपभोक्ता मात्र के

---

1. वर्मा, डॉ. विश्वनाथ प्रसाद, *द पॉलिटिकल फिलॉसफी ऑफ महात्मा गांधी एंड सर्वोदय*, लक्ष्मीनारायण अग्रवाल एजुकेशनल पब्लिशर्स, आगरा, 1959, पृ. 130
2. माथुर, जे.एस., *कंटेम्परिर सोसायटी : ए गांधियन एप्राइजल*, ज्ञान पब्लिशिंग हाउस, नई दिल्ली, 2010, पृ. 43
3. मार्टिन, ब्रायन, *नॉन वायलेंस वर्सेज कैपिटलिज्म*, वार रेसिस्टर्स इंटरनेशनल, लन्दन, 2001, पृ. 79
4. प्रभु, जोसेफ, *गांधी, एम्पायर एंड ए कल्चर ऑफ पीस, इंडियन एथिक्स : क्लासिकल ट्रेडीशंस एंड कंटेम्परिर चैलेंजेज* (सं. बिलीमोरिया, पुरुषोत्तम, प्रभु, जोसेफ, शर्मा, रेणुका एम.), एशगेट पब्लिशिंग लिमिटेड, हैम्पशायर, 2007, पृ. 404-405

रूप में देखकर यह इच्छाओं की असीमितता को बढ़ावा देती है। ऐसा करते हुए यह लालच और ईर्ष्या को जन्म देकर प्रतिस्पर्धा, हिंसा और बेईमानी को बढ़ाती है।

2. बाजार पूँजीवाद के आर्थिक व्यक्तिवाद में स्वार्थ इसका कारण और परिणाम दोनों हैं।
3. अनियंत्रित बाजार-पूँजीवाद और नौकरशाही समाजवाद—उत्पादन व्यवस्था के रूप में अस्वीकृत हैं।

महात्मा गांधी ने आधुनिक अर्थशास्त्र की विभिन्न आधारों पर आलोचना की। उनका विरोध अर्थशास्त्र की मूल बुनियाद से ही था कि वह नैतिकता को अपने में समाहित नहीं करता है। उनकी दृष्टि में जो अर्थशास्त्र नैतिकता को अपने में समाविष्ट नहीं करता, वह पापयुक्त है :

> *'मानता हूँ कि मैं अर्थशास्त्र और नीतिशास्त्र के बीच कोई सुस्पष्ट या किसी प्रकार का भेद नहीं करता। वह अर्थशास्त्र अनैतिक और इसीलिए पापयुक्त है जो किसी व्यक्ति अथवा राष्ट्र के नैतिक कल्याण को क्षति पहुँचाता है।'*[1]

साथ ही सच्चे अर्थशास्त्र को परिभाषित करते हुए स्पष्ट करते हैं :

> *'सच्चा अर्थशास्त्र सामाजिक न्याय सुनिश्चित करता है, दुर्बलतम व्यक्तियों सहित सबकी भलाई को बढ़ावा देता है और ढंग की जिन्दगी जीने के लिए यह अपरिहार्य होता है।'*[2]

उपर्युक्त उद्धरणों के आधार पर स्पष्ट है कि गांधी जी के लिए मनुष्य होने का अर्थ ही नैतिक होना है अतएव उसके समस्त क्रिया-कलाप भी नैतिक सवालों के दायरे से बाहर नहीं हो सकते हैं। वे उस अर्थशास्त्र को भी खारिज करते हैं जो व्यक्तियों के नैतिक उत्कर्ष या पतन से अपना कोई सम्बन्ध नहीं रखता है। वस्तुत: वे नैतिक और भौतिक कल्याण में कोई विरोधाभास नहीं देखते हैं। उनकी दृष्टि में भौतिक विकास भी नीतिशास्त्र के साथ किया जा सकता है। वहीं दूसरी ओर वे अर्थशास्त्र का सम्बन्ध व्यावहारिकता से जोड़ते हुए कहते हैं कि अर्थशास्त्र का कार्य सामाजिक न्याय सुनिश्चित करने का है। सामाजिक न्याय का अर्थ है—वंचितों का हक। अत: अर्थशास्त्र जब वंचितों को उनका अधिकार प्रदान करता है तो यह स्वयमेव एक नैतिक क्रिया हो जाती है। अत: अर्थशास्त्र नैतिकता से अलग नहीं हो सकता है।

किसी भी अर्थव्यवस्था में उसकी आर्थिक क्रियाओं का उद्देश्य उपभोक्ताओं की आवश्यकताओं की पूर्ति करना होता है। वही अर्थव्यवस्था उचित कही जा

1. *यंग इंडिया,* 13/10/1921, पृ. 325
2. *हरिजन,* 09/10/1937, पृ. 292

सकती है जो उपभोक्ताओं की आवश्यकताओं को सही तरीके से पूरी करती हो। वह तरीका अहिंसक होना चाहिए। आधुनिक अर्थशास्त्र इससे विपरीत स्थिति मानता है। उसके लिए उपभोक्ता एक मनुष्य नहीं बल्कि वस्तु हो जाता है। उसकी महत्ता तभी तक होती है जब तक वह उपभोग करता रहता है। अर्थव्यवस्था का मकसद यह जानना कभी नहीं होता कि उस उपभोग का उस उपभोक्ता, समाज और प्रकृति पर क्या प्रभाव पड़ेगा। आधुनिक अर्थव्यवस्था का विकास आवश्यकताओं की पूर्ति के साथ-साथ कृत्रिम जरूरतों-आवश्यकताओं को पैदा करना भी है। अतः इस अर्थव्यवस्था में नई कृत्रिम माँगों को भी पैदा किया जाता है और उपभोक्ता को उपभोग हेतु मजबूर किया जाता है। हरबर्ट मारक्यूज ने हमारा ध्यान इस ओर आकर्षित किया है।[1] यह अर्थव्यवस्था मनुष्य को मात्र उपभोक्ता मानने और लगातार उपभोग बढ़ाने के कारण सामाजिक, राजनीतिक, आर्थिक एवं सांस्कृतिक क्षेत्र में हिंसा को तो जन्म दे ही रही है बल्कि लगातार उपभोग बढ़ने के कारण प्राकृतिक संसाधनों और समस्त पारिस्थितिकी के प्रति भी हिंसक है। अतएव इस अर्थव्यवस्था में उपभोग भी हिंसक हो जाता है और इस हिंसक प्रक्रिया को समर्थन देने लगता है।

गांधी जी ने आधुनिक अर्थव्यवस्था के इस स्वरूप को अच्छी तरह देखा और समझा था इसीलिए उन्होंने उपभोग को ही सत्याग्रही उपभोग बनाया। यह अवधारणा अपरिग्रह से भी पुष्ट होती है। अपरिग्रह एक व्यक्तिगत मूल्य नहीं बल्कि सामाजिक गुण भी हो जाता है—एक हिंसक व्यवस्था में सत्याग्रह करने का गुण। यह अपरिग्रह अपनी आवश्यकताओं को तो पूरा करता है परन्तु कृत्रिम माँगों/आवश्यकताओं से खुद को अलग करता है। वह अपरिग्रह को स्पष्ट करते हुए कहते हैं :

> *'अपरिग्रह अस्तेय के साथ जुड़ा है। यदि हमारे पास कोई ऐसी वस्तु है जिसकी हमें आवश्यकता नहीं है तो भले ही वह मूलतः चुराई गई वस्तु न हो, पर चोरी की सम्पत्ति की श्रेणी में ही गिनी जाएगी। परिग्रह का अर्थ है— भविष्य के लिए व्यवस्था करना। सत्यशोधक अर्थात प्रेम के नियम का अनुयायी कल के लिए बचाकर कुछ नहीं रख सकता।'*[2]

साथ ही वह इस अपरिग्रह की प्रक्रिया भी बताते हैं :

> *'स्वर्णिम नियम यह है कि जो चीज लाखों लोगों को उपलब्ध नहीं है, उसका भोग करने से हम दृढ़तापूर्वक इनकार कर दें। इनकार करने की यह*

1. मारक्यूज, हरबर्ट, *वन डायमेंशनल मैन : स्टडीज इन द आइडियोलॉजी ऑफ एडवांस्ड इंडस्ट्रियल सोसायटी*, राउटलेज, लन्दन, 1991, पृ. 3
2. *फ्रॉम यर्वदा मन्दिर*, पृ. 23-26

क्षमता हमारे अन्दर अचानक नहीं आएगी। पहले तो इस मानसिक वृत्ति का विकास करना होगा कि जो वस्तु अथवा सुविधा लाखों लोगों को उपलब्ध नहीं है, उसका भोग हम नहीं करेंगे। इसके बाद अगला कदम होगा इस मनोवृत्ति के अनुरूप अपने जीवन-क्रम में यथाशीघ्र परिवर्तन लाना।'[1]

इस प्रकार अपरिग्रह केवल नैतिक या आध्यात्मिक सिद्धान्त से आगे बढ़कर एक आर्थिक आवश्यकता भी बन जाता है। *अपरिग्रह का एक अर्थ हो जाता है कि कृत्रिम आवश्यकताओं के लोभ से मुक्ति पाने की अहिंसक क्रिया।* इस अपरिग्रह के साथ गांधी जी बुनियादी जरूरतों को पूरा करने पर अवश्य जोर देते हैं। उनके यहाँ स्वेच्छापूर्ण त्याग और गरीबी में अन्तर है। स्वेच्छापूर्ण त्याग का अर्थ है, व्यक्ति अपनी बुनियादी जरूरतों—रोटी, कपड़ा, मकान, शिक्षा, स्वास्थ्य आदि को पूरा करे और कृत्रिम माँगों से स्वयं को अलग रखे। वे गरीबी का समर्थन नहीं करते हैं। यह स्वेच्छापूर्ण त्याग ही गांधी जी के लिए सभ्यता का अर्थ भी हो जाता है :

'सभ्यता सही अर्थों में आवश्यकताओं के बहुलीकरण में निहित नहीं है, बल्कि उनमें सोच-समझकर स्वैच्छिक रूप से कमी करने में है।'[2]

अतएव अपरिग्रह न केवल आर्थिक अपितु सामाजिक, पर्यावरण हिंसा को समाप्त करने में भी योगदान देता है। अपरिग्रह श्रम के साथ अनिवार्य रूप से जुड़ा हुआ है। व्यक्ति अपने श्रम के जरिये बुनियादी जरूरतें पूरी करता है तो उसकी आवश्यकताएँ न्यूनतम होंगी और वह अपरिग्रह की ओर जा सकेगा :

'हम त्याग के सम्पूर्ण नियम अर्थात् अपने जीवन के नियम को पूरा किये बिना अगर केवल अपनी रोटी भर के लिए ही शारीरिक श्रम करें तो हम इस आदर्श की प्राप्ति की दिशा में काफी आगे बढ़ सकेंगे। यदि हम ऐसा कर पाएँ तो हमारी आवश्यकताएँ न्यूनतम रह जाएँगी और हमारा भोजन सादा हो जाएगा। तब हम जीने के लिए खाएँगे, खाने के लिए नहीं जिएँगे। जिस व्यक्ति को इस प्रस्थापना की सच्चाई पर सन्देह है, वह अपनी रोटी कमाने के लिए पसीना बहाने की कोशिश करके देख ले; उसे अपने श्रम के फल से अधिकतम आनन्द की प्राप्ति होगी, उसके स्वास्थ्य में सुधार आएगा और वह यह पाएगा कि वह जिन चीजों का भोग कर रहा था, उनमें से बहुत-सी चीजें फालतू थीं।'[3]

इस प्रकार यह कहा जा सकता है कि अपरिग्रह और शरीर-श्रम आधुनिक अर्थशास्त्र की हिंसक व्यवस्था की आलोचना करते हुए एक मानवीय आर्थिक

1. *यंग इंडिया*, 24/06/1926, पृ. 226
2. *फ्रॉम यर्वदा मन्दिर*, पृ. 23-26
3. *हरिजन*, 29/06/1935, पृ. 156

व्यवस्था को मूल्य के रूप में स्थापित होते हुए दीखते हैं। गांधी जी के लिए इस शोषण एवं हिंसा व तत्प्रसूत गरीबी से संघर्ष भी एक नैतिक कार्य हो जाता है और वे अपना उद्देश्य आर्थिक समानता की स्थापना को बताते हुए कहते हैं :

'आर्थिक समानता से मेरा आशय यह नहीं है कि सब आदमियों के पास बिलकुल एक बराबर पैसा होगा। इसका आशय केवल यह है कि प्रत्येक व्यक्ति के पास अपनी जरूरतों के लायक पैसा होना चाहिए... । आर्थिक समानता का वास्तविक अर्थ है—'प्रत्येक को उसकी आवश्यकता के अनुसार'।'[1]

'मेरा आदर्श समान वितरण है, पर जहाँ तक मैं देख पाता हूँ, इसे हासिल करना सम्भव नहीं है। इसीलिए मैं न्यायोचित वितरण का प्रयास कर रहा हूँ।'[2]

यहाँ गांधी जी वितरण में समानता की बात कहकर एक प्रकार से सामाजिक न्याय को सुनिश्चित करने का प्रयास कर रहे हैं, वहीं अन्य स्थान पर वे कहते हैं :

'मैं श्रम अथवा काम के विभाजन में विश्वास करता हूँ। लेकिन मैं मजदूरी की बराबरी पर जोर देता हूँ।'[3]

उनके अनुसार, अर्थव्यवस्था में उत्पादक के रूप में सभी की बराबर भागीदारी होनी चाहिए, जिसे वह शरीर-श्रम सिद्धान्त के आधार पर अभिव्यक्त करते हैं, साथ ही वितरण भी न्यायोचित होना चाहिए। गांधी जी इससे आगे बढ़कर सम्पूर्ण उत्पादन-प्रणाली के ढाँचे को ही अहिंसक आधार देने की प्रस्तावना करते हैं। वे व्यक्तिगत प्रयास (अपरिग्रह) एवं संस्थागत परिवर्तन की ऐसी अहिंसक प्रक्रिया को जन्म देते हैं जिससे एक नैतिक एवं अहिंसक अर्थव्यवस्था का मार्ग प्रशस्त हो सके।

इसी प्रस्थान-बिन्दु से गांधी जी उत्पादन-पद्धति पर अपना ध्यान केन्द्रित करते हैं। इस सम्बन्ध में गांधी जी को मशीन-विरोधी, अप्रगतिशील आदि कहा जाता है। गांधी जी कभी मशीन के विरोधी नहीं रहे, उनका आशय मशीन के मूल में निहित लोभ एवं अनियंत्रित लाभ कमाने की आकांक्षा को समाप्त करने से था। उद्योग मंत्रियों के सम्मेलन में भाग लेते हुए उन्होंने मशीन की तीन विशेषताएँ बताईं :

1. मैं इस शब्द का व्यापक अर्थ में प्रयोग नहीं कर रहा हूँ, बल्कि एक उपकरण के रूप में कर रहा हूँ जो मानव अथवा पशु के श्रम का पूरक होने या उसकी कार्यकुशलता को बढ़ाने के बजाय उसको विस्थापित करने का कार्य करता है। मशीन का यह पहला भेदमूलक लक्षण है।

---

1. *हरिजन*, 31/03/1946, पृ. 63
2. *यंग इंडिया*, 17/03/1927, पृ. 86
3. *हरिजन*, 23/03/1947, पृ. 78

2. इसका दूसरा लक्षण है कि इसकी वृद्धि या विकास की कोई सीमा नहीं है। यह बात मानव श्रम के बारे में नहीं कही जा सकती।
3. उसके ऊपर अपनी ही इच्छा अथवा प्रतिभा सवार मालूम होती है। वह मानव श्रम की विरोधी है।

'...लाखों-करोड़ों लोगों का दमन और शोषण करने के लिए मशीन एक ऐसा दैत्य है जिसका कोई जवाब नहीं है। यदि समाज में सभी लोगों को बराबरी का दर्जा दिया जाना है तो मानव अर्थव्यवस्था में मशीन का कोई स्थान नहीं हो सकता।'[1]

मशीनों के सम्बन्ध में उनकी दृष्टि बिलकुल स्पष्ट थी कि मशीन का प्रयोग मनुष्य को विस्थापित करता है, अतः उसका विरोध होना चाहिए। वे मानव को सर्वोपरि मानते हैं और मशीन को उससे नीचे का स्थान प्रदान करते हैं।[2] मशीन के जरिये मनुष्य को मशीन में परिवर्तित कर दिया गया है, वह मनुष्य को पुनः अपने मूल स्थान पर प्रतिष्ठित करना चाहते हैं।[3]

अपनी स्थिति को और अधिक स्पष्ट करते हुए वे कहते हैं :

'मेरा विरोध यंत्रों के लिए नहीं है, बल्कि यंत्रों के पीछे जो पागलपन चल रहा है, उसके लिए है। आज तो जिन्हें मेहनत बचानेवाले यंत्र कहते हैं, उनके पीछे लोग पागल हो गए हैं। उनसे मेहनत जरूर बचती है लेकिन लाखों लोग बेकार होकर भूखे पेट रास्तों पर भटकते हैं। समय और श्रम की बचत तो मैं भी चाहता हूँ परन्तु वह किसी खास वर्ग की नहीं, बल्कि सारी मानवजाति की होनी चाहिए।'[4]

आगे इसी सन्दर्भ में वे कहते हैं :

'यंत्रों के पीछे जो प्रेरक कारण है, वह श्रम की बचत नहीं है बल्कि धन का लोभ है। आज की इस चालू अर्थव्यवस्था के खिलाफ मैं अपनी तमाम ताकत लगाकर युद्ध चला रहा हूँ... । मेरा उद्देश्य तमाम यंत्रों का नाश करने का नहीं बल्कि उनकी हद बाँधने का है।'[5]

इन उपर्युक्त उद्धरणों से यह स्पष्ट हो जाता है कि गांधी जी का मन्तव्य क्या था, और मशीनों के विरोध के पीछे उनकी मूल दृष्टि क्या थी। उनके लिए वृहद् मानव समाज की प्राथमिकता प्रमुख थी और उसके रोजगार की चिन्ता भी उनका मुख्य बिन्दु

1. *हरिजन,* 25/08/1946, पृ. 281
2. *यंग इंडिया,* 13/11/1924, पृ. 378
3. *हरिजन,* 29/08/1936, पृ. 228
4. गांधी जी, *हिन्द स्वराज* (अनु. अमृतलाल ठाकोरदास नाणावटी), नवजीवन प्रकाशन मन्दिर, अहमदाबाद, 2001, पृ. 14
5. वही

थी। गांधी जी के लिए जो तकनीक शरीर-श्रम के मूल्यों के प्रति सजग है, उस तकनीक का स्वीकार्य है और यह तकनीक मानवीय मूल्यों के प्रति भी सजग होनी चाहिए। इसी सन्दर्भ में गांधी जी एक अन्य महत्त्वपूर्ण विचार को भी प्रकट करते हैं :

'सबसे पहले यंत्रों की खोज और विज्ञान लोभ के साधन नहीं रहने चाहिए।'[1]

इसका यह अर्थ हो सकता है कि तकनीक की खोज और विज्ञान भी लोभ-प्रेरित हो सकते हैं। सम्पूर्ण पूँजीवादी व्यवस्था का आधार ही यही था। अतएव पूँजीवादी व्यवस्था स्वयमेव एक शोषणकारी व्यवस्था हो जाती है। डेविड हार्डीमैन गांधी, सभ्यता, विज्ञान और तकनीक पर बातचीत करते हुए इशारा करते हैं कि गांधी जी की यह धारणा थी कि वैज्ञानिक शोध अपने चरित्र में आभिजात्य वर्ग को लाभ पहुँचाते हैं और यह वर्ग शरीर-श्रम से दूर रहता है। शरीर-श्रम से इस दूरी और व्यावहारिक अनुभव के कारण शोध का परिणाम ऐसा नहीं होता है जो वृहद् जनता को लाभ पहुँचा सके। इसे इस उदाहरण से समझा जा सकता है कि वैज्ञानिक शोध चरखे में तकनीकी नवाचार या उसे उन्नत करने की बजाय श्रम प्रतिस्थापित करनेवाली वृहद् मशीन को प्राथमिकता देता है जो अमीर वर्ग के उपयोग की है।[2] प्रसिद्ध समाजवादी चिन्तक मधु लिमये ने अपनी रचना में गांधी जी की इस दृष्टि को समर्थन प्रदान करते हुए प्रसिद्ध विद्वान एल्डस हक्स्ले और विद्रोही मार्क्सवादी रूडोल्फ बाहरो को उद्धृत किया है।[3]

---

1. गांधी जी, *हिन्द स्वराज* (अनु. अमृतलाल ठाकोरदास नाणावटी), नवजीवन प्रकाशन मन्दिर, अहमदाबाद, 2001, पृ. 14
2. हार्डीमैन, डेविड, *गांधी इन हिज टाइम एंड ऑवर्स : द ग्लोबल लेगेसी ऑफ हिज आइडियाज,* सी हर्स्ट एंड के., लन्दन, 2003, पृ. 72
3. *'नि:स्वार्थ बुद्धि से की गई वैज्ञानिक खोज का इस्तेमाल शोधकों और तंत्र विशारदों द्वारा बड़े-बड़े उद्योगों में सामूहिक उत्पादन-विनिमय की मशीनों को स्थापित करने के लिए किया गया है, न कि व्यक्तियों और सहयोगी गुटों को सस्ते और सीधे-सादे उत्पादन साधनों को उपलब्ध कराने में, जिससे उन्हें रोजी मिल सके और स्थानीय बाजारों की आवश्यकताओं की पूर्ति हो।'*

—एल्डस हक्स्ले

'यदि हम मनुष्य द्वारा प्रकृति सन्तुलन को बिगाड़ने की प्रक्रिया को रोककर पुन: सन्तुलन स्थापित करना चाहते हैं और इस प्रकार मानव अस्तित्व और प्रकृति के बीच समरसता लाना चाहते हैं, विशेषकर भौतिक आधार पर, तो हमें अपने उत्पादन-सम्बन्धी दृष्टिकोण में लगातार परिवर्तन करना पड़ेगा। इस समय विकसित देशों की सभ्यता जिस औसत प्रकार के बड़े उद्योगों पर टिकी है और जो दूसरे क्षेत्रों में भी फैल रहे हैं, उसे हर प्रकार के समाज के अनुरूप तकनीकी विकास नहीं कहा जा सकता। इसका विकास और संगठन अमूर्त श्रम की प्रधानता और उसकी मूल्य-वृद्धि की नींव पर हुआ है। अत: इस पर एक ओर पर्यावरणीय संकट और दूसरी ओर मनोवैज्ञानिक संकट के कारण— विशेषकर श्रम की प्रेरणा के पक्षाघात के चलते— प्रश्नचिह्न लग गया है।'

—रूडोल्फ बाहरो

उद्धृत, लिमये, मधु, *मार्क्सवाद और गांधीवाद,* पल्लवन प्रकाशन, दिल्ली, 1981, पृ. 41-42

यहाँ यह स्पष्ट करना आवश्यक है कि यह मानना गलत है कि गांधी जी तकनीकी नवाचार या उन्नति को पसन्द नहीं करते थे। वह स्वयं इसके पक्षधर थे परन्तु उनकी मूल दृष्टि अलग थी, वह थी—मनुष्य की मनुष्यता को बनाये रखनेवाली, आम जनता को उपलब्ध होनेवाली उन्नत तकनीक। स्वयं गांधी जी ने अपने समय में चरखे में कई परिवर्तनों को देखा; शौचालय, कृषि, गृह, उद्योग इत्यादि में विभिन्न तकनीकी परिवर्तनों को उन्होंने स्वीकृति दी। यह सब स्पष्ट करता है कि मानव केन्द्रित तकनीक एवं उसके नवाचार उनके लक्ष्य थे।

आधुनिक अर्थशास्त्र आर्थिक विकास के एकायामी स्वरूप को अपने-आपमें सम्पूर्ण मानकर भारी और जटिल प्रौद्योगिकी के जरिये कच्चे संसाधनों का अनवरत दोहन कर वृहद् उत्पादन करता है और इसे आर्थिक विकास मानता है। इस प्रक्रिया में यह बात शामिल नहीं है कि इस प्रक्रिया के प्रभाव किन पर किस रूप में पड़ रहे हैं। इस अर्थव्यवस्था में लगातार उत्पादन अनवरत उपभोग को बनाये रखने के लिए नवीनतम और लगातार कुशल व शक्तिशाली प्रौद्योगिकी की जरूरत होती है। मगर प्रौद्योगिकी का यह अनियंत्रित प्रयोग उन्हें प्रौद्योगिकीय नियतिवाद (टेक्नोलॉजिकल डिटरमिनिज्म) की ओर ले जाता है। इसका अर्थ है कि एक बार अपनी आवश्यकता के अनुसार वृहद् एवं शक्तिशाली तकनीक चुनने के बाद वह तकनीक स्वयं अपने नियमानुसार अन्य चीजों को निर्धारित करने लगती है। वह व्यवस्था में अपने अनुकूल परिवर्तन लाती है। वृहद् एवं शक्तिशाली तकनीक अपने-आपमें प्रकृति के साथ हिंसक होती है। इसमें एक उच्चावच्चक्रम (हायरारकी), अलगाव, शोषण और नौकरशाही, केन्द्रीकरण की अवधारणा अनिवार्य रूप से बद्धमूल होती है। यह न केवल मनुष्य-मनुष्य के बीच अपितु मनुष्य एवं प्रकृति के बीच भी शोषण को जन्म देती है।

हम इतिहास के अध्ययन से यह देख सकते हैं कि आधुनिक केन्द्रीकृत उत्पादन-प्रणाली ने जिस केन्द्रीकरण को जन्म दिया, वह राजनीतिक क्षेत्र में अधिनायकवाद या सर्वसत्तावाद को जन्म देता है, साथ ही अपनी अवधारणा में भी स्वतंत्रता, समानता, सामाजिक न्याय जैसे मूल्यों को अस्वीकार करता है। इस पूरी प्रक्रिया में आर्थिक व राजनीतिक सत्ता का केन्द्रीकरण स्वयमेव हो जाता है। सम्पूर्ण पूँजीवाद भी इस प्रक्रिया के कारण अपने व अन्य देशों के निवासियों एवं उनके प्राकृतिक संसाधनों के शोषण पर टिका है। एक अन्य महत्त्वपूर्ण तत्त्व यह भी है कि प्रौद्योगिकीय विमर्श में पूँजीवादी एवं साम्यवादी विचारधाराओं में कोई अन्तर प्रतीत नहीं होता है। दोनों ही आधुनिक प्रौद्योगिकी को आर्थिक विकास का आधार मानते हैं। पूँजीवाद में वह शोषण स्पष्ट रूप से दिखाई देता है तो साम्यवाद में वह नौकरशाही के नियंत्रण द्वारा अभिव्यक्त होता है। दोनों विचारधाराएँ मनुष्य को प्रौद्योगिकीय व्यवस्था के बरक्स नीचा स्थान प्रदान करती हैं। गांधी जी इसीलिए यह स्पष्ट करना

चाह रहे थे कि इस प्रौद्योगिकी के बारे में लगातार सतर्क रहना जरूरी है और यह आवश्यक हो जाता है कि इसे नियंत्रण में रखा जाए और मनुष्य को केन्द्र में रखा जाए। जब वह यंत्रों के पीछे पागलपन के आधार पर तथा यंत्रों के मूल में लोभ की प्रेरणा को आधार बनाकर प्रौद्योगिकी का विरोध कर रहे होते हैं और मानवीय श्रम को उसका उचित स्थान प्रदान करने की बात कह रहे होते हैं तब इसी प्रौद्योगिकीय निर्धारणवाद को नकार रहे होते हैं। न केवल प्रौद्योगिकीय निर्धारणवाद को बल्कि मनुष्य को उपभोक्ता मात्र बना देने, हिंसक उत्पादन व्यवस्था और केन्द्रीकरण को भी अस्वीकार कर रहे होते हैं। यही दृष्टि उन्हें इस बात की ओर ले जाती है कि क्या वास्तव में ऐसी कोई प्रौद्योगिकी सम्भव हो सकती है जो अहिंसक समाज की ओर ले जा सके? प्रो. नन्दकिशोर आचार्य के अनुसार, इस सन्दर्भ में गांधी जी मार्क्स से अधिक नैतिक एवं वैज्ञानिक हो जाते हैं।[1] मार्क्स अपनी मानवीय संवेदनाओं के बावजूद एक हिंसक एवं केन्द्रीकृत उत्पादन प्रणाली (कहना चाहिए पूँजीवादी बेस) पर साम्यवादी समाज (सुपरस्ट्रक्चर) खड़ा करना चाहते थे जबकि गांधी जी ने अपने साध्य-साधन एकत्व के आधार पर, एक अहिंसक एवं न्यायपूर्ण तकनीक के आधार पर एक अहिंसक एवं न्यायपूर्ण समाज को खड़ा करने का प्रस्ताव किया। अतएव गांधी जी ऐसी तकनीक को चुनते हैं जो स्वतंत्रता, मानवीय गरिमा, पर्यावरण एवं समाज को पुष्ट करनेवाली हो।

इस प्रौद्योगिकी के विचार में गांधी जी वृहद् उत्पादन की अवधारणा को प्रश्नांकित करते हैं :

> *'विशाल पैमाने का उत्पादन उपभोक्ता की वास्तविक आवश्यकताओं का ध्यान नहीं रखता।'*[2]
>
> *'मैं पक्के तौर पर अपनी राय जाहिर करना चाहूँगा कि विशाल पैमाने के उत्पादन का उन्माद विश्व-संकट के लिए उत्तरदायी है। एक क्षण के लिए अगर मान भी लें कि मशीनें मानवजाति की सभी आवश्यकताओं को पूरा कर सकती हैं तो भी इनका कार्य उत्पादन के विशिष्ट क्षेत्रों पर ही केन्द्रित होगा और आपको वितरण का नियमन करने के लिए एक जटिल व्यवस्था अलग से करनी होगी। इसके विपरीत, जिस क्षेत्र में जिस वस्तु की आवश्यकता है, अगर वहीं उसका उत्पादन एवं वितरण दोनों किए जाएँ तो इनका नियमन स्वयमेव हो जाता है और उसमें धोखाधड़ी की गुंजाइश कम रहती है तथा सट्टेबाजी की तो बिलकुल ही नहीं।'*[3]

1. आचार्य, प्रो. नन्दकिशोर, *सभ्यता का विकल्प : गांधी दृष्टि का पुनराविष्कार*, वाग्देवी प्रकाशन, बीकानेर, 1995, पृ. 47
2. *हरिजन*, 02/11/1934, पृ. 301
3. वही, 02/11/1934, पृ. 301-02

गांधी जी इस उद्धरण के जरिये पुन: अपनी बात को दृढ़ता से रखते हैं कि वृहद् उत्पादन, लगातार बढ़ती अनावश्यक जरूरतें, वितरण हेतु जटिल व्यवस्था—एक शब्द में कहें तो उद्योगवाद—विश्वशान्ति के लिए ही खतरनाक है। उन्होंने औद्योगिकीकरण की घोर आलोचना की।[1] इसके विकल्प के रूप में वे स्थानीय उत्पादन व उपभोग की बात कहते हैं। एन्थोनी जे. परेल के अनुसार, गांधी जी ने आधुनिक तकनीक के तीन खतरे देखे जो आधुनिक अर्थशास्त्र में उपस्थित हैं :

1. तकनीकी उन्नत राष्ट्रों द्वारा कम तकनीकी उन्नत राष्ट्रों का आर्थिक शोषण। यह न्याय का प्रश्न है।
2. आधुनिक तकनीक और येन-केन-प्रकारेण लाभ केन्द्रितता का प्राकृतिक वातावरण पर प्रभाव। यह पारिस्थितिकी का प्रश्न है।
3. मानवीय स्वतंत्रता, एक उपभोक्ता के रूप में चयन करने की स्वतंत्रता को खतरा। यह अनावश्यक वस्तुओं के बाध्यकारी उपभोग को प्रोत्साहित करता है। यह स्वतंत्रता का प्रश्न है।

अत: एक अच्छी तकनीक के आधार व सिद्धान्त न्याय, पारिस्थितिकी और स्वतंत्रता होनी चाहिए।[2]

हम देख सकते हैं कि गांधी जी अपनी प्रौद्योगिकी में मनुष्य-मनुष्य तथा मनुष्य-प्रकृति के बीच एक अहिंसक सम्बन्ध की स्थापना का प्रयास करते हैं। वे प्रौद्योगिकी का भी विरोध करते हैं जो श्रम को विस्थापित करती है :

> *'मैं ऐसी मशीनों का कतई हिमायती नहीं हूँ जो या तो बहुत-से लोगों को गरीब बनाकर मुट्ठी भर लोगों को अमीर बनाती हैं या अनेक लोगों के उपयोगी श्रम को अकारण विस्थापित कर देती हैं।'*[3]

मानव की तथा मानव श्रम की प्रतिष्ठा ही वह मुख्य बिन्दु है, जो प्रौद्योगिकी विरोध का मुख्य आधार है। स्वयं गांधी जी अपने समय में प्रौद्योगिकी के इस स्वरूप को देख चुके थे जिसमें हजारों-लाखों लोग मशीन के कारण विस्थापित हो

1. एम.एल. दाँतवाला ने औद्योगिकीकरण के भारतीय सन्दर्भ में गांधी जी के विचारों को बताते हुए कहा कि गांधी जी के लिए भारत में औद्योगिकीकरण साम्राज्यवाद से जुड़ा हुआ था। इस औद्योगिकीकरण ने न केवल विकेन्द्रित कताई-बुनाई, चरखा और हथकरघा उद्योग को नष्ट किया बल्कि लाखों-करोड़ों लोगों की आजीविका के साधन को भी नष्ट कर दिया। इन सभी को भूमिहीन श्रमिक बनाकर खेती की ओर धकेल दिया।
देखें, दाँतवाला, एम.एल., *गांधी जी एंड रस्किन'स अनटु दिस लास्ट, इकोनॉमिक एंड पॉलिटिकल वीकली,* खंड 30, अंक 44 (नवम्बर 4, 1955), पृ. 2794
2. परेल, एन्थोनी जे., *गांधी'ज फिलॉसफी एंड द क्वेस्ट फॉर हार्मनी,* कैम्ब्रिज यूनिवर्सिटी प्रेस, न्यूयॉर्क, 2006, पृ. 81-82
3. *हरिजन,* 22/06/1935, पृ. 146

गए थे। प्रौद्योगिकी का नियम ही श्रम का विस्थापन है—इस मूल नियम को स्वीकार करके ही गांधी जी इसकी आलोचना करते हैं। प्रौद्योगिकी और विकास तथा श्रम में विस्थापन की इस अवधारणा का नवीन रूप प्रसिद्ध अर्थशास्त्री प्रो. विजय शंकर व्यास हमें बताते हैं।[1] उनके अनुसार वर्तमान विकास एक *रोजगारविहीन विकास (जॉबलेस ग्रोथ)* की स्थिति में आ रहे हैं जहाँ उत्पादन में वृद्धि के जरिये आर्थिक विकास तो है परन्तु रोजगार के अवसरों की उपलब्धता घट रही है। इसे निम्नानुसार भी समझा जा सकता है :

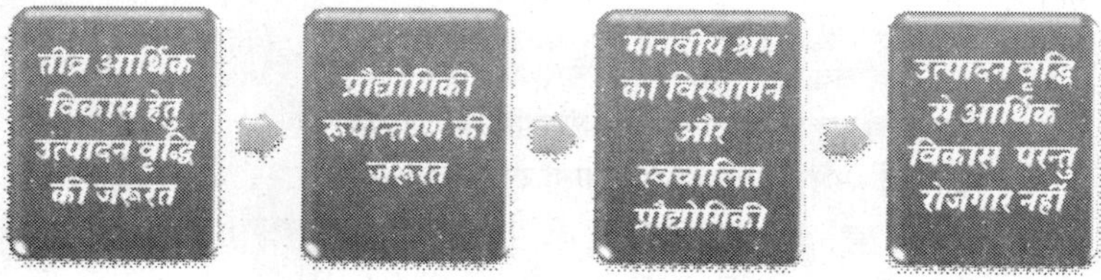

रोजगारविहीन विकास (जॉबलेस ग्रोथ)

यह ऐसा दुष्चक्र है जिसमें वर्तमान विकास तेजी से फँसता जा रहा है। यह एक ओर प्रौद्योगिकीय नियतिवाद का परिणाम है, वहीं दूसरी ओर वर्तमान विकास के दर्शन की एकायामी सोच का भी। क्या वह अर्थव्यवस्था उचित कही जा सकती है जिसमें उसकी श्रमशील जनसंख्या लगातार अपने श्रम से वंचित हो तथा आगे चलकर उत्पादन व वितरण में अपनी भागीदारी खो दे? जब गांधी जी प्रौद्योगिकी सम्बन्धी अपना चिन्तन स्पष्ट करते हैं तो वर्तमान अर्थशास्त्र एवं उसके विकास के दुष्चक्र का पूर्वाभास हमें उनके चिन्तन में दिखाई देता है। इसलिए गांधी जी स्वदेशी एवं शरीर-श्रम की वकालत करते हैं :

> *'रोटी के लिए श्रम का अर्थशास्त्र जीती-जागती जीवन-पद्धति है। इसका मतलब यह है कि हर आदमी को अपनी रोटी और कपड़े के लिए शारीरिक श्रम करना होगा। अगर मैं लोगों को रोटी के लिए श्रम का महत्त्व और उसकी आवश्यकता समझा सकूँ तो रोटी-कपड़े की कमी कभी नहीं पड़ेगी।'*[2]

अपने प्रौद्योगिकी विमर्श में गांधी जी जिस प्रौद्योगिकी को प्रस्तुत करते हैं, वह स्वदेशी की अवधारणा है। वे स्वदेशी की अवधारण को स्पष्ट करते हुए कहते हैं :

> *'स्वदेशी वह भावना है जो हमें दूर-दराज के इलाकों को छोड़कर अपने समीपस्थ क्षेत्रों का उपयोग करने और उनकी सेवा करने तक सीमित*

1. देखें, आचार्य, नन्दकिशोर, *संस्कृति की आर्थिकी*, सूर्य प्रकाशन मन्दिर, बीकानेर, 2008, पृ. 51-52
2. *हरिजन*, 07/09/1947, पृ. 316

करती है।...जहाँ तक आर्थिक क्षेत्र का सम्बन्ध है, मुझे उन चीजों का इस्तेमाल करना चाहिए जिनका उत्पादन मेरे समीपस्थ पड़ोसी करते हैं और यदि मुझे वहाँ के उद्योगों में कोई कमी दिखाई देती है तो मुझे उन्हें अधिक कार्यकुशल और पूर्ण बनाने के लिए उनकी सेवा करनी चाहिए।'[1]

यह उद्धरण स्वदेशी के अन्तर्गत सर्वप्रथम स्थानीयता को महत्त्व प्रदान करता है। आर्थिक क्षेत्र में इसका आशय है कि स्थानीय स्तर पर उत्पादन एवं उपभोग हो। एक प्रश्न यहाँ उपस्थित होता है कि क्या ऐसा करना या मानना संकीर्णता नहीं कहा जा सकता? यह प्रश्न गांधी जी के सम्मुख भी था, अतएव उन्होंने कहा :

'मेरा इस सत्य में अडिग विश्वास है कि व्यक्ति एक ही साथ अपने पड़ोसियों और मानवता की सेवा कर सकता है।'[2]

वस्तुत: वे यह मानते हैं कि मानवता की सेवा कहीं भी रहकर की जा सकती है। एक भौतिक शरीर होने के कारण हर व्यक्ति की मर्यादा होती है परन्तु वह अपने पड़ोसी की सेवा कर इस कार्य की शुरुआत कर सकता है। सुदूर किसी व्यक्ति की सेवा कर मानवता की सेवा करने के अमूर्त दर्शन की तुलना में स्वदेशी सिद्धान्त ज्यादा प्रासंगिक है।

इसके साथ गांधी जी स्वदेशी की भावना को स्पष्ट करते हुए कहते हैं :

'स्वदेशी का यह अर्थ लगाना उसकी व्याख्या को संकुचित करना होगा कि हमें प्रत्येक विदेशी वस्तु का त्याग कर देना चाहिए।'[3]

वे स्वदेशी की व्याख्या सेवा के सिद्धान्त के रूप में करते हुए बताते हैं :

'स्वदेशी का अभियान घृणा फैलाने का अभियान नहीं है। यह निस्स्वार्थ सेवा का सिद्धान्त है जिसकी जड़ में विशुद्ध अहिंसा अर्थात् प्रेम है।'[4]

एक प्रौद्योगिकी के रूप में हम स्वदेशी को इस प्रकार बता सकते हैं— *स्वदेशी वह प्रौद्योगिकी है जो स्थानीय स्तर पर स्थानीय आवश्यकताओं की पूर्ति स्थानीय श्रम के द्वारा स्थानीय प्रौद्योगिकी एवं संसाधनों की सहायता द्वारा करती है।*

---

1. *स्पीचेज एंड राइटिंग्स ऑफ महात्मा गांधी,* जी.ए. नटेसन एंड कम्पनी, मद्रास, 1933, पृ. 336–44
2. *हरिजन,* 23/07/1947, पृ. 79
3. *यंग इंडिया,* 17/06/1926, पृ. 218
4. *फ्रॉम यर्वदा मन्दिर,* पृ. 66

स्वदेशी की संकल्पना

स्वदेशी का अर्थ यहाँ भारतीय न होकर एक ऐसी विकेन्द्रीकृत एवं स्थानीय अर्थव्यवस्था से हो जाता है जो स्थानीय आवश्यकता, श्रम, संसाधन एवं प्रौद्योगिकी द्वारा विकसित होती है। यहाँ विकेन्द्रीकरण उत्पादन और उपभोग, दोनों का ही है जो आगे चलकर वितरण एवं स्वामित्व में भी लक्षित होता है।

जब गांधी जी चरखे एवं खादी को स्वदेशी अर्थव्यवस्था के प्रतीक के रूप में प्रस्तुत कर रहे होते हैं तो उसके पीछे उनका उद्‌देश्य शरीर–श्रम की स्थापना एवं विकेन्द्रीकरण ही हो जाता है :

> *'चरखे का सन्देश है : मानवजाति की सेवा; इस प्रकार जीना कि दूसरों को कष्ट न पहुँचे'*[1]

इस सादगी में शरीर–श्रम और अपरिग्रह अनिवार्य रूप से शामिल हो जाते हैं। चरखा सत्ता के केन्द्रीकरण एवं शोषण का विरोधी है :

---

1. *यंग इंडिया,* 17/09/1925, पृ. 321

'मुट्ठीभर हाथों में धन और सत्ता के केन्द्रीकरण तथा लाखों लोगों के शोषण के लिए मशीन तंत्र के संचालन को मैं पूरी तरह गलत मानता हूँ।...चरखे का अभियान मशीन को अनन्यता एवं शोषण की स्थिति से हटाकर अपने युक्तियुक्त स्थान पर बैठाने का ही एक संगठित प्रयास है।'[1]

'खादी की मानसिकता का अर्थ है—जीवन की आवश्यक वस्तुओं के उत्पादन और वितरण का विकेन्द्रीकरण।'[2]

इस प्रकार गांधी जी की स्वदेशी अवधारणा में चरखा व खादी भी विकेन्द्रीकरण के माध्यम होते हैं, साथ ही वृहद् जनता के रोजगार के साधन भी हो जाते हैं। स्वदेशी में चरखे के केन्द्रीकरण के लिए भी स्थान नहीं है।[3] यदि चरखे में भी कोई खराबी हो तो उसे स्थानीय स्तर पर ही ठीक किया जाना चाहिए। इस स्वदेशी योजना में बड़े उद्योगों की स्वीकृति है परन्तु वह ग्राम आधारित उद्योगों के पूरक होंगे और उनकी सहायता करेंगे और इन पर राज्य का स्वामित्व होगा तथा जनहित में इनका संचालन किया जाएगा।[4]

परमेश्वरी दयाल ने स्वदेशी के सिद्धान्त के तीन आधारभूत तत्त्व बताएँ हैं :

1. हर वैयक्तिक उपभोक्ता द्वारा इच्छाओं में कमी करना।
2. उत्पादित होनेवाली वस्तुओं के प्राथमिकता के क्रम में बदलाव ताकि वह पड़ोस में उत्पन्न हो सके।
3. उत्पादक एवं उपभोक्ता के बीच सहयोग एवं पारस्परिकता।[5]

इनमें से हम दो बिन्दुओं की चर्चा ऊपर कर चुके हैं। स्वदेशी सिद्धान्त के अन्तर्गत अर्थव्यवस्था का विकेन्द्रीकरण कर भारत की ग्रामीण अर्थव्यवस्था के महत्त्व को स्वीकारना एवं उसे इस तरीके से पुन:रचित करना है जिससे कि अहिंसक व्यवस्था बनाई जा सके। वे उत्पादन और उपभोग को आपस में सम्बन्धित करते हुए कहते हैं :

'जब उत्पादन और उपभोग दोनों स्थानीकृत होते हैं तो उत्पादन में अन्धाधुन्ध और किसी भी कीमत पर वृद्धि करने का लालच समाप्त हो जाता है। तब हमारे वर्तमान अर्थतंत्र की सभी अनन्त कठिनाइयाँ और समस्याएँ समाप्त हो जाएँगी।'[6]

---

1. *यंग इंडिया,* 17/09/1925, पृ. 321
2. गांधी, मो. क., *कंस्ट्रक्टिव प्रोग्राम इट्स मीनिंग एंड प्लेस,* नवजीवन पब्लिशिंग हाउस, अहमदाबाद, 1948, पृ. 12
3. *हरिजन,* 20/10/1946, पृ. 363–64
4. देखें, *यंग इंडिया,* 13/10/1921, पृ. 325 व *हरिजन,* 27/01/1940, पृ. 428
5. दयाल, परमेश्वरी, *गांधियन थियरी ऑफ सोशल रिकंस्ट्रक्शन,* एटलांटिक पब्लिशर्स एंड डिस्ट्रीब्यूटर्स, नई दिल्ली, 2006, पृ. 206
6. *हरिजन,* 02/11/1934, पृ. 302

गांधी जी ऐसे औद्योगिकीकरण की संकल्पना करते हैं जो सीमित, चयनित और सामाजिक रूप से नियंत्रित था। उसमें एक ओर वृहद् पूँजी आधारित उद्योग थे जो राज्य के जरिये जनता द्वारा नियंत्रित थे, दूसरी ओर छोटे स्तर के उद्योग थे जो पारिवारिक स्तर पर गाँवों में फैले हुए थे। यह मिश्रित औद्योगिकीकरण एक अहिंसक समाज की जरूरत है और लोगों की भौतिक एवं नैतिक प्रगति के लिए भी आवश्यक है। सामाजिक एवं आर्थिक विकेन्द्रीकरण लोगों की भागीदारी सुनिश्चित करता है। यह प्रक्रिया अलगाव को कम करती है। यह विकेन्द्रीकरण वैयक्तिक स्वतंत्रता एवं सामाजिक उत्तरदायित्व का बेहतरीन सम्मिश्रण है। गांधी जी के समक्ष भारत के सात लाख गाँवों के विकास की चिन्ता थी, अत: वे उस प्रौद्योगिकी को स्वीकार करना चाहते हैं जो स्थानीय एवं श्रम को बचानेवाली हो :

> *'मैं ऐसे सीधे-सादे औजारों, उपकरणों और यंत्रों का स्वागत करता हूँ जो व्यक्ति के श्रम को बचाते हैं और लाखों झोंपड़ियों के काम के बोझ को हल्का करते हैं।'*[1]

अत: गांधी जी *आधुनिक प्रौद्योगिकी द्वारा वृहद् उत्पादन (मॉस प्रोडक्शन) को लोगों द्वारा वृहद् उत्पादन (प्रोडक्शन बॉय मासेज) में तब्दील करते* हैं और इस प्रौद्योगिकी द्वारा स्वयमेव उत्पन्न केन्द्रीकरण को स्थानीय प्रौद्योगिकी के जरिये विकेन्द्रीकरण से प्रतिस्थापित करते हैं। उनकी दृष्टि में आधुनिक प्रौद्योगिकी द्वारा उत्पन्न उद्योगवाद मानवजाति के लिए अभिशाप है।[2] साथ ही आशा करते हैं कि इस उद्योगवाद को जन्म देनेवाला एवं उससे प्रभावित होनेवाला यूरोप इससे बचने का रास्ता निकाल लेगा और यह रास्ता सादगी एवं ग्राम जीवन को मजबूत करने की ओर ले जाएगा।[3] यहाँ स्पष्ट करना जरूरी है कि जब गांधी ग्राम जीवन को मजबूत करने, उसे मान्यता प्रदान करने की बात कह रहे होते हैं तो उनका आशय शरीर-श्रम आधारित व्यवस्था से होता है :

> *'गाँवों की ओर लौटने का अर्थ है— रोटी के लिए श्रम करने का कर्तव्य तथा उससे जुड़ी सभी बातों को मान्यता प्रदान करना।'*[4]

स्वदेशी से जुड़ी एक अन्य महत्त्वपूर्ण बात यह भी है कि इस प्रौद्योगिकी में अलगाव (एलिएनेशन) की भावना समाप्त होती है। कार्ल मार्क्स ने अलगाव की भावना को पूँजीवादी समाज व अर्थव्यवस्था के अनिवार्य परिणाम के रूप में देखा

---

1. *यंग इंडिया,* 17/06/1926, पृ. 218
2. वही, 12/11/1931, पृ. 355
3. वही,
4. *फ्रॉम यर्वदा मन्दिर,* पृ. 36-37

था। स्वयं गांधी जी ने पूँजीवाद को एक बुराई के रूप में देखा था। बी.एन. गांगुली ने दोनों के बीच साम्यता बताते हुए कहा कि मार्क्स और गांधी ने पूँजीवादी समाज की कुछ निश्चित बुराइयों को एक साथ देखा :

1. श्रम की प्रमुखता एवं गरिमा का तिरस्कार।
2. मानवीय श्रम को घटाकर उसे पण्य में और श्रमिक के काम को व्यक्तित्व की बजाय एक विषय (ऑब्जेक्ट) में तब्दील करना।
3. निजी सम्पत्ति एवं विशेषाधिकारों का अत्याचार।
4. सम्पत्ति के आधार पर सत्ता का निर्माण करनेवाले वर्ग का उदय।
5. बुरी चेतना (बैड कंसाइंस) के कारण सारा समाज पीड़ित है।
6. सामाजिक एकत्व के भाव की समाप्ति जो कि मानवीय सामाजिक जीवन की अनिवार्य जरूरत है।[1]

आधुनिक अस्तित्ववादी प्रमुख विचारक कार्ल जास्पर्स ने अपनी पुस्तक 'मैन इन द मॉडर्न एज' में आधुनिक तकनीकी सभ्यता की कड़ी आलोचना की। इस सभ्यता को उन्होंने 'सामाजिक बुराई' कहा।[2]

पूँजीवादी अर्थव्यवस्था में श्रमिक उत्पादन-प्रक्रिया में उत्पादित वस्तु के किसी एक अंश को बनाता है, यह प्रक्रिया बार-बार दोहराई जाती है—यंत्रीकरण की तरह। इस वस्तु के उपयोगकर्ता से उसका सम्बन्ध नहीं होता। इस वस्तु के उत्पादन, वितरण, कीमत इत्यादि को तय करने में उसकी कोई भूमिका नहीं होती। इन्हीं सभी प्रक्रियाओं का परिणाम अलगाव के रूप में सामने आता है। स्वदेशी प्रौद्योगिकी में व्यक्ति पूरी वस्तु का उत्पादन करता है; यह प्रक्रिया बार-बार दोहराई जाती है परन्तु वह उसे सृजनात्मक सन्तुष्टि देती है। इस उत्पादित वस्तु के उपभोगकर्ता से उसका सीधा सम्बन्ध होता है क्योंकि उपभोग स्थानीय होता है। वस्तु के उत्पादन, वितरण, कीमत निर्धारण में उसकी मुख्य भूमिका होती है। इस प्रकार हम देख सकते हैं कि स्वदेशी अलगाव की समस्या का समाधान भी उसी उत्पादन व्यवस्था में स्थानीय प्रौद्योगिकी के प्रयोग से करती है। स्वदेशी का एक अन्य पक्ष यह भी है कि स्थानीय संसाधन, श्रम एवं तकनीक के जरिये ही उत्पादन के साधनों पर आम जनता का वास्तविक नियंत्रण कायम रह सकता है। उत्पादन के साधनों को आम जनता के नियंत्रण में लाकर गांधी जी वास्तव में एक विकेन्द्रीकृत अर्थव्यवस्था, राजनीतिक एवं सामाजिक व्यवस्था की स्थापना कर रहे होते हैं। आगे चलकर ई.एफ. शुमाकर, इवान इलिच, एरिक फ्रॉम जैसे विद्वानों ने गांधी जी को प्रेरणास्रोत मानकर 'मध्यवर्ती', 'समुचित' प्रौद्योगिकी की बात कही। शुमाकर

1. गांगुली, बी.एन., वही, पृ. 130
2. वही, पृ. 139

द्वारा लिखित पुस्तक 'स्मॉल इज ब्यूटीफुल'[1] मानवमुखी तकनीकी को सैद्धान्तिक तौर पर प्रस्तुत करती है।

शुमाकर अपनी पुस्तक में बौद्ध अर्थशास्त्र के नजरिये से मशीन एवं औजार के फर्क को बताने के लिए आनन्द कुमारस्वामी को उद्धृत करते हैं :

> *'मौका दिया जाए तो दस्तकार स्वयं ही मशीन और औजार के सूक्ष्म भेद की स्पष्ट व्याख्या कर सकता है। कालीन बुनने का करघा एक औजार है जो ताने के धागों को खींचकर रखता है ताकि दस्तकार की उँगलियाँ उनके चारों ओर बाना बुन सकें, इसके विपरीत बिजली से चलनेवाला करघा एक मशीन है जो मूलत: आदमी के हिस्से के काम को खुद करके संस्कृति को विनष्ट करती है।'*[2]

यह स्पष्ट है कि औजार मानवीय श्रम के आनन्द और उससे जुड़ी सृजनात्मकता को बचाये रखता है और मशीन उसे नष्ट करती है। गांधी जी जब स्वदेशी प्रौद्योगिकी की बात कर रहे होते हैं तब वे औजारों पर जोर दे रहे होते हैं। साथ ही शुमाकर स्वदेशी को प्रासंगिक मानते हुए कहते हैं :

> *'बौद्ध अर्थशास्त्र की दृष्टि से स्थानीय आवश्यकताओं को पूरा करने के लिए स्थानीय संसाधनों के इस्तेमाल से किया गया उत्पादन आर्थिक जीवन की सबसे तर्कयुक्त प्रणाली है।'*[3]

शुमाकर के अनुसार, स्थायित्व के अर्थशास्त्र—कहना चाहिए अहिंसक अर्थशास्त्र—के लिए विज्ञान और प्रौद्योगिकी का पुनरभिविन्यास किया जाना चाहिए तथा ऐसी पद्धतियाँ और उपस्कर चाहिए जो :

1. इतने सस्ते हों कि लगभग प्रत्येक व्यक्ति की पहुँच के भीतर हों;
2. छोटे पैमाने पर काम करने के लिए उपयुक्त हों; और
3. मनुष्य की सृजनात्मक वृत्ति के अनुकूल हों।

इन्हीं तीन बातों से अहिंसा की और मनुष्य तथा प्रकृति के बीच ऐसे सम्बन्धों की स्थापना सम्भव है जिसमें स्थायित्व सुनिश्चित हो सकेगा।[4]

प्रसिद्ध विद्वान प्रो. धूर्जटी प्रसाद मुखर्जी (डी.पी. मुखर्जी) ने अपने लेख 'महात्मा गांधी'ज व्यूज ऑन मशीन्स एंड टेक्नोलॉजी' में उनके विचारों को विश्लेषित करते हुए लिखा कि वह मशीन एवं मशीनी सभ्यता का विरोध करते हैं परन्तु मशीन

---

1. शुमाकर, ई.एफ., वही, पृ. 100–10
2. वही, पृ. 39
3. वही, पृ. 41
4. वही, पृ. 25

के 'उचित' उपयोग पर भी बल देते हैं। 'उचित' उपयोग का सकारात्मक अर्थ मानवता के लिए प्रेम था और नकारात्मक अर्थ में सत्ता केन्द्रीकरण, शहरीकरण, बेरोजगारी, राजनीतिक, आर्थिक और सामाजिक शोषण की आलोचना से था। वे कहते हैं कि गांधी जी क्रान्तिकारी थे क्योंकि एक समाजविज्ञानी की तरह उन्होंने भारतीय वास्तविकता और इसकी स्वभावगत परिवर्तनशीलता को जानकर नये मूल्यों के निर्माण की बात कही। गांधी जी अतीत में नहीं जाते, वे प्राच्यविद् नहीं हैं, वे केवल स्रोतों एवं उनकी जड़ों तक पहुँचना चाहते हैं क्योंकि जितनी गहराई में आप जाएँगे, उतने ही क्रान्तिकारी आप होंगे।[1]

तकनीक के सम्बन्ध में हमें चेक दार्शनिक रेडोवान रिच्ता द्वारा प्रचलित शब्दावली 'प्रौद्योगिकीय उद्भव' (टेक्नोलॉजिकल एवोल्यूशन) को भी समझना होगा। यह सिद्धान्त बताता है कि कैसे समाज बौद्धिक श्रम को बढ़ाकर शारीरिक श्रम को कम करता जाता है। मास्से ब्लूमफील्ड ने प्रौद्योगिकी के उद्भव के तीन स्तर बताए हैं[2] :

1. औजार (टूल्स),
2. मशीन,
3. स्वचालन (ऑटोमेशन)।

इन तीन स्तरों के परिणामस्वरूप दो प्रक्रियाएँ निश्चित तौर पर होती हैं[3] :

1. अधिक कुशल मानसिक श्रम शारीरिक श्रम को विस्थापित कर देता है।
2. प्राकृतिक पर्यावरण पर नियंत्रण ज्यादा विस्तृत होता जाता है तथा कच्चे माल से अधिक जटिल और लचीले उत्पाद बनते हैं।

प्रो. आचार्य ने श्रम के सांस्कृतिक पहलू पर विचार करते हुए तकनीक के साथ उसके सम्बन्ध को विश्लेषित किया कि 'महात्मा गांधी जैसे विचारक और शुमाकर जैसे अर्थशास्त्री जब श्रम आधारित तकनीक का आग्रह करते हैं तो वे कहीं इस तथ्य को भी पहचान रहे होते हैं कि प्रौद्योगिकी भी संस्कृति की रचना में निर्णायक भूमिका अदा करती है इसलिए संस्कृति-चेतना से सम्पन्न समाज को ऐसी तकनीक अपनानी चाहिए जो उसकी आर्थिक जरूरतों को पूरा करने के साथ ही उसकी सांस्कृतिक प्रक्रिया, उसके मूल्यान्वेषण और उसके आत्मबोध की प्रक्रिया का भी माध्यम हो सके।'[4]

1. मुखर्जी, डी.पी., *महात्मा गांधी'ज व्यूज ऑन मशीन्स एंड टेक्नोलॉजी, इंटरनेशनल सोशल साइंस बुलेटिन,* खंड-5, अंक-3, यूनेस्को, 1954, पृ. 411-24
2. ब्लूमफील्ड, मास्से, *मैनकाइंड इन ट्रांजिक्शंस : ए व्यू ऑफ द डिस्सेंट पास्ट एंड द फॉर फ्यूचर,* मेसेफील्ड बुक्स, कैलिफोर्निया, 1993
3. ब्लूमफील्ड, मास्से, द *आटोमेटेड सोसायटी,* मेसेफील्ड बुक, कैलिफोर्निया, 1995
4. आचार्य, प्रो. नन्दकिशोर, *संस्कृति की आर्थिकी,* पृ. 25-26

स्पष्ट है कि मूल्यान्वेषण और आत्मबोध की यह प्रक्रिया प्राप्त करने के लिए ऐसी प्रौद्योगिकी की आवश्यकता होगी जो मानवमुखी एवं उसके सृजनात्मक आनन्द को बढ़ानेवाली हो।

स्वदेशी के जरिये गांधी जी अर्थव्यवस्था में सम्पूर्ण उत्पादन ढाँचे को बदल डालने का प्रस्ताव करते हुए एक आत्मनिर्भर एवं स्वावलम्बी आर्थिक क्षेत्र को अपना उद्देश्य बनाते हैं जो अपने पड़ोसियों के साथ परस्परावलम्बन का जीवन व्यतीत कर सके। स्वावलम्बी गाँव आर्थिक विकेन्द्रीकरण का ही रूप है जिसका आधार स्थानीयता एवं उस पर आधारित प्रौद्योगिकी संसाधन हैं। इसका उद्देश्य लोगों की सेवा करना है। इस व्यवस्था में उत्पादन, उपभोग स्थानीय होने के कारण मालिक, श्रमिक और उपभोक्ता—तीनों एक ही हो जाते हैं। यही इसकी विशिष्टता है।

गांधी जी के आर्थिक विचार में स्वामित्व का परिवर्तन भी शामिल है। इसे वह 'न्यासिता' (ट्रस्टीशिप) कहते हैं। स्वामित्व के सवाल को भी वह अहिंसा के आधार पर हल करना चाहते हैं। वृहद् उद्योगों में न्यासिता स्थापित करते हुए वह पूँजीपति वर्ग को 'न्यासी' बनने का प्रस्ताव करते हैं। श्रमिक को हृदय-परिवर्तन का इन्तजार न करते हुए शोषण महसूस होने से ही सत्याग्रही बनने को कहते हैं। राज्य को सत्याग्रही राज्य व उपभोक्ता को सत्याग्रही उपभोक्ता बनने को कहते हैं। इस पूरी प्रक्रिया में वे स्वामित्व की अवधारणा को भी विकेन्द्रीकृत कर समाज में उसे बाँटते हैं। स्वामित्व समाज का है। सभी इस स्वामित्व का उपयोग लोभ या स्वार्थ के पक्ष में नहीं बल्कि प्रेम एवं न्याय के लिए करेंगे। हर एक व्यक्ति की समानता के लिए वह शरीर-श्रम प्रस्तावित करते हैं ताकि सभी समान हों और सभी को बराबर मेहनताना भी मिले।

गांधी जी के लिए सत्य व अहिंसा जीवन का मूलभूत नियम होने के कारण आर्थिक विचार भी इसी उद्देश्य की प्राप्ति के साधन हो जाते हैं। एक नैतिक प्राणी के रूप में मनुष्य की कल्पना करने के कारण आर्थिक प्रक्रियाएँ भी नैतिक उत्कर्ष का साधन हो जाती हैं और श्रम को आधार बनाकर एक समतामूलक समाज की स्थापना में योगदान देती हैं।

अध्याय-4

शैक्षिक दृष्टि

महात्मा गांधी द्वारा प्रस्तुत शिक्षा-सम्बन्धी विचारों को *नयी तालीम* के जरिये अभिव्यक्त किया जाता है। किसी शिक्षाशास्त्री की तरह उन्होंने कोई व्यवस्थित सिद्धान्त तो प्रस्तुत नहीं किया, ऐसा कहा जा सकता है परन्तु उनकी *नयी तालीम* की अवधारणा अपने-आपमें एक शिक्षाशास्त्रीय सिद्धान्त अवश्य है। उन्होंने अपने समय में जब *नयी तालीम* को प्रस्तुत किया तब उनका भारत से आशय केवल शहरों तक सीमित नहीं था, जैसाकि तत्कालीन विचारकों और प्रशासकों का था अपितु भारत का अर्थ वृहद् ग्रामीण भारत से भी था। इस *नयी तालीम* में ग्रामीण भारत की आकांक्षाएँ एवं भागीदारी सुनिश्चित की गई जो ब्रिटिश शिक्षा नीति और उसकी व्यवस्था में नजरअन्दाज की गई थीं। भारतीय वातावरण एवं समाजशास्त्र के अनुकूल शिक्षा-पद्धति का प्रस्ताव एक क्रान्तिकारी दृष्टि थी।

सर्वप्रथम हमें यह जानना आवश्यक है कि औपनिवेशिक शिक्षा-पद्धति भारतीय आकांक्षाओं और समाज से बिलकुल कटी हुई थी। अनेक विचारकों ने इस ओर ध्यान आकृष्ट किया और इन आलोचनाओं को सामने रखा। सार रूप में इन्हें जानने के लिए हम प्रो. मूनिस रज़ा द्वारा बताई गई आलोचनाओं का अध्ययन करेंगे। उनके अनुसार, औपनिवेशिक भारत में शिक्षा सामाजिक-आर्थिक विकास का साधन बनने की जगह विदेशी शासन की जरूरतों को पूरा करती थी। ऐसे ही कारण औपनिवेशिक शिक्षा-पद्धति को आलोचना का विषय बनाते थे। प्रो. रज़ा[1] ने उस समय की औपनिवेशिक शिक्षा-पद्धति एवं ढाँचे के बारे में विश्लेषण करते हुए कहा :

1. परिमाण की दृष्टि से यह व्यवस्था बहुत संकुचित थी।
2. शिक्षा-व्यवस्था बहुस्तरीय और पिरामिडाकार थी और इसका आधार बहुत संकीर्ण था।

---

1. रज़ा, प्रो. मूनिस, *शिक्षा और विकास के सामाजिक आयाम* (अनु. सुजाता राय), ग्रंथशिल्पी, नई दिल्ली, 1999, पृ. 1-4

3. शिक्षा और विशेषत: उच्च शिक्षा बन्दरगाहों के नगरों और आस-पास के इलाकों तक सीमित थी।
4. हजारों साल से भारतीय संस्कृति और सभ्यता के केन्द्र और हृदय को हाशिए पर धकेल दिया गया। (प्रो. रज़ा का आशय उत्तरी क्षेत्र और गंगा-यमुना के मैदानी क्षेत्र से है।)
5. शिक्षा का सामाजिक-आर्थिक आधार निहायत संकुचित था तथा श्रमजीवी बहुसंख्यक जनता के लिए इसके दरवाजे बन्द थे।
6. यह शिक्षा 'अध्यापन' (शिक्षण) केन्द्रित थी, 'अधिगम' (सीखने) पर नहीं।
7. इस शिक्षा की मंशा राष्ट्रीय एकता को कमजोर करने की थी।

प्रो. रज़ा द्वारा औपनिवेशिक शिक्षा-व्यवस्था के ढाँचे और प्रवृत्ति का विश्लेषण यह बताता है कि औपनिवेशिक शिक्षा-व्यवस्था किस प्रकार भारत के लिए अप्रासंगिक एवं विभाजनकारी थी।

गांधी जी द्वारा औपनिवेशिक शिक्षा-पद्धति की आलोचना को तीन आधारों[1] पर समझा जा सकता है :

1. **औपनिवेशिक ढाँचा :** इस शिक्षा का ढाँचा बहुत संकीर्ण था। इसमें प्रवेश बहुत कम लोगों का था। अधिकांश जनता इसकी पहुँच से दूर थी। यह ढाँचा महज ब्रिटिश व्यवस्था के लिए बाबूगीरी हेतु क्लर्कों की फौज तैयार करने का उद्देश्य पाले हुए था। इस व्यवस्था ने अपने शासन से पूर्व के शिक्षा के विकेन्द्रित एवं सशक्त ढाँचे को तोड़ा।
2. **औपनिवेशिक शिक्षा की अन्तर्वस्तु :** ब्रिटिशकालीन शिक्षा-व्यवस्था भारतीय समाज की आवश्यकताओं, उसकी बुनियाद, सन्दर्भों, परिघटनाओं से बिलकुल अछूती थी। भारतीय समाज की दैनन्दिन जीवन की समस्याओं की पहचान, उसके निवारण में इसकी कोई रुचि नहीं थी। पुस्तक-केन्द्रित के कारण यह केवल बौद्धिक कसरत बनकर रह जाती थी।
3. **मानसिक गुलामी एवं हिंसा :** गांधी जी ने औपनिवेशिक शिक्षा को मानसिक गुलामी के औजार के रूप में देखा। इसके जरिये उपनिवेश शासक—इवान इलिच के शब्दों में कहा जाए तो शिक्षा के गुप्त एजेंडे में—अपनी श्रेष्ठता एवं भारतीयों की हीनता को मानसिक तौर पर हर भारतीय मानस में स्थापित करना चाहते थे। यह शिक्षा-व्यवस्था विभाजनकारी थी। मनुष्य-मनुष्य के बीच भेद पैदा कर उन्हें अलग करती थी। यह

1. देखें, जोशी, शम्भू, *नयी तालीम* के सरोकार, *बुनियादी तालीम* (सं. अरविन्दाक्षन, ए., कुमार, मिथिलेश), राजकमल प्रकाशन, नई दिल्ली, 2013, पृ. 165-66

इसका हिंसक स्वरूप था जो बुनियादी रूप से इसके साथ जुड़ा हुआ था। अपनी मूल अवधारणा में साम्राज्यवादी होने के कारण यह शिक्षा न केवल मनुष्यों के प्रति अपितु प्रकृति के प्रति भी—या कहना चाहिए सम्पूर्ण अस्तित्व के प्रति—हिंसक थी।

प्रो. कृष्ण कुमार ने मानसिक गुलामी के दृष्टिकोण को स्पष्ट करते हुए लिखा है कि उपनिवेशी शिक्षा का मतलब था कि उसका लाभ लेनेवाले अपने-आपको और अपने समाज को उपनिवेशकों की दृष्टि से देखेंगे, और वे अपने-आपको इस रूप में देखना छोड़ देंगे कि वे नये ज्ञान की रचना में समर्थ हैं।[1]

इसी तरह 1926 में ब्रिटिश शिक्षा की समाज में अप्रासंगिकता एवं समाज से उसके कटाव पर ध्यान केन्द्रित करते हुए आर्थर मेह्यू ने लिखा :

'जब पढ़ा-लिखा हिन्दुस्तानी अपने असल रूप में होता है, अपनी गहनतम भावनाओं को व्यक्त करता होता है और अपने खाली समय का घरेलू या सामुदायिक स्तर पर आनन्द ले रहा होता है तो उसमें हमारे स्कूलों और कॉलेजों की दी हुई शिक्षा-दीक्षा का कोई भी लक्षण दिखाई नहीं देता।'[2]

उपर्युक्त विवेचन उस पृष्ठभूमि को स्पष्ट तौर पर अभिव्यक्त करता है जिसमें गांधी जी शिक्षा-व्यवस्था पर गम्भीर चिन्तन करने के लिए विवश हुए होंगे। अपने चिन्तन के मूल आधारों—सत्य व अहिंसा—पर इसे कसने और इसके विकल्प को प्रस्तुत करने में गांधी जी के अपने शैक्षिक अनुभव काफी कारगर सिद्ध हुए।

1937 में *नयी तालीम* का उद्‌भव एक अनायास घटना नहीं थी अपितु यह गांधी जी के शिक्षा-सम्बन्धी सतत चिन्तन एवं स्वयं अनुभवों का परिणाम कही जा सकती है। अपनी पढ़ाई तथा बाद में सार्वजनिक जीवन में प्रवेशोपरान्त उन्होंने शिक्षा, उसकी प्रक्रिया, उसके बुनियादी प्रयोजन, समाज के साथ उसके सम्बन्ध और मूलतः सत्य-अहिंसा पर आधारित उसके स्वरूप की अवधारणा इत्यादि पर लगातार विचार किया। उनकी आत्मकथा *सत्य के मेरे प्रयोग अथवा आत्मकथा*[3] में शिक्षा-सम्बन्धी उनकी बेचैनी एवं प्रयोगों का उल्लेख इसी के उदाहरण हैं। इस सन्दर्भ में टॉल्स्टॉय फार्म पर उनके शिक्षा-सम्बन्धी प्रयोग *नयी तालीम* की पूर्वपीठिका जैसे प्रस्तुत होते हैं।

वस्तुतः गांधी जी की अहिंसा दृष्टि शिक्षा क्षेत्र में *नयी तालीम* के रूप में सामने आती है। तत्कालीन ब्रिटिश शिक्षा-व्यवस्था की आलोचना कर उन्होंने शिक्षा को

1. कुमार, प्रो. कृष्ण, *शैक्षिक ज्ञान और वर्चस्व,* ग्रंथशिल्पी, नई दिल्ली, 1998, पृ. 87
2. मेह्यू, आर्थर, *दि एजुकेशन ऑफ इंडिया,* फेबर, लन्दन, 1926, पृ. 207
3. गांधी, मो. क., *सत्य के मेरे प्रयोग अथवा आत्मकथा* (अनु. काशिनाथ त्रिवेदी), नवजीवन प्रकाशन मन्दिर, अहमदाबाद, दिसम्बर, 2003, पृ. 305-12

भारतीय आकांक्षाओं के अनुकूल बनाने की आवश्यकता महसूस की। ऐसी शिक्षा जो समाजोन्मुखी, उपयोगी और सभी की पहुँच में हो। शिक्षा उनके लिए व्यापक अर्थ लिये हुए थी :

> *'ज्ञान में वह समस्त प्रशिक्षण समाहित है जो मानवजाति की सेवा के लिए उपयोगी है और विमुक्ति का अर्थ है— वर्तमान जीवन की सभी प्रकार की पराधीनताओं से मुक्ति। पराधीनता दो प्रकार की होती है : बाहरी आधिपत्य की दासता और आदमी की अपनी कृत्रिम आवश्यकताओं की दासता। इसी आदर्श की प्राप्ति के लिए किया गया ज्ञानार्जन सच्ची शिक्षा है।'*[1]

अत: जब गांधी जी स्वराज का आह्वान कर रहे होते हैं तब उनका एक आयाम शिक्षा का भी था। इसे स्पष्ट करते हुए वे कहते हैं :

> *'सच्चा स्वराज मुट्ठीभर लोगों द्वारा सत्ता-प्राप्ति से नहीं आएगा, बल्कि सत्ता का दुरुपयोग किये जाने की सूरत में उसका प्रतिरोध करने की जनता की सामर्थ्य विकसित होने से आएगा। दूसरे शब्दों में, स्वराज जनता की सत्ता का नियमन तथा नियंत्रण करने, अपनी क्षमता का विकास करने की शिक्षा देने से आएगा।'*[2]

वहीं एक अन्य स्थान पर जब वह स्वराज-प्राप्ति की बात कहते हैं तो उसमें राष्ट्रीय शिक्षा यानी *सर्वसाधारण की शिक्षा*[3] के महत्त्व को भी स्वीकार कर रहे होते हैं। उनकी शिक्षा का उद्देश्य केवल साक्षरता या नौकरी प्रदान करना नहीं बल्कि एक ऐसे व्यक्ति का निर्माण करना है जो अहिंसक समाज की स्थापना कर सके।

इसमें कोई दो राय नहीं है कि गांधी जी ने तात्कालीन समाज की पुनर्रचना हेतु *नयी तालीम* की अवधारणा प्रस्तुत की। उनके यहाँ शिक्षा अहिंसामूलक, शोषणरहित एवं स्वतंत्रतामूलक समाज की प्राप्ति का साधन हो जाती है। यह कहा जा सकता है कि *नयी तालीम* का सम्बन्ध जहाँ एक ओर तत्कालीन समय में स्वराज-प्राप्ति एवं उसे बनाये रखना था, वहीं दूसरी ओर उसका लक्ष्य ऐसे अहिंसक व्यक्ति का निर्माण भी था जो एक अहिंसक समाज का निर्माण कर सके।

नयी तालीम के प्रादुर्भाव का एक वृहद् इतिहास है।[4] समय-समय पर गांधी जी के शिक्षा-सम्बन्धी विचारों को केन्द्र में रखकर अखिल भारतीय शिक्षा परिषद की बैठक 22-23 अक्टूबर, 1937 को वर्धा (महाराष्ट्र) में हुई। गांधी जी ने इसकी

1. *हरिजन,* 10/03/1946, पृ. 38
2. *यंग इंडिया,* 29/1/1925, पृ. 41
3. वही, 21/5/1925, पृ. 178
4. इस इतिहास के अध्ययन हेतु देखें—शिवदत्त, *समग्र नयी तालीम : दर्शन, योजना एवं पाठ्यक्रम,* नयी तालीम समिति एवं गांधी स्मृति एवं दर्शन समिति, वर्धा, 2006

अध्यक्षता की। अपने अध्यक्षीय वक्तव्य में उन्होंने *नयी तालीम* की अवधारणा को प्रस्तुत करते हुए किसी उद्योग या दस्तकारी के माध्यम से शिक्षा देने तथा अन्य विचार प्रस्तुत किये। इस बैठक में चार बिन्दु स्वीकृत किये गये :

1. इस परिषद की राय में देश के सब बच्चों के लिए सात वर्ष की मुफ्त और लाजिमी तालीम का इन्तजाम होना चाहिए।
2. तालीम मातृभाषा के जरिये दी जानी चाहिए।
3. यह परिषद महात्मा गांधी की इस तजवीज का समर्थन करती है कि इस तमाम मुद्दत में शिक्षा का केन्द्र किसी किस्म की उत्पादक दस्तकारी होना चाहिए और बच्चों में जो दूसरे अच्छे गुण पैदा करने हैं, उनको जो शिक्षा-दीक्षा देनी है, उसका सम्बन्ध जहाँ तक हो सके, इसी केन्द्रीय दस्तकारी से होना चाहिए और इस दस्तकारी का चुनाव बच्चों के वातावरण और स्थानीय परिस्थिति को ध्यान में रखकर किया जाना चाहिए।
4. परिषद यह आशा करती है कि तालीम के इस तरीके से धीरे-धीरे अध्यापकों की तनख्वाह का खर्च निकल आएगा।[1]

बाद में इसी बैठक में डॉ. जाकिर हुसैन की अध्यक्षता में एक समिति बनाई गई जिसने *नयी तालीम* का एक विस्तृत ढाँचा तैयार किया। इस योजना को फरवरी, 1938 के हरिपुरा कांग्रेस अधिवेशन में स्वीकृति प्राप्त हुई। 23 अप्रैल, 1938 को वर्धा में हिन्दुस्तानी तालीमी संघ का गठन किया गया जिसका कार्य *नयी तालीम* के समस्त आयामों पर कार्य करना था। आगे चलकर *नयी तालीम* को तीन भागों में विभाजित किया गया :

1. पूर्व बुनियादी शिक्षा,
2. बुनियादी शिक्षा,
3. उत्तर बुनियादी शिक्षा।

नयी तालीम के उत्तरोत्तर विकास के बावजूद उपर्युक्त चार बिन्दु (पारित प्रस्ताव) उसकी आधारशिला रहे। *नयी तालीम* के महत्त्वपूर्ण व्यक्तित्व श्री आर्यनायकम जी ने अपने एक व्याख्यान में *नयी तालीम* के मूल सिद्धान्तों को निम्नानुसार बताया है :

1. बुनियादी शिक्षा किसी खास वर्ग की शिक्षा नहीं है। इसमें गरीब-अमीर, शहर-गाँव का भेद किये बिना देश के सब बच्चों की शिक्षा-व्यवस्था है। इसमें मातृभाषा और उत्पादक श्रम को शिक्षा का माध्यम बनाया जाता है। यह लोकतंत्रीय सामाजिक उद्देश्य की शैक्षणिक अभिव्यक्ति है।

---

1. शिवदत्त, *समग्र नयी तालीम : दर्शन, योजना एवं पाठ्यक्रम*, पृ. 302-03

2. यह जीवन के गुणों से सीधा सम्बन्ध रखती है। इसका अर्थ है काम के द्वारा शिक्षा क्योंकि उत्पादक श्रम वह केन्द्र है जिसके चारों ओर मानव जीवन घूमता है।
3. उद्योग केन्द्रित शिक्षा के दुहरे उद्देश्य हैं :
   - पहला, व्यक्ति का सर्वांगीण—शारीरिक, मानसिक एवं आध्यात्मिक—विकास,
   - दूसरा, अपने देश और समाज का एक उपयोगी नागरिक बनना, न कि दूसरों का शोषण करना।[1]

प्रो. हरिराम जसटा[2] ने गांधी जी की *नयी तालीम* पर विचार-विमर्श करते हुए उसके उद्देश्यों को स्पष्ट किया कि इस शिक्षा-पद्धति के दो उद्देश्य थे :

1. तात्कालिक उद्देश्य

1. विद्यार्थी को शिक्षा-प्राप्ति पश्चात जीविकोपार्जन योग्य बनाना।
2. विद्यार्थी को शिक्षा द्वारा अपने व्यवहार में अपनी संस्कृति को प्रकट करने की क्षमता को बढ़ाना।
3. बालक के शारीरिक, मानसिक एवं आध्यात्मिक गुणों के सामंजस्यपूर्ण विकास से उसके व्यक्तित्व का पूर्ण विकास।
4. बालक को स्वावलम्बी और आत्मसम्मानी बनाना।

2. अन्तिम उद्देश्य—अन्तिम सत्य का साक्षात्कार

प्रो. जसटा द्वारा *नयी तालीम* के उद्देश्यों में प्रस्तुत अन्तिम उद्देश्य की व्याख्या यह की जा सकती है कि गांधी जी के लिए सत्य प्रकृति का वह नियम है जो प्रेम के रूप में अभिव्यक्त होता है। अतः सत्य से साक्षात्कार का अर्थ—प्रेममय हो जाना है। इसकी प्रक्रिया अहिंसक है। अतएव गांधी जी के लिए सत्य से साक्षात्कार का अर्थ—समस्त प्रकृति से एकाकार हो जाना है। 'स्व' और 'पर' का भेद समाप्त होकर उनके बीच प्रेमपूर्ण एवं सृजनात्मक सम्बन्ध हो जाना ही है।

अतः *नयी तालीम* एक मानवीय संस्कृति की आधारभूत जरूरत को पूरा करने का प्रयास करती है। प्रो. रामशरण जोशी[3] पाउलो फ्रेरे के शिक्षा-दर्शन और

---

1. श्री आर्यनायकम, *वर्तमान शिक्षा की गम्भीर स्थिति,* हिन्दुस्तानी तालीमी संघ, सेवाग्राम, 1954, पृ. 4-5
2. जसटा, प्रो. हरिराम, *आधुनिक भारत में शैक्षिक चिन्तन,* किताबघर प्रकाशन, दिल्ली, 2009, पृ. 85-86
3. जोशी, प्रो. रामशरण, *आदिवासी समाज और शिक्षा* (अनु. अरुण प्रकाश), ग्रंथशिल्पी, नई दिल्ली, 2004, पृ. 120

गांधी जी की *नयी तालीम* की तुलना करते हुए कहते हैं कि फ्रेरे का विचार था कि शिक्षा के जरिये एक रेडिकल व्यक्ति का जन्म होगा। यह रेडिकल व्यक्ति ऐसे विश्व का निर्माण करेगा जिसमें प्रेम सहज और सरल होगा। गांधी जी की शिक्षा की मुख्य भूमिका भी विश्व में प्रेम और शान्ति का वातावरण बनाना था जिसके लिए आज समस्त मानवता भूखी है।

गांधी जी शिक्षा को समाज के करीब लाने के पक्षधर थे। अत: उनके अनुसार शिक्षा किसी एक खास वर्ग के लिए नहीं बल्कि बिना किसी बाधा के जनसमुदाय के लिए होनी चाहिए। अत: वे *नयी तालीम* के अन्तर्गत शिक्षा को मुफ्त एवं अनिवार्य बनाने के पक्षधर हैं। *नयी तालीम* में उनका लगातार जोर इस शिक्षा के जरिये शिक्षार्थी के सर्वांगीण विकास पर रहा :

> *'मनुष्य न केवल बुद्धि है, न निपट पाशविक शरीर और न केवल हृदय अथवा आत्मा। समग्र मानव इन तीनों के उचित और सामंजस्यपूर्ण योग से ही बनता है और शिक्षा की सच्ची योजना में इसी का समावेश होना चाहिए।'*[1]
>
> *'बच्चे को उसके शारीरिक अंगों के बुद्धिमत्तापूर्ण उपयोग की शिक्षा देना ही उसकी बुद्धि का सर्वोत्तम और शीघ्रतम विकास करने की विधि है। लेकिन जब तक बुद्धि और शरीर के विकास के साथ-साथ, उसी गति से आत्मा की जागृति का काम भी नहीं चलता तब तक विकास एकांगी ही सिद्ध होगा। आध्यात्मिक प्रशिक्षण से मेरा आशय है— हृदय की शिक्षा। इसलिए बुद्धि का उचित और समग्र विकास तभी हो सकता है जब वह बच्चे की शारीरिक एवं आध्यात्मिक क्षमताओं की शिक्षा के समरूप प्रगति करे। यह सब एक अविभाज्य इकाई है। अत: इस सिद्धान्त के अनुसार यह समझना नितान्त भ्रान्तिपूर्ण है कि इनका विकास खंडश: अथवा एक-दूसरे से स्वतंत्र रूप में किया जा सकता है।'*[2]

इसीलिए *नयी तालीम* में व्यक्तित्व के सर्वांगीण विकास—बौद्धिक, भावनात्मक एवं नैतिक—पर बल दिया गया। जैसाकि हम सभी जानते हैं कि 3 R (Reading, Writing and Arithmetic) के स्थान पर 3 H (Heart, Head and Hand) को प्रस्तावित कर उसे शिक्षार्थी के सर्वांगीण विकास और दैनिक जीवन से जोड़ने का प्रयास किया। यहाँ हैंड एक श्रमशील भावना का परिचायक है।

नयी तालीम मातृभाषा में शिक्षण पर जोर देती है। हर शिक्षाशास्त्री इस तर्क से सहमत है कि मातृभाषा में शिक्षण शिक्षार्थी के व्यक्तित्व-निर्माण को बेहतर करता है। एक ओर मातृभाषा में शिक्षण शिक्षार्थी में यह भाव जाग्रत् करता है कि उसकी अपनी भाषा भी ज्ञान का निर्माण कर सकती है, वहीं दूसरी ओर वह अपने समाज के

1. *हरिजन*, 8/5/1937, पृ. 104
2. वही,

व्यापक अनुभव एवं समृद्ध ज्ञान-परम्परा से जुड़ता है। इस प्रक्रिया से उत्पन्न आत्मसम्मान उसे समाज में उसकी भागीदारिता से जोड़ता है। इसके साथ ही मातृभाषा के जरिये शिक्षण उसे मानसिक गुलामी से भी बचाता है जहाँ उसे हेय एवं पश्चिमी बातों का अनुगामी बताकर प्रदर्शित किया जाता है।

नयी तालीम द्वारा शारीरिक श्रम एवं उद्योगों या दस्तकारी द्वारा शिक्षा प्रदान करने का प्रस्ताव भारतीय समाज की आवश्यकता के अनुकूल था। *नयी तालीम* में उद्योग/हस्तशिल्प द्वारा शिक्षा भारतीय समाज की हकीकत थी, पीढ़ी-दर-पीढ़ी अनुभव का वृहद् संचित कोष को प्राप्त करने का तरीका थी। *नयी तालीम* में केवल उद्योग/हस्तशिल्प की शिक्षा मात्र नहीं है बल्कि उसके माध्यम से शिक्षा है :

> *'शिल्प, कला, स्वास्थ्य और शिक्षा— सभी को एक योजना में समन्वित कर देना चाहिए। नयी तालीम इन चारों का एक सुन्दर मिश्रण है और गर्भ-धारण से लेकर मृत्यु के क्षण तक मनुष्य की सम्पूर्ण शिक्षा को अपने में समाहित करती है।...शिल्प और उद्योग को शिक्षा से भिन्न मानने के बजाय मैं उन्हें शिक्षा का माध्यम मानता हूँ।'*[1]

नयी तालीम केवल उद्योग/हस्तकारी की शिक्षा देना मात्र नहीं है बल्कि उसका उद्देश्य उद्योग/हस्तकारी के माध्यम से बच्चों का समस्त शिक्षा प्रदान कर उसका सर्वांगीण विकास करना है। गांधी जी ने इसे स्पष्ट किया :

> *'एक बात इस सिलसिले में मैं और साफ कर देना चाहता हूँ। मेरी तजवीज सिर्फ उद्योग सिखाने के लिए नहीं है। मैं तो उद्योग के द्वारा विद्यार्थियों को सभी विषयों का ज्ञान कराना चाहता हूँ। मेरी योजना में इतिहास, भूगोल, गणित, विज्ञान, भाषा, चित्रकला, संगीत, कसरत, व्यायाम, आरोग्य एवं आहारशास्त्र आदि सबका समावेश होता है। लेकिन मेरी शर्त यह है कि इन सबका ज्ञान कोरा किताबी ज्ञान न होना चाहिए। ज्ञान जीवन-व्यापी होगा और वह उद्योगों द्वारा हासिल किया जाएगा।'*[2]

जब विद्यार्थी किसी उद्योग/दस्तकारी के जरिये सीखता है तो वह ज्ञान के विभिन्न अनुशासनों से गुजरता है। उदाहरणार्थ, यदि वह बढ़ई के काम को अपना माध्यम बनाता है तो इस पेशे के इतिहास, अर्थशास्त्र, समाजशास्त्र, पर्यावरण इत्यादि का ज्ञान भी अर्जित करता है। *नयी तालीम* में उद्योग/दस्तकारी माध्यम द्वारा शिक्षा प्रदान करने का कारण विद्यार्थी को समाज से अन्तर्क्रिया करने का अवसर देना है। वह समाज की आवश्यकता, सामाजिक हितों और विद्यमान विभिन्न अन्तर्सम्बन्धों को देखता, जानता

---

1. *हरिजन*, 10/11/1946, पृ. 394
2. उद्धृत, शिवदत्त, *नयी तालीम* शिक्षण-पद्धति और उसकी वैज्ञानिकता, *बुनियादी तालीम* (सं. अरविन्दाक्षन, ए., कुमार, मिथिलेश), राजकमल प्रकाशन, नई दिल्ली, 2013, पृ. 43

और सीखता है। औपनिवेशिक ब्रिटिश शिक्षा की तरह समाज से कटी शिक्षा नहीं बल्कि समाज की जीवन्त शिक्षा *नयी तालीम* प्रदान करती है। समाज का यह सम्पर्क उसे सामाजिक उत्तरदायित्व एवं परस्पर सहयोगमूलक भूमिका निभाने में सक्षम बनाता है। गांधी जी ने *नयी तालीम* में पुस्तकों को ज्ञान का एकमात्र स्रोत न मानकर सामाजिक यथार्थ के प्रत्यक्ष एवं प्रामाणिक अनुभव को ज्ञान का महत्त्वपूर्ण स्रोत माना। *नयी तालीम* ठोस सामाजिक यथार्थों और उनसे सामना करने का सामर्थ्य प्रदान करने की शिक्षा है। *नयी तालीम* में उद्योग/दस्तकारी द्वारा शिक्षा प्रदान करना एक ओर विद्यार्थियों को समाज की वास्तविक जरूरतों, कठिनाइयों, संघर्षों आदि को समझने योग्य बनाता है, वहीं दूसरी ओर 'विकास', 'तकनीक', 'श्रेष्ठता' आदि विचारों की समाज-सापेक्ष व्याख्या करने में भी सहायता प्रदान कर एक बेहतर सामाजिक व्यक्तित्व निर्मित करता है। इस तरह *नयी तालीम* एक बेहतर समाज का भी निर्माण करती है। प्रो. दीपक मलिक ने *नयी तालीम* पर विचार करते हुए लिखा कि अन्तोनियो ग्राम्शी की शिक्षा की समझ *नयी तालीम* के करीब है। *नयी तालीम* विद्यार्थी की सामाजिक पृष्ठभूमि को नजरअन्दाज नहीं करती, नये नागर समाज का भी निर्माण करती है। साथ ही, वे यह भी कहते हैं कि *नयी तालीम* की एक अन्य विशेषता यह भी है कि यहाँ शोषित बोल सकता है और नये मनुष्य और नई सभ्यता का निर्माण कर सकता है।[1]

डॉ. विश्वनाथ टंडन ने लिखा कि उद्योग द्वारा शिक्षा प्रदान करने की प्रशंसा कई मनोवैज्ञानिकों और शिक्षाशास्त्रियों ने की है जिसमें स्टेनले हॉल, टी.आर. नून, जॉन डिवी और ए.ई. मॉर्गन आदि शामिल हैं।[2] *नयी तालीम* को उद्योग/दस्तकारी की शिक्षा तक सीमित कर दिये जाने की आलोचना का प्रत्युत्तर देते हुए गांधी जी ने कहा :

> *'इसे आम तौर पर लोग हस्तशिल्पों के माध्यम से शिक्षा कहकर पुकारते हैं, जो ठीक ही है। लेकिन यह सत्य का केवल एक अंश है। वस्तुत: नयी तालीम की जड़ें और भी गहरी जाती हैं। वे मानव क्रिया के प्रत्येक क्षेत्र में सत्य और प्रेम की प्रयुक्ति तक फैली हुई हैं। हस्तशिल्पों के माध्यम से शिक्षा देने की धारणा इस विचार से उद्भूत है कि जीवन के क्रिया-कलाप सत्य और प्रेम से व्याप्त होने चाहिए। प्रेम की अपेक्षा है कि सच्ची शिक्षा सभी को सरलता से प्राप्य होनी चाहिए और वह प्रत्येक ग्रामवासी के दैनन्दिनी जीवन के लिए उपयोगी होनी चाहिए। ऐसी शिक्षा पुस्तकों से ग्रहण नहीं की जाती और न वह उन पर निर्भर होती है। इसका धार्मिक पंथों से भी कोई सम्बन्ध नहीं है। यदि इसका धर्म से कोई सम्बन्ध माना जा सकता है तो वह सार्वभौम धर्म है*

1. मलिक, प्रो. दीपक, एक सार्विक शिक्षा की ओर, *बुनियादी तालीम* (सं. अरविन्दाक्षन, ए., कुमार, मिथिलेश), राजकमल प्रकाशन, नई दिल्ली, 2013, पृ. 58-59
2. टंडन, डॉ. विश्वनाथ, *इज गांधी आउट ऑफ डेट* (ई-बुक), सर्वोदय मंडल एवं गांधी बुक सेंटर, मुम्बई, पृ. 24

जिससे सभी धार्मिक पंथ निकले हैं। इसलिए यह शिक्षा जीवन की पुस्तक से ग्रहण की जाती है जिस पर कोई लागत नहीं आती और जिसे दुनिया की कोई ताकत आपसे नहीं छीन सकती।'[1]

नयी तालीम में शारीरिक श्रम की अनिवार्यता का सम्मिलन इसका सर्वाधिक सशक्त पहलू है जो सामाजिक पुनर्रचना का मार्ग प्रशस्त करता है। *नयी तालीम* शारीरिक श्रम की अनिवार्यता के जरिये बुद्धि एवं श्रम के बीच के भेद को समाप्त करती है। यह शिक्षा में किसी भी तरह के भेद को जन्म नहीं देती है, किसी भी शिक्षार्थी की जो भी पृष्ठभूमि हो, सभी को श्रम करना है। यह आभिजात्य और जनसामान्य के बीच भेद समाप्त करने का माध्यम है। यह एक सामाजिक क्रान्ति का द्योतक है। यह सामाजिक क्रान्ति एक समतामूलक समाज की स्थापना करेगी जहाँ सभी नागरिक, बिना भेदभाव के, बिना अपवाद के शारीरिक-श्रम-आधारित जीवन व्यतीत करेंगे। मानव समता की ओर यह पहल हर विद्यार्थी को भारत की मेहनतकश जनता के प्रति संवेदनशील बनाएगी। यह संवेदनशीलता श्रमशील जनता के यथार्थपरक हस्तक्षेप एवं महत्ता की स्वीकृति भी है, न केवल ज्ञान के क्षेत्र में अपितु जीवन के समस्त आयामों में भी।

शिक्षा में शारीरिक श्रम को अनिवार्य बनाकर गांधी जी स्वयं को वामपंथी कहलाए जाने के करीब ले आते हैं।[2] वह वामपंथी इस अर्थ में कहे जा सकते हैं कि 'श्रम' को किसी एक 'वर्ग' तक सीमित न कर सभी के लिए इसे अनिवार्य बताते हैं। श्रम से जुड़ी हीनता को सामाजिक अस्वीकृति प्राप्त करवा उसे एक सम्मानजनक स्थान प्रदान करते हैं। भारतीय जाति सन्दर्भ में यह और भी अधिक प्रासंगिक एवं क्रान्तिकारी कदम है। वे भारतीय सन्दर्भ से अच्छी तरह परिचित थे कि शारीरिक श्रम चाहे कितना ही महत्त्वपूर्ण क्यों न हो, श्रम होने के कारण स्वत: ही निम्न या हेय हो जाता है। यह किसी एक व्यक्ति पर नहीं बल्कि समाज पर भी लागू हो जाता है। गांधी जी ने शिक्षा और श्रम से सम्बन्धित हेय दृष्टि पर लिखा :

'शारीरिक श्रम को शिक्षा से दूर रखने के कारण हम ग्रामीण उद्योग-धन्धों को हलका समझने के अभ्यस्त हो गए हैं। शारीरिक श्रम को कुछ नीचे दर्जे का काम समझा जाने लगा और वर्णाश्रम की भीषण विकृति के कारण हम लोग कतैयों, जुलाहों, बढ़ई और मोचियों को नीची जाति का और सर्वहारा मानने लगे।'[3]

गांधी जी ने *नयी तालीम* को समाज में व्याप्त जाति-व्यवस्था को समाप्त करने का माध्यम बनाया।

1. *हरिजन,* 21/12/1947, पृ. 480
2. जोशी, शम्भू, *नयी तालीम, बुनियादी तालीम* (सं. अरविन्दाक्षन, ए., कुमार, मिथिलेश), राजकमल प्रकाशन, नई दिल्ली, 2013, पृ. 170
3. उद्धृत, वही

यह केवल संयोग मात्र नहीं है कि चीन के ऐतिहासिक व्यक्तित्व माओत्से तुंग ने जब अपने देश की आवश्यकतानुकूल शिक्षा-व्यवस्था का खाका खींचा, तब शारीरिक श्रम की अनिवार्यता की बात कही। माओ के अनुसार, यह एक ओर स्थानीय जरूरतों के नजरिये से आवश्यक था तो दूसरी ओर विद्यार्थियों में 'सर्वहारा' के प्रति संवेदनशीलता पैदा करने का माध्यम भी था। गांधी और माओ के वैचारिक आधारों में भिन्नता के बावजूद दोनों ही विचारकों ने शारीरिक श्रम को शिक्षा-व्यवस्था का अंग बनाया। दोनों ही राष्ट्र-निर्माण की प्रक्रिया में लगे हुए थे और एक समरस समाज का निर्माण करना चाह रहे थे। इतना अवश्य है कि दोनों की प्रक्रियाओं में भिन्नता अवश्य थी।

नयी तालीम का एक महत्त्वपूर्ण आयाम प्रायः बिना विचारित आलोचना का बिन्दु रहा है—शिक्षा प्रक्रिया का स्वावलम्बी होना। गांधी जी का स्पष्ट विचार था कि एक स्वावलम्बी शिक्षा ही स्वावलम्बी शिक्षार्थी को जन्म दे सकती है। शिक्षा-व्यवस्था के स्वावलम्बन के मायने काफी गहरे और व्यापक हैं। स्वावलम्बन आर्थिक भी है और राजनीतिक भी। आर्थिक से तात्पर्य किसी अनुदान या सहायता राशि से है। गांधी जी स्वतंत्रता संग्राम के दौर में इस आर्थिक परावलम्बन का परिणाम शिक्षण संस्थानों की सत्ता-अधीनता एवं पराश्रितता में देख चुके थे। इसी आर्थिक परावलम्बन से राजनीतिक परावलम्बन स्थान बनाता है जहाँ सत्ता तय करती है कि क्या पढ़ाया जाए, क्या नहीं। गांधी जी इन दोनों ही परावलम्बनों से *नयी तालीम* की मुक्ति चाहते हैं। अतः *नयी तालीम* जब किसी भी केन्द्रीकृत सत्ता के आदेशों को खारिज, अस्वीकृत करती है तो स्वयं में एक सत्याग्रही शिक्षा भी हो जाती है, जहाँ हर अनैतिक, शोषणकारी आदेशों का पालन करने के स्थान पर सत्याग्रह किया जाता है। अतः हम देख सकते हैं कि गांधी जी शिक्षा *नयी तालीम* को सत्याग्रही शिक्षा बनाते हैं।

श्री हृदयकान्त दीवान[1] *नयी तालीम* की सामाजिकता की ओर इशारा करते हुए बताते हैं कि 'बुनियादी शिक्षा का दर्शन ज्ञान सृजन, ज्ञान व्यापीकरण तथा ज्ञान के सम्मिश्रण पर जोर देता है। इसके पश्चात अपने आस-पास के लोगों के बीच इसे बाँटने के लिए प्रेरित करता है जिससे कि सभी का जीवन बेहतर हो सके। अतः एक प्रकार से बुनियादी शिक्षा से जीवन का जो उद्‌देश्य उभरता है, वह है समुदाय के जीवन में सुधार और लोगों के संघर्ष में उन्हें आगे बढ़ाना।' *नयी तालीम* ज्ञान के तत्त्वमीमांसीय एवं समाजशास्त्रीय, दोनों ही आधारों को चुनौती देती है। प्रो. कृष्ण कुमार[2] ने इस पर महत्त्वपूर्ण प्रकाश डालते हुए बताया कि गांधी जी द्वारा प्रस्तुत *नयी तालीम* ज्ञान के समाजशास्त्र को गहरी चुनौती प्रस्तुत करती है। विद्यालय में स्थानीय

1. दीवान, हृदयकान्त, आज के सन्दर्भ में बुनियादी शिक्षा को समझना, *बुनियादी तालीम* (सं. अरविन्दाक्षन, ए., कुमार, मिथिलेश), राजकमल प्रकाशन, नई दिल्ली, 2013, पृ. 32
2. कुमार, प्रो. कृष्ण, वही, पृ. 20-21

दस्तकारियों और उत्पादक कौशल को हिस्सा बनाने का उद्देश्य स्थानीय परिवेश में होनेवाली उत्पादन-प्रक्रिया से जुड़ाव है, साथ ही विद्यालय का उत्पादनशील संस्था के रूप में बन जाना भी है। वह एक और महत्त्वपूर्ण एवं प्रासंगिक तर्क की ओर हमारा ध्यान आकर्षित करते हुए कहते हैं कि विद्यालय में स्थानीय दस्तकारी एवं उत्पादन कौशल और ज्ञान को लागू कर वह जनसामान्य के ज्ञानशास्त्र को स्वीकृति प्रदान करना चाह रहे थे। यह ऐसा ज्ञान था जिसका विकास आम जनता का बहुलांश किसान, कारीगर, दलित आदि तैयार कर रहे थे और यह ज्ञान रोजमर्रा की जिन्दगी से जुड़ा था। यह ज्ञान के समाजशास्त्र एवं तत्त्वमीमांसा में जबर्दस्त हस्तक्षेप था और एक सामाजिक एवं शैक्षिक क्रान्ति का आह्वान भी। *नयी तालीम* दलित एवं वंचित वर्गों द्वारा निर्मित ज्ञान के लिए जगह बनाने का अहिंसक संघर्ष थी।

प्रो. कृष्ण कुमार के शब्दों में :

> *'बुनियादी शिक्षा के कारगर ढंग से लागू होने पर हमारे जाति-व्यवस्था वाले समाज में ज्ञान पर अलग-अलग तबकों के एकाधिकार के वरीयता-क्रम में जबर्दस्त उलटफेर हो जाता है।'*[1]

डॉ. विश्वनाथ टंडन ने लिखा कि *नयी तालीम* श्रमिक का बौद्धिकीकरण (intellectualization of the labourer) और बौद्धिक वर्ग का श्रमीकरण (labourization of the intellectual) कर दोनों के बीच फाँक कम करती है। यह मनोवैज्ञानिक रूप से उचित और सामाजिक रूप से प्रगतिशील है।[2] *नयी तालीम* का एक लक्ष्य मानवीय श्रम में आध्यात्मिक एवं सांस्कृतिक तत्त्वों का निर्माण करना है।[3] गांधी जी शिक्षा के निर्देशन का माध्यम बदलना चाहते थे। वे सम्पूर्ण शिक्षण के चरित्र और भाषा को बदलकर शिक्षा-पद्धति में आमूल परिवर्तन लाना चाहते थे।[4] हमारे समय में गांधी-विचार के प्रसिद्ध वक्ता और विचारक (जो स्वयं *नयी तालीम* के शिक्षार्थी रह चुके हैं) श्री नारायण भाई देसाई ने *नयी तालीम* के छह माध्यमों की बात की और उन्हें बाह्य और आन्तरिक माध्यमों में विभाजित किया :

1. बाह्य माध्यम (उद्योग, समाज और प्रकृति),
2. आन्तरिक माध्यम (प्रीति, मुक्ति और अभिव्यक्ति)।

---

1. कुमार, प्रो. कृष्ण, *नयी तालीम*, पृ. 20-21
2. टंडन, डॉ. विश्वनाथ, *इज गांधी आउट ऑफ डेट* (ई-बुक), सर्वोदय मंडल एवं गांधी बुक सेंटर, मुम्बई, पृ. 24
3. वेलॉक, विल्फ्रेड, *गांधी : एक सामाजिक क्रान्तिकारी* (अनु. चन्द्रकला मित्तल), अखिल भारतीय सर्व सेवा संघ प्रकाशन, काशी, 1960, पृ. 37
4. कृपलानी, जे.बी., *द लेटेस्ट फेड : बेसिक एज्यूकेशन*, हिन्दुस्तानी तालीमी संघ, सेवाग्राम, 1954, पृ. 14

इन सभी के साथ समवाय और स्वावलम्बन के एक साथ आने पर *नयी तालीम* होगी।[1]

नयी तालीम की प्रासंगिकता के विषय में 1937 में वर्धा में आयोजित अखिल भारतीय शिक्षा सम्मेलन के संयोजक श्रीमन्नारायण अग्रवाल[2] ने उल्लेख किया कि *'मुझे याद है 1949 में न्यूयॉर्क में मैं प्रोफेसर जॉन डिवी से मिला था। जॉन डिवी प्रोजेक्ट मेथड के प्रवर्तक, इस युग के सबसे बड़े शिक्षाशास्त्री माने जाते हैं। बापू जी के साहित्य का एक सेट उनको दिया। बेसिक एज्यूकेशन पर भी उस सेट में एक किताब थी। उन्होंने बड़ी दिलचस्पी से उसे देखा, मेरे सामने ही उसके पन्ने पलट गए और मेरी तरफ देखकर कहने लगे— मुझे पता ही नहीं कि गांधी जी ने इतने काम किए शिक्षा के बारे में। जितने मैंने कार्य किए, उससे कई कदम आगे वे निकल गए। मैं तो सिर्फ एक बात करता हूँ कि बच्चे कुछ श्रम करें। मुझे अफसोस हो रहा है कि गांधी जी ने इतनी दूरदर्शिता की बात की, अब बुढ़ापे में नया एक्सपेरिमेंट मैं क्या करूँ? अगर मैं नौजवान होता तो बहुत बड़ी श्रद्धा से इसे आगे बढ़ाता। इस काम को और भी चमकाता।'*

इस प्रकार हम देख सकते हैं कि *नयी तालीम* की महत्त्वपूर्ण विशेषता है कि यह समाज और विद्यालय के अन्तर को समाप्त कर उन्हें नवीन सामाजिक पुनर्रचना की प्रक्रिया का भागीदार बनाती है। *नयी तालीम* में विद्यालय समाज के भीतर कोई अलग-थलग स्पन्दहीन अंग नहीं है बल्कि वह समाज को स्पन्दनशील बनानेवाला अंग हो जाता है। शारीरिक श्रम को अनिवार्य बनाकर तथा उद्योग/दस्तकारी को शिक्षा का माध्यम बनाकर उन्होंने एक सामाजिक क्रान्ति की उद्घोषणा की। इसकी सफलता के लिए आवश्यक है कि उसे उसके मूलभूत आधारों के साथ सम्पूर्णता में लागू किया जाए। इसके अनुकूल अर्थव्यवस्था, राज्य-सत्ता और सामाजिक वातावरण हेतु मानस निर्माण करना होगा।

---

1. देसाई, नारायण भाई, *नयी तालीम* के समक्ष चुनौती, *नयी तालीम-नया परिप्रेक्ष्य* (सं. प्रभात, एस.वी, मिश्र, शिवदत्त),सिरियल्स पब्लिकेशंस, नई दिल्ली, 2010, पृ. 12
2. उद्धृत, शिवदत्त, *नयी तालीम : प्रयोग, प्रसार एवं परिणाम,* गांधी सेवा संघ, वर्धा 2009, पृ. 708

अध्याय-5

श्रम-दृष्टि

महात्मा गांधी द्वारा प्रस्तुत 'शरीर-श्रम'[1] का सिद्धान्त एक महत्त्वपूर्ण सिद्धान्त है।[2] सामान्यतः इसे गांधी जी के आर्थिक दृष्टिकोण की व्याख्या करते समय एक बिन्दु के रूप में (मुख्यतः स्वदेशी एवं न्यासिता-सिद्धान्त के साथ) बताया जाता है। यह सिद्धान्त—या कहना चाहिए, गांधी जी की श्रम-दृष्टि—एक अत्यन्त व्यापक सिद्धान्त है जो उनके समस्त विचारों में अन्तर्गुम्फित है। उनकी श्रम-दृष्टि का विचार भी उनके विचारों की तरह एक विकासशील प्रक्रिया का परिणाम है। अपने प्रारम्भिक जीवन के विभिन्न अनुभवों एवं विशेषतः दक्षिण अफ्रीका के प्रवास के दौरान इस श्रम-दृष्टि का विकास हुआ। इस दृष्टि के विकास में पाश्चात्य एवं पूर्वी, दोनों ही

1. गांधी जी ने *ब्रेड लेबर* (Bread Labour) का अनुवाद *शरीर-श्रम* किया है, कहीं-कहीं इसे रोटी के लिए *श्रम* भी कहा गया है। गांधी-विचार के विभिन्न अध्येताओं ने *ब्रेड लेबर* के लिए 'अन्नदायी श्रम', 'रोटी श्रम', 'कायिक श्रम', 'जीविकाश्रम' इत्यादि का भी प्रयोग किया है। इस पूरे शोध में *ब्रेड लेबर* के अनुवाद के रूप में *शरीर-श्रम* का ही प्रयोग किया गया है।
2. विभिन्न विद्वानों ने गांधी जी के *शरीर-श्रम-सम्बन्धी* दृष्टिकोण की चर्चा की है। कुछ विद्वानों ने गांधी जी के *कार्य-दर्शन* को स्पष्ट करते हुए उसे निम्नलिखित बिन्दुओं में अभिव्यक्त किया है :
    - हर व्यक्ति को काम करने का अधिकार (राइट टू वर्क) है और समाज का दायित्व है कि वह उसे उपलब्ध कराए। वह आम आदमी की जीवन-गुणवत्ता पर ध्यान देते हैं।
    - सभी काम सम्माननीय हैं। हर व्यक्ति का दायित्व है कि अपनी क्षमतानुसार लोक-कल्याण में योगदान दे।
    - सभी के कल्याण में व्यक्ति का कल्याण है।
    - हर व्यक्ति के लिए शरीर-श्रम अनिवार्य तत्त्व है।
    - किसान और कारीगर का कार्य बहुत सम्माननीय है क्योंकि दोनों ही मूलभूत आवश्यकता—खाना और कपड़ा—उपलब्ध कराते हैं और भूमि के जरिये प्रकृति के सबसे नजदीक रहते हैं।

    [देखें, बिलीमोरिया, पुरुषोत्तम, प्रभु, जोसेफ, शर्मा, रेणुका एम., *इंडियन एथिक्स : क्लासिकल ट्रेडिशंस एंड कंटेम्परिर चैलेंजेज,* एशगेट पब्लिशिंग लिमिटेड, 2007, हैम्पशायर, पृ. 406]

स्रोतों का महत्त्वपूर्ण योगदान था। महात्मा गांधी की श्रम-दृष्टि को दो तरह से विश्लेषित किया जा सकता है :

1. उनका शरीर-श्रम का सिद्धान्त,
2. श्रम-पूँजी सम्बन्ध एवं न्यासिता-सिद्धान्त।

इस अध्याय में हम उनके शरीर-श्रम-सिद्धान्त का अध्ययन करेंगे :

प्रभाव स्रोत

गांधी जी के शरीर-श्रम-सम्बन्धी विचारों पर लियो टॉल्स्टॉय, जॉन रस्किन का प्रभाव स्पष्ट दिखाई देता है। गांधी जी शरीर-श्रम के सन्दर्भ में लियो टॉल्स्टॉय एवं रूसी विद्वान टी.एम. बोंदारेफ का उल्लेख कई बार करते हैं। उन्होंने लिखा :

> *'रोटी के लिए हर एक मनुष्य को मजदूरी करनी चाहिए; शरीर को (कमर को) झुकाना चाहिए, यह ईश्वर का कानून है। यह मूल खोज टॉल्स्टॉय की नहीं है; लेकिन उनसे बहुत कम मशहूर रूसी लेखक टी.एम. बोंदारेफ की है। टॉल्स्टॉय ने उसे रौशन किया और अपनाया।'*[1]

सत्याग्रह आश्रम के इतिहास की चर्चा करते हुए वे स्पष्ट करते हैं कि बोंदारेफ का शरीर-श्रम के बारे में क्या मत था और वह क्या स्पष्ट करना चाह रहे थे :

> *'हर स्त्री-पुरुष शरीर से मेहनत करे, इसे आश्रम अपना धर्म मानता है। इस उसूल की जानकारी या सूझ-बूझ मुझे टॉल्स्टॉय के एक लेख से हुई। उन्होंने रूस के एक लेखक बोंदारेफ के बारे में लिखा है कि रोटी-श्रम की जरूरत इस लेखक की, इस युग की बहुत बड़ी खोजों में से एक थी। उसका मतलब यह है कि हर तन्दुरुस्त आदमी को अपने गुजारे के लायक शरीर-श्रम करना ही चाहिए। मनुष्य को अपनी बुद्धि की शक्ति का उपयोग आजीविका प्राप्त करने या उससे भी ज्यादा प्राप्त करने के लिए नहीं, बल्कि सेवा के लिए, परोपकार के लिए करना चाहिए।'*[2]

टॉल्स्टॉय शताब्दी समारोह के उपलक्ष्य में अपने भाषण में उन्होंने अपने जीवन पर उनके प्रभावों की बात करते हुए स्पष्ट किया कि यदि हम उनके जीवन से लाभान्वित होना चाहते हैं तो उनके जीवन से उल्लिखित तीन बातें सीखनी चाहिए :

1. संयम का मार्ग,
2. सत्य की आराधना,
3. शरीर-श्रम (ब्रेड लेबर)[3]।

---

1. गांधी, मो. क., *शरीर-श्रम,* नवजीवन मुद्रणालय, अहमदाबाद, 1973, पृ. 06
2. वही, पृ. 09
3. *सम्पूर्ण गांधी वाङ्मय,* खंड-37, पृ. 273-80

दक्षिण अफ्रीका के अपने प्रवास में उन्होंने टॉल्स्टॉय की पुस्तकों का अध्ययन काफी बढ़ा लिया था। उसमें टॉल्स्टॉय की *गोस्पेल्स इन ब्रीफ* (नये करार का सार), *व्हाट टु डू* (हम क्या करें) आदि पुस्तकों ने उनके मन पर गहरी छाप छोड़ी।[1]

जॉन रस्किन को गांधी जी ने टॉल्स्टॉय का व्यापक अध्ययन करने के बाद पढ़ा था। आत्मकथा में उन्होंने लिखा कि *अन्टु दिस लास्ट* पुस्तक को पढ़ने से पहले उन्होंने रस्किन की एक भी पुस्तक नहीं पढ़ी थी।[2] *अन्टु दिस लास्ट* पुस्तक 1904 में जोहान्सबर्ग से डरबन की यात्रा करते समय उन्हें अपने दक्षिण अफ्रीका के सहयोगी हेनरी पोलाक ने दी थी। इस पुस्तक से उन्होंने शारीरिक श्रम के महत्त्व और उसके सामाजिक सन्दर्भ को जाना। आत्मकथा में गांधी जी ने इस पुस्तक के चमत्कारी प्रभाव को इस तरह लिखा :

> *'इस पुस्तक को हाथ में लेने के बाद मैं छोड़ ही न सका। इसने मुझे पकड़ लिया। मैंने पुस्तक में सूचित विचारों को अमल में लाने का इरादा किया... । मेरा विश्वास है कि जो चीज मेरे अन्दर गहराई में छिपी पड़ी थी, रस्किन के ग्रंथरत्न में मैंने उसका स्पष्ट प्रतिबिम्ब देखा।...मैं सर्वोदय के सिद्धान्तों को इस प्रकार समझा हूँ :*
>
> 1. *सबकी भलाई में हमारी भलाई निहित है।*
> 2. *वकील और नाई, दोनों के काम की कीमत एक-सी होनी चाहिए, क्योंकि आजीविका का अधिकार सबको एक समान है।*
> 3. *सादा मेहनत-मजदूरी का, किसान का जीवन ही सच्चा जीवन है।*
>
> *पहली चीज मैं जानता था। दूसरी को मैं धुँधले रूप में देखता था। तीसरी का मैंने कभी विचार ही नहीं किया था। 'सर्वोदय' ने मुझे दीये की तरह दिखा दिया कि पहली चीज में दूसरी दोनों चीजें समायी हुई हैं। सवेरा हुआ और मैं इन सिद्धान्तों पर अमल करने के प्रयत्न में लगा।'*[3]

गांधी जी और जॉन रस्किन के आपसी सम्बन्धों को स्पष्ट करते हुए मार्जरी साइक्स ने *अन्टु दिस लास्ट* के प्रभाव को निम्नानुसार बताया है :

> *'वर्षों के विचार और प्रयोग तथा पर्वत प्रवचन की टॉल्स्टॉय की व्याख्या की गहरी छाप वाले गांधी के मानस के लिए अन्टु दिस लास्ट ने बारूद में चिनगारी का काम किया।'*[4]

---

1. गांधी, मो. क., *सत्य के मेरे प्रयोग अथवा आत्मकथा* (अनु. काशिनाथ त्रिवेदी), नवजीवन प्रकाशन मन्दिर, अहमदाबाद, दिसम्बर 2003, पृ. 144
2. वही, पृ. 271
3. वही
4. उद्धृत, प्रसाद, नागेश्वर, *गांधी का अराजकतावाद*, प्रकाश बुक डिपो, बरेली, 1960, पृ. 46

इस तरह जॉन बांडूरेंट ने रस्किन के विचारों का गांधी पर प्रभाव का विश्लेषण करते हुए लिखा कि राजनीतिक अर्थशास्त्र पर रस्किन के विचारों ने तथा *अन्टु दिस लास्ट* की प्रेरणा ने गांधी जी को बहुत प्रभावित किया और प्रथमतः फिनिक्स आश्रम की स्थापना की प्रेरणा दी और आगे के विचारों के लिए एक आधारभूमि प्रदान की :

> *'यहाँ मुख्य रूप से ध्यान देने योग्य यह है कि रस्किन के राजनीतिक अर्थव्यवस्था के विचारों को, न कि उसके अधिकारवाद को, गांधी जी ने अपने निजी चिन्तन में समाविष्ट किया। रस्किन ने गांधी जी को ऐसे विचार प्रदान किये जिन्होंने सम्पूर्ण गांधी प्रगति में आश्रम संगठन के आर्थिक सिद्धान्तों को मजबूत बनाया और बढ़ाया।'*[1]

हम देख सकते हैं कि शरीर-श्रम की अवधारणा पर लियो टॉल्स्टॉय और जॉन रस्किन का बहुत प्रभाव पड़ा और गांधी जी ने इसे स्वीकार भी किया। डॉ. बी.एन. गांगुली ने शरीर-श्रम के विचार पर थोरो के प्रभाव को भी प्रकट किया है।[2] एक महत्त्वपूर्ण बात यह है कि *यह स्वीकार पूर्णतः यथावत् (एज इट इज) नहीं है। गांधी जी अपनी आवश्यकता एवं परिवेश के अनुसार उसमें बदलाव करते हैं।* साथ ही इन प्रभाव-स्रोतों के अतिरिक्त एक अन्य महत्त्वपूर्ण स्रोत गांधी जी के लिए 'गीता' भी रही है। गीता के अध्ययन से उन्होंने उन समस्त विचारों और सिद्धान्तों के मूल को प्राप्त किया जो उन्हें प्रभावित करते थे। ये विचार और सिद्धान्त गांधी जी के मन में अस्पष्ट या धुँधले तौर पर मौजूद अवश्य रहे थे। टॉल्स्टॉय एवं रस्किन या अन्य स्रोतों ने गांधी जी के मन में मौजूद उन विचारों और सिद्धान्तों को अभिव्यक्त करने में सहायता की, इस कारण उनका महत्त्व असन्दिग्ध है। परन्तु गीता की व्याख्या में इन सिद्धान्तों की उपस्थिति ने गांधी जी को भारतीय परिवेश में इनकी उपस्थिति को सार्थकता प्रदान की।

शरीर-श्रम-सम्बन्धी गांधी जी विचारों में भी हम एक अनवरत विकास देखते हैं। जब इस धारणा की पुष्टि रस्किन के *अन्टु दिस लास्ट* द्वारा हुई तब गांधी जी ने फिनिक्स आश्रम की स्थापना कर एक सामुदायिक जीवन का प्रयोग किया जो शरीर-श्रम पर आधारित था। एक विद्वान ने फिनिक्स आश्रम को *कृषि आधारित एक धार्मिक समुदाय* कहा।[3] इसी तरह के प्रयोग टॉल्स्टॉय आश्रम में भी जारी रहे। इन दोनों आश्रमों में एक बात स्पष्ट है कि यह विचार एक सामुदायिक जीवन व्यतीत करने हेतु एक प्रयोग था। उसका वृहद् स्तर पर प्रयोग एवं सम्भावना अस्पष्ट थी।

---

1. बांडूरेंट, जॉन, *कन्क्वेस्ट ऑफ वायलेंस : द गांधियन फिलॉसफी ऑफ कॉन्फ्लिक्ट,* प्रिंसटन यूनिवर्सिटी प्रेस, न्यूजर्सी, 1988, पृ. 156
2. गांगुली, बी.एन., *गांधी'ज सोशल फिलॉसफी : पर्सपेक्टिव एंड रिलेवेंस,* नेशनल गांधी म्यूजियम एंड राधा पब्लिकेशन, नई दिल्ली, 2000, पृ. 52
3. पिंटो, विवेक, *गांधी'ज विजन एंड वैल्यू : द मोरल क्वेस्ट फॉर चेंज इन इंडियन एग्रीकल्चर,* सेज पब्लिकेशन, नई दिल्ली, 1998, पृ. 51

गांधी जी के भारत आगमन एवं उनके द्वारा आश्रम स्थापित किये जाने पर शरीर-श्रम उसका एक अभिन्न नियम बना। उन्होंने भारत की गरीबी, बेरोजगारी, शोषणकारी अर्थव्यवस्था, भेदमूलक समाज, शारीरिक एवं मानसिक श्रम का भेद इत्यादि विभिन्न समस्याओं के निवारण के तौर पर एक अहिंसक समाज का आदर्श रखा। यह अनुभव किया कि श्रमाधारित व्यवस्था इन सब समस्याओं का निवारण कर सकती है। अतः हम देख सकते हैं कि शरीर-श्रम का विचार किस प्रकार व्यक्तिगत, फिर आश्रम-जीवन तथा आगे चलकर वृहदतर भारतीय समाज के कर्तव्य के रूप में वैचारिक एवं व्यावहारिक तौर पर रूपान्तरित और परिपक्व हुआ।

मूलभूत नियम

गांधी जी के अनुसार अहिंसा या कहना चाहिए प्रेम—जीवन को संचालित करनेवाला नियम है। यह एक वैज्ञानिक नियम भी है। अतएव जीवन में अहिंसा या एकत्व की साधना होनी चाहिए। प्रेम को प्रदर्शित करने की सर्वाधिक मुखर अभिव्यक्ति त्याग है। अतएव जीवन त्यागपूर्ण होकर ही एकत्व की साधना करता है। यह त्याग ही प्रेम है क्योंकि हम किसी से कितना प्रेम करते हैं, यह इस बात से ज्ञात हो सकता है कि हम उसके लिए क्या त्याग कर सकते हैं। अतः गांधी जी के लिए जीवन में त्याग बहुत महत्त्वपूर्ण अवधारणा है। वह कहते हैं : *'सुखी जीवन का रहस्य त्याग में निहित है। त्याग ही जीवन है।'*[1] इस त्यागपूर्ण (प्रेमपूर्ण)जीवन की अभिव्यक्ति व्यक्ति समाज में अन्यों की सेवा के जरिये कर सकता है, अतः गांधी जी के अनुसार जब व्यक्ति सम्पूर्ण त्याग के आदर्श तक पहुँचने की कोशिश करता है और अपने शरीर को सेवा के लिए काम में लाता है तो जीवन का आधार रोटी (या कमाई) के स्थान पर सेवा ही बन जाती है।[2] साथ ही यह सेवा निःस्वार्थ भाव से की जाती है।

शरीर-श्रम की अवधारणा को गांधी जी ने 'यज्ञ' के साथ जोड़कर प्रस्तुत किया है। वे 'यज्ञ' का अर्थ स्पष्ट करते हुए पारमार्थिक सेवा के साथ उसे संयुक्त करते हैं :

> *'यज्ञ का अर्थ है— कोई ऐसा कृत्य जो फल की कामना किये बगैर दूसरों के कल्याण के लिए किया गया हो।... यज्ञ का जन्म सृष्टि के साथ ही साथ हुआ। इसलिए यह शरीर हमें केवल इसीलिए मिला है, हम इससे सृष्टिमात्र की सेवा करें। इसीलिए गीता में कहा गया है कि जो यज्ञ किये बिना खाता है, वह चोरी का भोजन खाता है। शुद्ध जीवन वाले व्यक्ति का हर काम यज्ञस्वरूप होना चाहिए।'*[3]

---

1. *हरिजन*, 24/2/1946, पृ. 19
2. गांधी, मो. क., *फ्रॉम यर्वदा मन्दिर : आश्रम ऑब्जर्वेंसेज* (अनु. वी.जी. देसाई), नवजीवन पब्लिशिंग हाउस, अहमदाबाद, 1957, पृ. 23-26
3. वही, पृ. 53-56

इसी उद्धरण में गांधी जी यह तर्क भी प्रस्तुत करते हैं कि मनुष्य और समाज की रचना में इस यज्ञ (त्यागपूर्ण कर्म) का महत्त्वपूर्ण स्थान है। उनके अनुसार, हमारा अस्तित्व ही ऋणपूर्ण है फिर चाहे वह प्रकृति हो या समाज। अत: हर व्यक्ति का कर्तव्य है कि वह त्यागपूर्ण कर्म करते हुए इस ऋण से उऋण हो। हर व्यक्ति अपने जीवन में अस्तित्व को बनाये रखने के लिए और सामाजिक प्राणी होने के नाते त्याग तो करता ही है, तब उसे क्यों न जीवन का नियम ही बना लिया जाए? शरीर-श्रम का सिद्धान्त इस 'यज्ञ' को विचारपूर्वक तरीके से स्वीकार करने का परिणाम है। *परमार्थ हेतु त्यागपूर्ण कर्म व्यक्तिगत ही नहीं बल्कि एक सामाजिक कर्तव्य भी हो जाता है।*

अपनी बात को और अधिक स्पष्ट करते हुए गीता के एक श्लोक की चर्चा करते हुए वे कहते हैं :

'अन्नाद भवन्ति भूतानि पर्जन्याद् अन्न-सम्भवः।
यज्ञाद् भवति पर्जन्यो यज्ञः कर्म-समुद्भवः॥'

[गीता, अध्याय 3, श्लोक 14]

अन्न से ही सब प्राणी उत्पन्न होते हैं। वर्षा से अन्न उत्पन्न होता है। यज्ञ से वर्षा होती है और यज्ञ की उत्पत्ति कर्म से होती है।

'अतएव मेरी राय में यहाँ न केवल शरीर-श्रम के सिद्धान्त का प्रतिपादन किया गया है बल्कि श्रम के इस सिद्धान्त की स्थापना भी की गई है कि जब श्रम केवल अपने लिए न होकर सबके लिए होता है, तभी वह यज्ञ का रूप लेता है।'[1]

शरीर-श्रम के नियम को जीवन का नियम बताते हुए वे इसे परिवर्तनकारी बताते हैं। बाइबल और गीता के जरिये इसे सिद्ध करते हैं :

'गीता में कहा गया है कि आरम्भ में यज्ञ के साथ-साथ प्रजा को उत्पन्न करके ब्रह्मा ने उससे कहा, 'इस यज्ञ के द्वारा तुम्हारी समृद्धि हो; यह यज्ञ तुम्हारी कामधेनु हो, अर्थात् यह तुम्हारे इच्छित फलों को देनेवाला हो; जो यह यज्ञ किये बिना खाता है, वह चोरी का अन्न खाता है।'

'तू अपने पसीने की कमाई खा', यह बाइबल का वचन है।

यज्ञ अनेक प्रकार के हो सकते हैं। उनमें से एक श्रम-यज्ञ भी हो सकता है। यदि सब लोग अपने ही परिश्रम की कमाई खावें, तो दुनिया में अन्न की कमी न रहे और सबको अवकाश का काफी समय भी मिले। तब न तो किसी को जनसंख्या-वृद्धि की शिकायत रहे, न कोई बीमारी आवे और न मनुष्य को कोई कष्ट या क्लेश ही सतावे। यह श्रम-यज्ञ उच्च से उच्च प्रकार

1. *शरीर-श्रम*, पृ. 9-10

का यज्ञ होगा। इसमें सन्देह नहीं कि मनुष्य अपने शरीर या बुद्धि के द्वारा और भी अनेक काम करेंगे, पर उनका वह सारा श्रम लोक-कल्याण के लिए प्रेममूलक श्रम होगा। उस अवस्था में न कोई राजा होगा, न कोई रंक; न कोई ऊँचा होगा, न कोई नीचा; न कोई स्पृश्य रहेगा, न कोई अस्पृश्य।'[1]

इस उद्धरण से स्पष्ट हो जाता है कि शरीर-श्रम का व्यापक आयाम है। व्यक्तिगत मूल्य से आगे बढ़कर सार्वजनिक मूल्य हो जाने पर इसका प्रभाव काफी व्यापक होगा। भुखमरी की समाप्ति, विश्राम की उपलब्धता, आरोग्यता, लोककल्याण, सामाजिक समानता आदि लक्ष्यों की स्थापना में शरीर-श्रम की महत्त्वपूर्ण भूमिका होगी।

शरीर-श्रम को जीवन का नियम बताते हुए वे इसे राष्ट्र-निर्माण के साथ भी जोड़ते हैं और राष्ट्रीय जीवन में महत्त्वपूर्ण बताते हैं। उनके अनुसार किसी भी राष्ट्र के लिए आवश्यक है कि वह मनुष्य-रूपी सजीव मशीनों का सम्पूर्ण सदुपयोग करे। यदि कोई ऐसा करने से मना करता है तो वह देशद्रोह के समान माना जाना चाहिए :

'एक अमेरिकी लेखक का कहना है कि भविष्य उन राष्ट्रों के हाथों में है जो शारीरिक श्रम में विश्वास करते हैं। दुनिया के देश उन निर्जीव मशीनों की पूजा से थक गए हैं जो निरन्तर संख्या में बढ़ती जा रही हैं। हम लोग अप्रतिम सजीव मशीनों को अर्थात् अपने शरीर को निकम्मा बनाकर और उसकी जगह निर्जीव मशीनों को देकर शरीर को नष्ट कर रहे हैं। यह एक ईश्वरीय नियम है कि शरीर से पूरा काम लिया जाए और उसका उपयोग किया जाए। हम उसकी उपेक्षा नहीं कर सकते। चरखा शरीर का शुभ प्रतीक है। जो मनुष्य बिना श्रम का भोग चढ़ाए भोजन करता है, वह चोरी करके खाता है। शरीर-श्रम से बचना देशद्रोह और ड्योढ़ी पर खड़ी भाग्यलक्ष्मी को ठुकराने के समान है।'[2]

गांधी जी के अनुसार, शरीर-श्रम नीरस नहीं होना चाहिए। उनके अनुसार, यदि कोई काम एक तरह का होने के कारण निरुत्साही एवं थकाऊ हो परन्तु इस काम को करने से सृजनात्मकता का आनन्द अनुभव होता है तो वह नीरस नहीं है। एक व्यक्ति द्वारा अपने श्रम से किसी वस्तु का सृजन किया जाना उस कार्य की थकान एवं निरुत्साह को भुला देता है। एक उदाहरण के रूप में इसे इस प्रकार भी समझा जा सकता है कि एक जूते की बड़ी फैक्टरी में जहाँ जूते का हर भाग अलग-अलग व्यक्तियों द्वारा अलग-अलग जगह पर बनाया जाता हो, वहाँ काम एक व्यक्ति के लिए निरुत्साही, उबाऊ एवं थकावट देनेवाला हो सकता है परन्तु एक मोची द्वारा पूरा जूता स्वयं बनाने से यह काम नीरस नहीं रहता है क्योंकि उसमें उसे सृजनात्मक आनन्द प्राप्त होता है। मोची के शरीर-श्रम की यह स्थिति तब तक मानी जा सकती

1. *शरीर-श्रम*, पृ. 10-11
2. *सम्पूर्ण गांधी वाङ्मय*, खंड-25, पृ. 596

है जब तक वह उसे (अपने कार्य को) कौशलपूर्ण बनाए, अपना कौशल बढ़ाए और उसमें सृजनात्मता का आनन्द ले। किसी भी कार्य-निष्पादन में भावना बहुत महत्त्वपूर्ण होती है जो किसी भी कार्य की प्रेरक होती है। जब सभी तरह के श्रम बुद्धिपूर्वक और उच्च भावनाओं के साथ किये जाते हैं तो सृजन बन जाते हैं। यही सृजनात्मकता का आनन्द शरीर-श्रम का महत्त्वपूर्ण अंग है।

आधुनिक पूँजीवादी उत्पादन व्यवस्था में मजदूर को यह मालूम नहीं होता है कि उसके उत्पादन का अन्तिम स्वरूप क्या होगा। कभी-कभी वह यह भी नहीं जान पाता है कि वह किस वस्तु का उत्पादन कर रहा है। इस व्यवस्था में मजदूर को यह अवसर भी नहीं मिल पाता है कि वह यह जान सके, इसलिए वह अपने काम और उत्पादन से एक अलगाव महसूस करता है। इस अलगाव एवं आनन्दरहित अर्थव्यवस्था को विभिन्न तर्कों द्वारा नैतिक एवं मानवीय रूप देने की कोशिश की गई है। इसकी तुलना में शरीर-श्रम एक ज्यादा नैतिक एवं मानवीय दृष्टि प्रदान करता है परन्तु उसे आदर्शवादी कहकर टाल दिया जाता है। हम यह देख सकते हैं कि शरीर-श्रम द्वारा उत्पादन, वितरण एवं स्वामित्व में महत्त्वपूर्ण परिवर्तन लाया जा सकता है। शरीर-श्रम बताता है कि व्यक्ति अपने श्रम के जरिये सन्तुष्टि, उपयोगिता एवं आनन्द प्राप्त करता है।

प्रो. रमेश दीवान[1] के अनुसार गांधी जी की शरीर-श्रम-अवधारणा में दो आधारभूत सिद्धान्त अन्तर्निहित हैं जो किसी भी कार्य के लिए प्रेरणास्रोत हैं :

1. शरीर के जरिये ऊर्जा व्यय,
2. इस ऊर्जा-प्रयोग में अन्तर्निहित नैतिक मूल्य।

हर व्यक्ति अपने कार्य के जरिये आत्माभिव्यक्ति करता है जिसमें व्यक्तिनिष्ठ और वस्तुनिष्ठ आयाम होते हैं। वस्तुनिष्ठ आयाम मूल्य निर्माण का है जबकि व्यक्तिनिष्ठ आयाम व्यक्ति के व्यक्तित्व विकास से जुड़ा है। व्यक्ति अपने श्रम के जरिये जो सृजन करता है, वह सृजन उसे आनन्द प्रदान करता है, जो उसके व्यक्तित्व के निर्माण में सहभागी होता है। यही सृजन का आनन्द उसे श्रम हेतु प्रेरित करता है और यह श्रम स्वयं द्वारा निर्धारित है, किसी और के द्वारा निर्धारित नहीं। शरीर-श्रम का सिद्धान्त कार्य-प्रेरणा में एक नया स्रोत जोड़ता है, वह है—प्रेम, सेवा और कर्तव्य। शरीर-श्रम के जरिये उत्पादन, उसका मूल्य प्रेम, सेवा और कर्तव्य की कसौटी पर खरा उतरना चाहिए।

प्रो. डी.एन. चतुर्वेदी[2] ने शरीर-श्रम के सृजनात्मक आनन्द पर प्रकाश डालते हुए बताया कि शरीर-श्रम का कलात्मक विकास इस युग की माँग है। वह सजा,

1. दीवान, रमेश, इकोनॉमिक्स ऑफ ब्रेड लेबर, *ऐसेज इन गांधियन इकोनॉमिक्स* (सं. दीवान, रमेश एवं लुट्ज, मार्क), गांधी पीस फाउंडेशन, नई दिल्ली, 1985, पृ. 120
2. चतुर्वेदी, प्रो. डी.एन., *महात्मा गांधी का आर्थिक दर्शन,* काशी विद्यापीठ मुद्रणालय, वाराणसी, 1965, पृ. 53

मजदूरी, बेगार और आनन्द में अन्तर स्पष्ट करते हुए बताते हैं कि जो काम हम अपनी इच्छा से नहीं करते, वह सजा है। पैसों के लिए किये जानेवाला उत्पादन कार्य मजदूरी है। दूसरों की इच्छा के अनुसार किया गया उत्पादन कार्य बेगार है। जो कार्य अपनी इच्छा व अपने अनुसार किया जाता है, वही कार्य का आनन्द है। गांधी जी ने शरीर-श्रम के जरिये इसी आनन्द की सृष्टि की, यह उनकी कला है।

प्रो. बैद्यनाथ घोष ने गांधीवादी राजनीतिक अर्थशास्त्र पर विचार करते हुए उसके प्रविधीय आधारों (मेथडोलॉजिकल फाउंडेशंस)को खोजने का प्रयास किया है।[1] इस प्रयास में शरीर-श्रम पर विचार करते हुए गांधी जी को उद्धृत करते हुए वह बताते हैं कि श्रम की सर्वाधिक विशिष्टता इस बात में है कि वह मूल्य का निर्माता है। वास्तव में श्रम के द्वारा ही व्यक्ति सृजन के कार्य में भागीदार होता है और श्रम और आत्म-अनुभव (सेल्फ रियलाइजेशन) का भी माध्यम बनता है।[2] गांधी जी के लिए श्रम अच्छे जीवन का अन्तर्भूत अंग तथा प्रकृति व समाज के साथ एकत्व एवं सौहार्द स्थापित करने का माध्यम है। श्रम करते हुए व्यक्ति समाज-सेवा का आनन्द अनुभव कर सकता है। शरीर-श्रम से उनका ऐसा ही आशय था। अपनी जरूरतें पूरी करने के अलावा भी शरीर-श्रम का विचार काफी व्यापक है। शरीर-श्रम करते हुए व्यक्ति सृजन एवं समाज-सेवा का अनुभव करता है। शरीर-श्रम एक अस्मिता निर्धारक गतिविधि है जिसमें वह एक सार्थक अस्मिता का अनुभव करता है जहाँ वह समाज एवं प्रकृति के साथ सामंजस्य से रहता है।

कार्य संस्कृति के प्रति गांधीवादी दृष्टि की व्याख्या करते हुए प्रो. जे.एस. माथुर[3] ने कार्य संस्कृति (वर्क कल्चर) की दो विशेषताओं का उल्लेख किया है :

1. *श्रम एक पीड़ादायक अनुभव है। हर कोई इससे बचना चाहता है। श्रम से दूरी यानी ज्यादा आराम यानी ज्यादा सुसंस्कृत। श्रम सन्तुष्टि का माध्यम नहीं है।*
2. *श्रम के साथ मुनाफे का जुड़ा होना—हर व्यक्ति मुनाफे की वृद्धि का ध्यान रखता है। व्यक्ति या समाज पर इस प्रक्रिया का क्या प्रभाव पड़ेगा, यह कोई सोचना नहीं चाहता है।*

इसके बाद प्रो. माथुर ने यह स्पष्ट किया कि गांधी जी की शरीर-श्रम की अवधारणा एक ऐसी कार्य संस्कृति का निर्माण करने का प्रस्ताव करती है जिसके आधार पर ये दोनों कमियाँ दूर की जा सकें।

1. घोष, प्रो. बैद्यनाथ, गांधियन पॉलिटिकल इकोनॉमी : इन सर्च ऑफ मेथडोलॉजिकल फाउंडेशन, *रिव्यू ऑफ सोशल, इकोनॉमिक एंड बिजनेस स्टडीज,* खंड-3/4, हस्टनेग्र मेडटेरीन यूनिवर्सिटी, टर्की, 2002, पृ. 51-82
2. वही, पृ. 62
3. माथुर, जे.एस., *कंटेम्परिर सोसाइटी—ए गांधियन एप्राइजल,* ज्ञान पब्लिशिंग हाउस, नई दिल्ली, 2010, पृ. 142-43

गांधी जी ने यह स्पष्ट किया कि शरीर-श्रम के नियम का पालन स्वेच्छा से किये जाने पर ही स्वास्थ्य और सन्तोष की प्राप्ति होती है अन्यथा अरुचिपूर्वक, जबर्दस्ती किया गया पालन दुष्प्रभावों को जन्म देता है जिसमें गरीबी, बीमारी और असन्तोष शामिल हैं :

> *'रोटी के लिए श्रम के नियम का जबरन पालन गरीबी, बीमारी और असन्तोष को जन्म देता है। यह दासता की स्थिति है। इस नियम का स्वेच्छा से पालन करने पर सन्तोष और स्वास्थ्य में वृद्धि होनी चाहिए और स्वास्थ्य ही सच्चा धन है— सोने और चाँदी के टुकड़े नहीं।'*[1]

यहाँ यह स्पष्ट है कि गांधी जी शरीर-श्रम का पालन स्वेच्छा से किये जाने पर जोर देते हैं। यह तर्क दिया जा सकता है कि देश में लाखों-करोड़ों लोग अपने जीवन-यापन के लिए शारीरिक श्रम कर रहे हैं, फिर भी वे लोग गरीबी, बेरोजगारी, बीमारी, वंचना की जिन्दगी जी रहे हैं। इसका कारण यह है कि उन्होंने शरीर-श्रम के सिद्धान्त का पालन स्वेच्छा से नहीं किया। उनके मन में शारीरिक श्रम से जी चुराने का भाव है। एक समतापूर्ण समाज के लिए आवश्यक है कि इस सिद्धान्त का पालन स्वेच्छा से किया जाए और श्रम की गरिमा स्वीकार की जाए। इसके पीछे सामाजिक उद्देश्य और समाज में योगदान का भाव होना चाहिए। गांधी जी शरीर-श्रम के सिद्धान्त को व्यक्ति के जीवन के अधिकार (राइट टू लाइफ) से जोड़ते हैं। उनके अनुसार, व्यक्ति दूसरों की सेवा करके ही अपने जीवन का अधिकार पा सकता है। केवल शारीरिक श्रम काफी नहीं है जब तक कि उसके साथ सेवा का नि:स्वार्थ प्रयोजन नहीं जुड़ जाता है :

> *'सेवा करना तब तक सम्भव नहीं है जब तक कि उसके मूल में प्रेम अथवा अहिंसा न हो... । एक बात यह भी है कि यह सेवा रोटी के लिए श्रम के बगैर सम्भव नहीं है जिसे गीता में यज्ञ कहा गया है। सेवा के प्रयोजन से शारीरिक श्रम करने पर ही स्त्री अथवा पुरुष को जीने का अधिकार प्राप्त होता है।'*[2]

मागरिट चटर्जी ने भी शरीर-श्रम सिद्धान्त के सम्बन्ध में दर्शाया कि गांधी जी ने इसे अपनाकर भोजन एवं जीवन के अधिकार (राइट टू फूड और राइट टू लाइफ) के साथ संलग्न किया।[3] उनके अनुसार, स्वेच्छा से किया गया पालन न केवल व्यक्तिगत अपितु सार्वजनिक रूप से कल्याणकर साबित होगा। उनके सामने वर्तमान परिस्थिति में मजदूरों की जिन्दगी थी जहाँ काम उनके लिए शारीरिक श्रम होने के

---

1. *फ्रॉम यर्वदा मन्दिर*, पृ. 23-26
2. *यंग इंडिया*, 20/9/28, पृ. 320
3. चटर्जी, मागरिट, *गांधी एंड द चैलेंजेज ऑफ रिलीजियस डायवर्सिटी : रिलीजियस प्लूरलिज्म रिविजिटेड*, बिबलोफिले साउथ एशिया, नई दिल्ली, 2005, पृ. 276

बावजूद आनन्ददायी नहीं था। वे कहते हैं कि मजदूरों को अपने द्वारा किये गए शारीरिक श्रम में कोई सुख नहीं मिलता। वे (मजदूर) अपने श्रम को कष्टप्रद और सुखहीन समझते हैं जबकि गांधी जी के लिए शरीर-श्रम का अर्थ सृजनात्मक आनन्द और स्वेच्छापूर्वक समाज-सेवा से था। प्रो. जे.डी. सेठी[1] ने शरीर-श्रम पर विचार व्यक्त करते हुए बताया कि श्रम में चार तत्त्व निहित होते हैं :

1. न्यूनतम आवश्यक शारीरिक श्रम,
2. आत्मानुभूति का माध्यम (सेल्फ-एक्युअलाइजेशन),
3. सेवा का माध्यम,
4. जीविका कमाने का माध्यम।

इनमें से शरीर-श्रम की अवधारणा प्रारम्भिक तीन तत्त्वों को पूरी तरह समाहित करती है और चौथे तत्त्व को इस आधार पर स्वीकार करती है कि जीविका कमाने के माध्यम के रूप में शरीर-श्रम नैतिकता और सेवा के आदर्श को नहीं भूलता है।

प्रो. अर्जुन दासगुप्ता[2] ने शारीरिक श्रम (फिजिकल लेबर) के शरीर-श्रम में तब्दील होने की तीन बातें स्पष्ट कीं :

1. जब शारीरिक श्रम के पीछे आर्थिक मजबूरी न हो।
2. जब वह दूसरों की सेवा-भाव के लिए किया गया हो।
3. इसमें बुद्धि के विकास की सम्भावना हो।

इनमें से प्रथम बिन्दु की चर्चा मजदूरों के सन्दर्भ में हम कर चुके हैं जो शारीरिक श्रम मात्र अपनी आर्थिक मजबूरी के लिए करते हैं। अगर उन्हें अवसर मिले या आर्थिक सुरक्षा मिले तो वे शारीरिक श्रम से खुद को अलग करना चाहेंगे। दूसरे बिन्दु में इस बात की चर्चा की जा सकती है कि शारीरिक श्रम ऐसा हो जिसके जरिये कोई सेवा-भाव किया जा सके। गांधी जी इस बात की सम्भावना को खारिज करते हैं कि कसरत करने और घूमने को शारीरिक श्रम माना जाए।[3] इसका कारण इसमें दूसरों के प्रति सेवा-भाव की अनुपस्थिति होना है। इन दोनों बिन्दुओं को समाहित करनेवाला उनका कथन है :

> *'...श्रम को समाज-सेवा तभी माना जा सकता है जब उसके पीछे एक निश्चित प्रयोजन हो अन्यथा हर मजदूर को समाज-सेवा करनेवाला माना जा सकता है। वह भी एक तरह से समाज-सेवा करता है, पर यहाँ हमारा*

---

1. उद्धृत, दीवान, रमेश, इकोनॉमिक्स ऑफ ब्रेड लेबर, *ऐसेज इन गांधियन इकोनॉमिक्स* (सं. दीवान, रमेश एवं लुट्ज, मार्क), गांधी पीस फाउंडेशन, नई दिल्ली, 1985, पृ. 120
2. दासगुप्ता, अजीत के., *गांधी'ज इकोनॉमिक थॉट,* राउटलेज, न्यूयॉर्क, 1996, पृ. 37-38
3. *'कोई कसरतबाज नौजवान आठ घंटे कसरत करे तो यह 'ब्रेड लेबर' नहीं है।'—सम्पूर्ण गांधी वाङ्मय,* खंड-37, पृ. 280

आशय उससे कहीं बढ़कर है। जो व्यक्ति सबकी भलाई के लिए श्रम करता है, वह समाज का सेवक है और उसका श्रम धन्य है। इसलिए, रोटी के वास्ते किया गया इस प्रकार का श्रम समाज-सेवा से भिन्न नहीं है।'[1]

तीसरे बिन्दु में इस बात पर ध्यान दिया गया है कि शारीरिक श्रम के पीछे बुद्धि के विकास की सम्भावना हो। हालाँकि यह बहुत-सी बातों पर निर्भर करता है परन्तु ऐसा श्रम जो केवल मशीन की तरह जड़, अविचारणीय और दोहराव वाला हो, वह शरीर-श्रम नहीं हो सकता है :

'जहाँ शारीरिक श्रम केवल मजदूरी के तौर पर और सिर्फ गुजारे की खातिर होता है; वहाँ मनुष्य का जड़ बन जाना सम्भव है। अमुक चीज किसलिए या किस तरह होती है, इसका ज्ञान उसे कोई नहीं देता और उसे खुद इस विषय में जिज्ञासा नहीं होती।'[2]

अत: शारीरिक एवं बौद्धिक श्रम का सामंजस्य शरीर-श्रम का अविभाज्य अंग है। इस बारे में अधिक चर्चा हम आगे के अनुभाग में करेंगे।

इन बिन्दुओं पर चर्चा करने के बाद भी एक प्रश्न स्वाभाविक रूप से प्रस्तुत होता है कि शरीर-श्रम कितना किया जाए? एक व्यक्ति के लिए कितना शरीर-श्रम पर्याप्त है? गांधी जी के सम्पूर्ण खंडों में हमें इस प्रश्न के अलग-अलग उत्तर प्राप्त होते हैं। एक ओर यह उत्तर भी प्राप्त होता है कि प्रत्येक व्यक्ति को शारीरिक श्रम के जरिये अपनी आजीविका कमानी चाहिए, ऐसा करते हुए उसे समाज-सेवा भी करनी चाहिए। वहीं, दूसरी ओर हमें ऐसे उत्तर भी प्राप्त होते हैं जहाँ व्यक्ति को कुछ समाजोपयोगी शारीरिक श्रम करना चाहिए।

शरीर-श्रम की अवधि पूछे जाने पर गांधी जी ने कई बार आठ घंटे शरीर-श्रम करने की बात कही है। एक साक्षात्कार में वे स्पष्ट करते हैं कि एक व्यक्ति को एक दिन में आठ घंटे का शारीरिक श्रम करना चाहिए :

प्रश्न : '...आप दिनभर में कितने घंटे का शारीरिक श्रम आवश्यक समझते हैं?'

उत्तर : '...मुझे खुद तो आठ घंटे काम करने में कोई आपत्ति नहीं होगी।'[3]

कई अन्य स्थानों पर भी वे आठ घंटे का समर्थन करते हैं। कई स्थान पर इससे कम अवधि का भी जिक्र करते हैं।

यह आवश्यक है कि एक ओर आठ घंटे शरीर-श्रम करने की बात कहते हुए भी कई बार शरीर-श्रम की लचीली व्याख्या करते हुए हर व्यक्ति को कुछ शरीर-श्रम करने की बात कहते हैं। यह भी स्पष्ट करते हैं कि शरीर-श्रम से रोटी कमाने की उनकी अवधारणा

1. *हरिजन,* 1/6/1935, पृ. 125
2. *सम्पूर्ण गांधी वाङ्मय,* खंड-50, पृ. 217
3. *शरीर-श्रम,* पृ. 22

एक बहुत बड़ा आदर्श है। हर व्यक्ति के लिए इसे करना सम्भव भी नहीं है परन्तु आदर्श रूप में इसे अपनाते हुए वे कुछ शरीर-श्रम करने का अवश्य सुझाव देते हैं :

> *'...आजीविका का विशाल अर्थ करने पर यह आवश्यक नहीं है कि शारीरिक मेहनत करके ही आजीविका प्राप्त की जाए। लेकिन हर आदमी को कुछ न कुछ उपयोगी शरीर-श्रम अवश्य करना चाहिए।'*[1]

एक अन्य स्थान पर प्रश्नकर्ता द्वारा रवीन्द्रनाथ टैगोर एवं रमन को शरीर-श्रम करने की गांधी जी की इच्छा के सवाल का जवाब देते हुए वह इस बात को स्पष्ट करते हैं कि वह शरीर-श्रम की जरूरत पर जोर देते हैं और इस फर्ज से किसी भी मनुष्य को छुटकारा नहीं मिलना चाहिए।[2] गांधी जी के अनुसार, शरीर-श्रम के इस फर्ज से व्यक्ति को छुटकारा दिये जाने का परिणाम प्राचीन संस्कृतियों के उदाहरण से जाना जा सकता है। उन्होंने प्राचीन रोमन सभ्यता का हवाला देते हुए कहा कि *'बिना श्रम की संस्कृति या वह संस्कृति जो श्रम का फल नहीं है, एक रोमन कैथोलिक लेखक के अनुसार नाशकारक है।'*[3] इस तरह गांधी जी श्रम और संस्कृति को अलग न रखकर एक श्रममूलक संस्कृति की ओर ले जाते हैं।

शरीर-श्रम के बारे में एक अन्य सवाल यह भी है कि हर व्यक्ति अपनी जीविका हेतु या आजीविका के बाद में शरीर-श्रम करता है, आत्मनिर्भर होने का प्रयास करता है तो *क्या यह सामाजिकता का ह्रास नहीं है?* परस्पर निर्भरता का प्रश्न भी उठ खड़ा होता है। इस सवाल को विभिन्न तरीकों से गांधी जी के सामने भी रखा गया था। मगर उनकी दृष्टि बिलकुल स्पष्ट थी कि यह सामाजिकता का विरोधी नहीं है। गांधी जी से यह पूछने पर कि *क्या आप चाहते हैं कि प्रत्येक मनुष्य अपना सब काम स्वयं करे?* तो उन्होंने जवाब दिया :

> *'न मैं चाहता हूँ, न मैं इसे शक्य मानता हूँ और न टॉल्स्टॉय ने इसे आवश्यक माना है। मनुष्य जितना स्वाधीन है, उतना ही पराधीन भी। जब तक समाज में रहता है, और उसे रहना ही होगा, तब तक उसे अपनी स्वाधीनता दूसरों की अर्थात समाज की स्वाधीनता से मर्यादित रखनी पड़ेगी।'*[4]

एक अन्य स्थान पर डॉ. राममनोहर लोहिया द्वारा प्रेषित पत्र के जवाब में वे पारस्परिकता और शरीर-श्रम को सम्बन्धित करते हुए बताते हैं कि शरीर-श्रम का अर्थ है—एक-दूसरे के साथ सहयोग करना :

> *'अहिंसा के विषय में अपने प्रयोगों से मुझे पता चला कि व्यावहारिक अहिंसा का मतलब है— सबके साथ मिलकर शारीरिक श्रम करना। रूसी*

1. *शरीर-श्रम*, पृ. 16
2. वही, पृ. 18
3. वही, पृ. 18-19
4. *सम्पूर्ण गांधी वाङ्मय*, खंड-42, पृ. 474

दार्शनिक बोंदारेफ ने इसे 'जीविका-श्रम' का नाम दिया है। इसका मतलब है— आत्यन्तिक सहयोग।...सत्य और अहिंसा के विषय में चौंतीस साल के सतत अनुभव और प्रयोग ने मुझे कायल कर दिया है कि अहिंसा तभी तक निभ सकती है जब तक कि वह सजग शारीरिक श्रम से सम्बद्ध हो और अपने पड़ोसियों के साथ हमारे रोजाना व्यवहार में व्यस्त हो।'[1]

यहाँ यह स्पष्ट है कि शरीर-श्रम की अवधारणा किसी भी तरह से स्वच्छन्दता या व्यक्तिगत स्वार्थ या सामाजिक कटाव का समर्थन नहीं करती है बल्कि वह लहरों की तरह एक केन्द्र से प्रारम्भ होकर अन्य लहरों के साथ सहयोग करते हुए वृत्त का निर्माण करती है। शरीर-श्रम समाज परिवर्तन के लिए व्यक्ति की प्रकृति और विचारों में परिवर्तन का अवसर देता है। व्यक्ति श्रम करते हुए शरीर को स्वस्थ रखता है। बुनियादी जरूरतें पूरी करता है और एक ज्यादा प्राकृतिक जिन्दगी जीता है। प्राकृतिक जिन्दगी व्यतीत करते हुए वह अपनी कृत्रिम जरूरतें कम करता जाता है यानी उसकी जरूरतें कम होती जाती हैं। हर व्यक्ति श्रम करते हुए, श्रम की महत्ता जानते हुए हर दूसरे श्रम करनेवाले व्यक्ति का सम्मान करता है और एक पारस्परिक सहयोग, सम्मान वाला समाज बनता है। शरीर-श्रम की अवधारणा में व्यक्ति सामाजिक कर्तव्य का निर्वाह करता है।[2] वह भी अन्य के प्रति सहयोग करके, अतएव वह सामाजिकता का ही पोषक है।

शरीर-श्रम की अवधारणा में यह बात अभी भी अस्पष्ट रही है कि आखिर कौन-सी गतिविधियों को इसमें शामिल किया जाए? विचारकों ने इस बिन्दु पर अपने विचार व्यक्त किए हैं। सुखेन्दु मजूमदार[3] ने लिखा : 'गांधी जी शरीर-श्रम को मुख्यत: खेती के साथ जोड़ना चाहते थे परन्तु उन्होंने अन्य गतिविधियों, जैसे— बुनाई, कताई, बढ़ईगीरी आदि को भी पूर्णत: मना नहीं किया। फिर भी गांधी-विचार में कृषि को ही आदर्श माना गया है।' वहीं प्रो. जे.एन. शर्मा[4] ने कृषि के अतिरिक्त अन्य बातों को शामिल करने की बात कही : 'कहा जाए तो गांधी जी ने शरीर-श्रम

---

1. *सम्पूर्ण गांधी वाङ्मय,* खंड-71, पृ. 151-54
2. प्रो. जे.एन. शर्मा और प्रो. बी.आर. दुग्गड़ के अनुसार गांधी जी ने श्रम को कर्तव्य का रूप प्रदान किया, इसके तीन कारण हो सकते हैं :
   (क) समाज के साथ अपने रिश्ते मजबूत करने के लिए,
   (ख) कौशल-वृद्धि कर अपने व्यक्तिगत विकास हेतु,
   (ग) आलस्य की समस्या को दूर करने हेतु।
   शर्मा, प्रो. जे.एन., दुग्गड़, प्रो. बी.आर, *रिलेटिव इकोनॉमिक्स,* दीप एंड दीप पब्लिकेशन, नई दिल्ली, 2010, पृ. 143
3. मजूमदार, सुखेन्दु, *पॉलिटिको-इकोनॉमिक आइडियाज ऑफ महात्मा गांधी : देअर रिलिवेंस इन द प्रजेंट डे,* कॉन्सेप्ट पब्लिशिंग कम्पनी, नई दिल्ली, 2004, पृ. 53
4. शर्मा, प्रो. जे.एन., *अल्टरनेटिव इकोनॉमिक्स : इकोनॉमिक्स ऑफ महात्मा गांधी एंड ग्लोबलाइजेशन,* दीप एंड दीप पब्लिकेशंस, 2003, नई दिल्ली, पृ. 20

का अर्थ कृषिगत श्रम तक सीमित किया था मगर भूमि जैसे प्राकृतिक संसाधन की सीमितता को ध्यान में रखते हुए अन्य कार्यों को भी स्वीकृति प्रदान की।'

पूर्व में हम देख चुके हैं कि बोंदारेफ ने कृषि को ही आदर्श माना था और टॉल्स्टॉय ने भी इस बात का समर्थन किया था। गांधी जी भी प्रारम्भ में कृषि को ही महत्त्वपूर्ण मानते थे :

> *'मानवजाति की नब्बे प्रतिशत से अधिक संख्या किसानी का ही पेशा करती है। इसलिए अगर बाकी दस प्रतिशत लोग भी बहुसंख्यकों के उदाहरण का अनुगमन करने लगे यानी कम-से-कम अपने खाने के लायक श्रम करने लगे तो यह दुनिया आज की तुलना में कितनी सुखी, स्वस्थ और शान्तिपूर्ण बन सकती है!'*[1]

गांधी जी ने एक व्यावहारिक आदर्शवादी होने के कारण कृषि को आदर्श मानते हुए भी भारतीय स्थिति में अन्य गतिविधियों को इसमें शामिल किया :

> *'रोटी के लिए श्रम का सम्बन्ध केवल कृषि के साथ हो सकता है। लेकिन वर्तमान में, सबके लिए कृषि करना सम्भव नहीं है। इसलिए आदमी कृषि के स्थान पर कताई-बुनाई कर सकता है या बढ़ईगीरी अथवा लुहारी कर सकता है, यद्यपि आदर्श सदैव कृषि ही है।'*[2]

हम देख सकते हैं कि गांधी जी किस तरह शरीर-श्रम की अवधारणा में अपनी मौलिकता का समावेश करते हुए उसका भारतीयकरण करते हैं। कृषि के साथ-साथ अन्य व्यवसायों को भी वह शामिल करते हैं। सबसे महत्त्वपूर्ण तत्त्व है कि वह सफाई के काम को भी शरीर-श्रम की गतिविधि में शामिल करते हुए इसे एक अत्यन्त क्रान्तिकारी तत्त्व बना देते हैं। वह बताते हैं कि सभी को सफाई का काम करना चाहिए और सफाई काम करनेवाले व्यक्तियों और वर्गों के प्रति सम्मान का भाव रखना चाहिए।

> *'...सबसे आसान उपाय यह है कि हम सब रोटी कमाने के लिए सफाई का काम हाथ में लें। इस प्रकार अगर सफाई का काम बुद्धिमानी से हाथ में लिया जाए तो इनसान-इनसान की बराबरी को सच्चे रूप में समझने में बड़ी मदद मिलेगी।'*[3]

इस तरह यह स्पष्ट है कि शरीर-श्रम की अवधारणा को व्यापक करना गांधी जी का मौलिक अवदान है। वे इसी अवधारणा के अन्तर्गत आराम/फुरसत (Leisure) की

---

1. *फ्रॉम यर्वदा मन्दिर,* पृ. 35-36
2. वही, पृ. 36-37
3. वही

समस्या पर भी विचार करते हैं और इसके महिमामंडन को आलोचनात्मक दृष्टि से देखते हैं। वह फुरसत को जीवन के लिए आवश्यक मानते हैं परन्तु एक सीमा तक ही। अपने ग्राम स्वराज्य की अवधारणा में भी फुरसत की कल्पना करते हैं। वे जानते हैं कि यह जीवन का एक महत्त्वपूर्ण अंग है परन्तु 'आराम केवल एक सीमा तक ही अच्छा और जरूरी है।'[1] इसी उद्धरण में वह यह भी बताते हैं कि वह इस कल्पना से भी भयभीत हो जाते हैं कि बिना परिश्रम के जादू से उपभोग हेतु वस्तुएँ पैदा हो जाएँ। गांधी जी के लिए उत्पादन श्रम का ही परिणाम होना चाहिए। वे यह भी मानते हैं कि एक सीमा के बाद आराम न केवल तकलीफदेह होता है बल्कि नुकसानदायक भी होता है और मानवीय क्षमताओं का क्षरण भी करता है। इसका आधार उन्हें भारतीय गाँवों में व्याप्त उस छिपी बेरोजगारी से मिला जो कृषिगत थी। यह आराम का समय उनके लिए भी हानिकारक है। गांधी जी एक प्रश्नकर्ता को इसी तरह का जवाब देते हैं :

> *प्रश्न : लोगों को फुरसत का समय मिलना चाहिए या नहीं, इसका तो आप खयाल ही नहीं करते। गरीब लोग बहुत ज्यादा मेहनत-मशक्कत करते रहेंगे, तो उन्हें मानसिक विचार द्वारा बुद्धि को बढ़ाने और मनोरंजन द्वारा आनन्द प्राप्त करने के लिए समय ही नहीं मिलेगा। पर आप तो उन्हें और ज्यादा काम करने की ही शिक्षा दे रहे हैं?*
>
> *उत्तर : सचमुच! मैं जिन लोगों के बारे में सोच रहा हूँ, उनके पास तो इतनी फुरसत है कि उन बेचारों की समझ में ही नहीं आता कि उसका क्या उपयोग करें। इस फुरसत के ही कारण उनमें ऐसी सुस्ती आ गई है, जिसने उन्हें निर्जीव पत्थर के समान जड़ बना दिया है। उनमें इतनी जड़ता आ गई है कि कितने ही लोग तो जरा-सा हिलना-डुलना भी नहीं चाहते।*[2]

हो सकता है कि कुछ आलोचक यह तर्क दें कि गांधी जी ने यहाँ स्वैच्छिक और गैर-स्वैच्छिक आरामतलबी में फर्क नहीं किया है। मगर इतना तो अवश्य है कि यहाँ गांधी जी का तात्पर्य आराम के प्रकार से नहीं अपितु आराम के उद्‌देश्य से है। आराम का उपयोग किस तरह से आपके जीवन—यहाँ तक कि सार्वजनिक जीवन—में गुणात्मक बदलाव ला सकता है, यह उनका मूल प्रयोजन है। इसीलिए मशीनीकरण का भी विरोध उनके द्वारा किया जाता है जो एक निरुद्‌देश्य आरामतलबी को जन्म देता है।[3] वे स्पष्ट करते हैं कि शारीरिक श्रम को यदि आठ घंटे भी कर दिया जाए तो वह मानसिक विकास के लिए पर्याप्त समय प्रदान करता है।

---

1. *हरिजन*, 16/5/1936, पृ. 111
2. *शरीर-श्रम*, पृ. 21
3. *'मैं यह जानता हूँ कि समाजवादी लोग यंत्रीकरण को इस हद तक ले जाना चाहेंगे जिसमें रोज एक-दो घंटे से ज्यादा काम करने की जरूरत न रहे। लेकिन मैं ऐसा नहीं चाहता।'— सम्पूर्ण गांधी वाङ्मय*, खंड-66, पृ. 397

इस तारतम्य में हमें यह भी देखना होगा कि गांधी जी ने एक आदर्श रूप में शरीर-श्रम को प्रस्तुत किया परन्तु जिस समय और समाज में वे रह रहे थे, उसका प्रभाव भी इस विचार पर अवश्य पड़ा। वह एक सोपानीकृत सामाजिक व्यवस्था, शोषणकारी केन्द्रीकृत आर्थिक व्यवस्था, अपनी जमीन-जीवन से कटी शिक्षा-व्यवस्था, मानसिक गुलामी, सांस्कृतिक हीनभाव इत्यादि से ग्रस्त समाज में रह रहे थे। अतएव शरीर-श्रम की उनकी अवधारणा भी एक विकासशील अवधारणा रही। उन्होंने इसे व्यावहारिक बनाने का भरपूर प्रयास किया। उन्होंने एक ओर आदर्श के रूप में इसे दैनन्दिनी जीवन का अंग बनाने का प्रयास किया, वहीं दूसरी ओर व्यावहारिक स्तर पर यह प्रयास किया कि हर व्यक्ति जहाँ भी, जिस भी तरह से सम्भव हो सके, कुछ-न-कुछ शरीर-श्रम अवश्य करे। उन्होंने शरीर-श्रम को स्थैतिक/जड़ अवधारणा की तरह नहीं माना बल्कि उसमें अपवादों के लिए भी स्थान छोड़ा। गांधी सेवा संघ की बैठक में एक प्रश्नकर्ता के इस प्रश्न पर कि 'शरीर-श्रम की न्यूनतम मर्यादा क्या हो ?'—इसका उत्तर देते हुए उन्होंने कहा कि वे किसी निश्चित प्रकार की गतिविधियों को इसमें बाँधकर सीमित नहीं करना चाहते हैं। यह बात स्पष्टत: प्रकट करती है कि *वह इसमें संशोधन की सम्भावना या समयोचित बदलाव से इनकार नहीं करते हैं।*[1] एक अन्य स्थान पर वे शरीर-श्रम की अनिवार्यता को मानते हुए भी इसमें अपवाद की सम्भावना को स्वीकार करते हैं।[2]

प्रो. एस.एस. गुप्ता ने शारीरिक श्रम की इसी व्यावहारिकता को इंगित करते हुए लिखा कि शरीर-श्रम को वर्तमान विश्व में आदर्श रूप में प्राप्त करना कठिन है। एक व्यवहारवादी होने के नाते गांधी जी यह मानते थे परन्तु यह भी अनुभव करते थे कि यह एक अच्छा आदर्श है। उसे प्राप्त करने के लिए प्रयास करना चाहिए।[3-4] तात्कालिक सामाजिक स्थिति को देखते हुए गांधी जी एक ओर विद्यार्थियों को घर में अपने काम खुद करने की सलाह देते हैं, वहीं दूसरी ओर वयस्कों को आत्मनिर्भर तथा सहयोगी बनने का सुझाव देते हुए उन्हें सामाजिक जिम्मेदारी सौंपते हैं :

> *'अस्तेय और अपरिग्रह के पालन के लिए स्वयं काम करने का नियम जरूरी है। फिर मनुष्य मात्र शारीरिक श्रम से शरीर निर्वाह करे, तभी वह सामाजिक और आत्मद्रोह से बच सकता है। जिनका शरीर चल सकता है और जिन्हें समझ आ गई है, उन स्त्री-पुरुषों को अपने नित्य का सारा काम, जो वे आप कर सकते हों, कर लेना चाहिए और बिना कारण दूसरों की सेवा नहीं लेनी*

---

1. *सम्पूर्ण गांधी वाङ्मय*, खंड-62, पृ. 229-34
2. *'प्रत्येक मनुष्य को अपना पोषण शरीर-श्रम से प्राप्त करना चाहिए। इसे मैं ईश्वरीय कानून मानता हूँ।...अपवाद तो उसमें भी करने पड़ेंगे।'* —वही
3. गुप्ता, एस.एस. *इकोनॉमिक फिलॉसफी ऑफ महात्मा गांधी*, कॉन्सेप्ट पब्लिशिंग कम्पनी, नई दिल्ली, 1994, पृ. 113
4. *हरिजन*, 29/6/1935, पृ. 156

चाहिए। किन्तु बालकों, अन्य अपंग लोगों और वृद्ध स्त्री-पुरुषों की सेवा करने का अवसर मिले तो उनकी सेवा करना सामाजिक जिम्मेदारी को समझनेवाले प्रत्येक मनुष्य का धर्म है।'[1]

इसी तरह उन्होंने यह भी बताया कि हर व्यक्ति शरीर-श्रम से आजीविका प्राप्त करे, यह एक आदर्श स्थिति है। समाज में सभी लोग इस बात का पालन करने में सक्षम नहीं हैं, अतः उनके लिए यह अवश्य प्रतिपादित करते हैं कि वे दूसरे लोगों का शोषण न करें :

'दुनिया में हर एक आदमी अपने पसीने की ही कमाई खाएगा, ऐसी कल्पना तो मैंने कभी नहीं की। मैंने तो एक स्वर्ण-नियमभर बतला दिया है।...जिस मनुष्य में इस नियम पर चलने की तैयारी या शक्ति नहीं है, उसके प्रति तुम्हें द्वेष नहीं रखना चाहिए।...मैंने तो जिस आदर्श तक हमें पहुँचना है, वह बतलाया है। हर एक मनुष्य उसका यथाशक्ति पालन करे। अगर आपसे किसी भी तरह का शारीरिक श्रम नहीं हो सकता तो उसके लिए आप दुख न करें। आप दूसरा जो धन्धा कर सकते हों, वह करें, और इतना ध्यान रखें कि आपके लिए जो लोग पसीना बहाते हैं, उनका आप शोषण न करें।'[2]

यह उद्धरण इस बात को पुरजोर तरीके से रखता है कि शरीर-श्रम एक आदर्श के रूप में महत्त्वपूर्ण है क्योंकि यह एक शोषणमुक्त समाज की नींव रखता है। भले ही व्यक्ति शरीर-श्रम का पालन पूर्ण रूप में न कर सकता हो परन्तु उसे किसी-न-किसी रूप में उसका पालन करना चाहिए। फिर वह रूप शारीरिक श्रम करते हुए उपयोगी समाज-सेवा हो या शोषणमुक्त कार्य।

हम स्पष्टतः यह देख सकते हैं कि गांधी जी ने शरीर-श्रम में कुछ अपवाद भी किये हैं। ये अपवाद समयानुकूल एवं प्रासंगिक हैं। उनका उद्देश्य था कि समाज श्रम को प्रतिष्ठा प्रदान करे और उसे उचित सम्मान व स्थान दे। इसी प्रसंग में उनके मानसिक एवं शारीरिक श्रम पर विचारों का अध्ययन समीचीन प्रतीत होता है।

शारीरिक एवं बौद्धिक श्रम

गांधी जी के शरीर-श्रम सिद्धान्त की एक सामान्य आलोचना बौद्धिक श्रम या उसके विचार को हीन बना दिये जाने की रही है। हम इस आलोचना को ध्यान में रखते हुए गांधी जी के विचारों का विश्लेषण करेंगे। गांधी जी के अनुसार, शरीर-श्रम एक प्राकृतिक नियम है, जीवन का अंग है, ठीक उसी तरह जैसे एक व्यक्ति जीवित रहने के लिए साँस लेता है। अतः उनके लिए शरीर-श्रम महत्त्वपूर्ण है, फिर भी उन्होंने कभी

1. *सम्पूर्ण गांधी वाङ्मय,* खंड-36, पृ. 421-22
2. वही, खंड-61, पृ. 331

भी बौद्धिक श्रम को निम्न या हेय नहीं माना। वे दोनों (शारीरिक एवं बौद्धिक श्रम) का समन्वय कराने के इच्छुक हैं। वे दो छोरों पर एक-दूसरे के विरोध में दिखाई देनेवाले इन दोनों श्रमों के वर्गों का भी एकत्व कराना चाहते हैं। बौद्धिक व शारीरिक श्रम की अविभाज्यता स्वीकार करते हुए इन दोनों के सामंजस्य के जरिये क्रान्तिकारी पुनर्रचना की आशा रखते हैं।

उनके लिए शरीर-श्रम मूलभूत है और बौद्धिक श्रम द्वारा उसे प्रतिस्थापित नहीं किया जा सकता है :

> *'मुझे गलत नहीं समझा जाए। मैं बौद्धिक श्रम के मूल्य की अवगणना नहीं करता हूँ; लेकिन बौद्धिक श्रम कितनी ही मात्रा में क्यों न किया जाए, उससे शरीर-श्रम की थोड़ी भी क्षतिपूर्ति नहीं होती, जो कि हममें से हर एक की भलाई करने को पैदा हुआ है। बौद्धिक श्रम शरीर-श्रम से निश्चित रूप से श्रेष्ठ हो सकता है, अक्सर होता है लेकिन वह शरीर-श्रम का स्थान कभी नहीं लेता और न ही ले सकता है; जैसे बौद्धिक भोजन हम जो अन्न खाते हैं, उसकी अपेक्षा कहीं ज्यादा उत्तम है परन्तु वह अन्न का स्थान कभी नहीं ले सकता। सचमुच, पृथ्वी की उपज के अभाव में बुद्धि की उपज होना असम्भव है।'*[1]

वह इस उद्धरण के जरिये शरीर-श्रम को मूलभूत मानते हुए बौद्धिक श्रम की महत्ता स्वीकार करते हैं। एक अन्य स्थान पर श्रम और संस्कृति को सम्बन्धित करते हुए श्रम को महत्ता प्रदान न करनेवाली संस्कृति को नाशकारक बताते हैं।[2] उनके सामने जो आदर्श समाज का एक चित्र था, उसका आधार वे श्रमाधारित संस्कृति को बनाते प्रतीत होते हैं। उनके सामने यह प्रश्न कई बार रखा गया कि शरीर-श्रम की अनिवार्यता का समर्थन कर वे बौद्धिक श्रम या इसमें लगे व्यक्तियों को कमतर तो नहीं आँक रहे हैं? उनके बौद्धिक श्रम को कम तो नहीं मान रहे? इस बात का जवाब देते हुए गांधी जी ने बताया कि बौद्धिक श्रम का अपना महत्त्व है, वह महत्त्वपूर्ण है परन्तु वह अपने-आपमें लक्ष्य नहीं है। उन्होंने हर प्रकार के श्रम को सम्माननीय माना और कहा कि अगर श्रम बुद्धिपूर्वक शरीर-श्रम (इंटेलीजेंट मैनुअल लेबर) है तो वहाँ शारीरिक और बौद्धिक श्रम के बीच अन्तर की कोई गुंजाइश ही नहीं है। वे लगातार इस बात पर जोर देते हैं कि बुद्धिपूर्वक श्रम में व्यक्ति के बौद्धिक विकास की सम्भावनाएँ अधिक होती हैं।[3] प्रो. रामजी सिंह एवं प्रो. सुन्दरम एस. ने शारीरिक एवं

---

1. *शरीर-श्रम,* पृ. 18
2. वही, पृ. 18-19
3. *'अक्लमन्दी से किया गया उपयोगी शरीर-श्रम बुद्धि के विकास का सर्वोत्तम साधन है... । शरीर बुद्धि और आत्मा के सामंजस्यपूर्ण विकास से ही सन्तुलित बुद्धि का विकास सम्भव है... । जो बुद्धि समाजोपयोगी श्रम के माध्यम से विकसित की जाएगी, वह सेवा का साधन बनेगी और उसे आसानी से भटकाया या गलत रास्ते पर नहीं डाला जा सकेगा।'* — *हरिजन,* 16/9/1946, पृ. 306

बौद्धिक श्रम के सामंजस्य को प्रो. अल्फ्रेड मार्शल के वक्तव्य से भी स्पष्ट किया है। प्रो. मार्शल ने अपने भारतीय विद्यार्थियों में शारीरिक श्रम के प्रति हेय दृष्टि और कमी को देखा। उन्होंने विद्यार्थियों को बताया कि हाथ और बुद्धि के सामंजस्य से वैज्ञानिक और तकनीकी उन्नति सम्भव हो पाती है और भारत को अपनी आर्थिक प्रगति के लिए इस चीज की (हाथ और बुद्धि के सामंजस्य की) बहुत जरूरत है।[1]

बुद्धिपूर्वक श्रम से बौद्धिक विकास के साथ-साथ नैतिक विकास भी प्राप्त होता है। जैसाकि हम जानते हैं कि श्रम मनुष्य जीवन को संचालित करने की धुरी है क्योंकि इसी के आधार पर हम अपनी भौतिक एवं आध्यात्मिक (मम व ममेतर के बीच एकत्व की साधना के सन्दर्भ में) आवश्यकताएँ पूरी करते हैं। ऐसा करते हुए हम सृजन भी करते हैं। यह सृजन की अनुभूति हमारे व्यक्तित्व का निर्माण करने में महत्त्वपूर्ण भूमिका निभाती है और हम उदात्त जीवन-मूल्यों की ओर बढ़ते हैं। इस बुद्धि पर आकर जहाँ मनोविश्लेषकों के अनुसार श्रम व्यक्तित्व-निर्माण की प्रक्रिया बन जाता है, वहाँ श्रम आर्थिक प्रक्रिया मात्र नहीं रहता बल्कि नैतिक एवं आध्यात्मिक मूल्यों का निर्धारक भी बन जाता है। श्रम अपने व्यक्तित्व विकास की, नैतिक विकास की जरूरत बन जाता है। यह विकास अपने तथा अन्यों के बीच एकत्व की साधना का पर्याय बन जाता है। अपने स्वार्थ से ऊपर उठकर लोककल्याण में रत हो जाता है। इसी दृष्टि के आधार पर गांधी जी बौद्धिक वर्गों से आग्रह करते हैं कि वे भी शरीर-श्रम को अपनाएँ। अपने व्यवसाय को आमजन के कल्याण में लगाएँ और अपनी आजीविका शरीर-श्रम से प्राप्त करें। ऐसा करते हुए वे एक व्यापक सांस्कृतिक क्रान्ति की भी बात कर रहे होते हैं। बौद्धिक श्रम करनेवाला वर्ग भी शरीर-श्रम के जरिये आजीविका प्राप्त करेगा और आमजन का भागीदार होगा। पूरी निष्ठा एवं समर्पण के साथ किया गया शरीर-श्रम विभिन्न जाति, धर्म, पद की भिन्नता को दूर करेगा; पूँजीपतियों एवं श्रमिकों के बीच सामंजस्य तैयार करेगा; अमीर-गरीब के भेद को मिटाएगा; छुआछूत जैसी सामाजिक बुराइयों तथा वंचित वर्गों के जीवन की कठोरता दूर करने में समर्थ होगा। उनका कथन था :

> *'मात्र मानसिक या बौद्धिक श्रम आत्मा के लिए होता है, वह अपने-आपमें तुष्टि का विषय है। इसके लिए पारिश्रमिक की माँग कभी नहीं की जानी चाहिए। आदर्श राज्य में डॉक्टर, वकील आदि अपने लिए नहीं अपितु केवल समाज की भलाई के लिए काम करेंगे। रोटी के लिए श्रम करने के नियम का पालन करने से समाज की संरचना में एक मौन क्रान्ति होगी। तब जीवन के लिए संघर्ष करने के स्थान पर परस्पर सेवा के लिए संघर्ष करने में मानव की विजय मानी जाएगी और पशु के नियम के स्थान पर मानव के नियम की प्रतिष्ठा होगी।'*[2]

---

1. सिंह, प्रो. रामजी, सुन्दरम, प्रो. एस., *गांधी एंड द वर्ल्ड ऑर्डर*, ए.पी.एच. पब्लिशिंग, दिल्ली, 1996, पृ. 114-15
2. *हरिजन*, 29/6/1935, पृ. 156

इस उद्धरण के जरिये यह साफ है कि शरीर-श्रम उनके अनुसार एक क्रान्तिकारी अवधारणा है क्योंकि यह एक-दूसरे के विरुद्ध संघर्ष में लगे व्यक्तियों को एक-दूसरे के साथ सहयोग हेतु प्रेरित करती है। सहयोगमूलक समाज ही एक अहिंसक समाज हो सकता है।

एक अन्य आलोचना भी सामने आती है कि शरीर-श्रम करने से बौद्धिक स्तर कम हो जाता है? इस सवाल का प्रत्युत्तर देते हुए गांधी जी इसे सिरे से अस्वीकार करते हैं। अपने इस तर्क के पक्ष में वह टॉल्स्टॉय[1], कबीर[2], विनोबा[3], सन्त बसवेश्वर[4] इत्यादि को प्रस्तुत करते हुए उनकी बौद्धिक क्षमता को उत्कृष्ट बताते हैं, जिन्होंने श्रम के साथ-साथ साहित्य रचना (बौद्धिक श्रम) भी किया। किसी भी तरह के सन्देह को दूर करते हुए वे स्वयं का उदाहरण भी देते हैं कि यह गलत है कि शरीर-श्रम से बौद्धिकता में किसी तरह की कमी आती है। वे अपनी प्रगति को शरीर-श्रम का परिणाम बताते हैं :

> *'...अगर हम अपने हाथ से आठ घंटे रोज मेहनत करते होते, तो हमारी मानसिक शक्तियों का इतना अच्छा विकास होता कि जिसकी कोई हद नहीं।...आज मेरी जो कुछ प्रगति है, वह इस कारण है कि अपने जीवन में बहुत पहले मैंने श्रम का महत्त्व जान लिया था।*[5]
>
> *'यह आरोप समय-समय पर सुना गया है और आज भी मैं सुना करता हूँ कि श्रम-प्रधान संस्था में बुद्धि के विकास की गुंजाइश नहीं रहती; इसलिए वह जड़ बन जाती है। मेरा अनुभव उससे उलटा है।'*[6]

उपर्युक्त विवेचन से हम कह सकते हैं कि गांधी जी श्रम के दोनों रूपों—शारीरिक व बौद्धिक श्रम—को महत्ता प्रदान करते हैं। प्रो. अजित दासगुप्ता ने लिखा कि गांधी जी टॉल्स्टॉय की तुलना में मानसिक व शारीरिक श्रम के बीच विचार करते समय कम कठोर हैं।[7] गांधी जी शरीर-श्रम और बौद्धिक श्रम के बीच अलगाव कम करके दोनों वर्गों को साथ लाकर समाज की बेहतरी में प्रयुक्त करना चाहते हैं। वे

---

1. *'गद्दी-तकियों पर बैठनेवाले टॉल्स्टॉय मजदूरी में जुट गए। आठ घंटे खेती का या मजदूरी का काम उन्होंने किया। इससे यह न समझें कि उन्होंने साहित्य का कुछ काम ही नहीं किया था। शरीर-श्रम को अपनाने के बाद से उनका साहित्य और भी अधिक शोभित हुआ।' —सम्पूर्ण गांधी वाङ्मय,* खंड-37, पृ. 278
2. *'कबीर श्रम-धर्म के पोषक थे। उन्होंने भजनादि बनाकर कभी कौड़ी नहीं कमाई थी। वे कपड़ा बुनकर अपनी रोटी कमाते थे।' —सम्पूर्ण गांधी वाङ्मय,* खंड-42, पृ. 508
3. देखें, दास, रतन, *द ग्लोबल विजन ऑफ महात्मा गांधी,* सरूप एंड संस, नई दिल्ली, 2005, पृ. 213
4. देखें, http://en.wikipedia.org/wiki/Basava (access on 12/3/2012)
5. *शरीर-श्रम,* पृ. 24
6. वही, पृ. 36
7. दासगुप्ता, प्रो. अजीत, *हिस्टरी ऑफ इंडियन इकोनॉमिक थॉट,* राउटलेज, लन्दन, 1993, पृ. 157

इन दोनों श्रम के बीच किसी तरह के सोपानीक्रम (हाइरार्की), उच्चता-निम्नता को अस्वीकार करते हैं। बौद्धिक श्रम करनेवालों को शरीर-श्रम की अनिवार्यता कर मेहनतकश जीवन की समस्याओं से रूबरू करना चाहते हैं, जिससे समाज के दो छोरों पर रह रहे वर्ग की खाई को पाटा जा सके। इसी बौद्धिक एवं शारीरिक श्रम के बीच सामंजस्य का विचार *नयी तालीम* का प्रादुर्भाव करता है। यह शिक्षा श्रम-आधारित थी। इसमें साक्षरता और उद्योग-धन्धे एवं हस्तशिल्प की शिक्षा एक साथ होती है। साक्षरता (अक्षर ज्ञान) एक ओर औपचारिक बौद्धिक विकास का परिचायक है तो उद्योग-धन्धे एवं हस्तशिल्प की शिक्षा समाजोपयोगी शरीर-श्रम का। वे इन दोनों के पार्थक्य को गलत मानते हैं और कहते हैं कि अक्षर ज्ञान और उद्योग को अलग कर देने पर ज्ञान का व्यभिचार होने लगता है। वे अपनी शिक्षा-व्यवस्था में स्पष्ट रूप से इस बात का उल्लेख करते हैं कि इसकी प्राप्ति के बाद विद्यार्थी शरीर-श्रम को हेय न समझे।[1] दोनों ही प्रकार के श्रम हेतु गांधी जी समान पारिश्रमिक की बात कर समानता स्थापित करने की बात कहते हैं जिसे वे 'सर्वोदय' में स्पष्ट करते हैं। यहाँ श्रम के पारिश्रमिक पर गांधी-दृष्टि से विचार करना प्रासंगिक होगा।

श्रम के प्रतिमूल्य का प्रश्न

गांधी-विचार के अध्ययन में इस बिन्दु पर बहुत कम विचार किया गया है, इसे उपेक्षित समझकर छोड़ दिया गया है। शरीर-श्रम के सम्बन्ध में विचार करते हुए हमने देखा कि गांधी जी ने इसे जीवन की अनिवार्यता और एक सृजनात्मक आनन्द के साथ जोड़कर प्रस्तुत किया। वे उसे एक पण्य (कमोडिटी) में तब्दील किये जाने को लेकर काफी चिन्तित प्रतीत होते हैं। गांधी जी का श्रम के प्रति नजरिया आधुनिक अर्थशास्त्र विचारधारा से मेल नहीं खाता है।[2] आधुनिक अर्थशास्त्र में एक नियोक्ता के लिए मजदूर का श्रम उसकी लागत या मजदूरी के खर्चे की एक मद (आइटम) मात्र है जिसे कम किया जाना है इसलिए अत्याधुनिक एवं स्वचालित मशीनों का उपयोग जरूरी है ताकि लागत कम कर मुनाफा ज्यादा किया जा सके। एक अर्थशास्त्री के लिए रोजगार का मुद्दा महँगाई या सकल राष्ट्रीय आय में वृद्धि या कमी का मामला है। वहीं गांधी जी के लिए मनुष्य महत्त्वपूर्ण है। उनके लिए बेरोजगारी सकल राष्ट्रीय उत्पाद में कमी मात्र का मसला नहीं है बल्कि उससे कहीं गम्भीर समस्या है। बेरोजगारी मनुष्य को अमानवीय बनाती है, अपनी क्षमतानुसार कार्य करने की स्वतंत्रता एवं सृजनात्मकता से वंचित करती है। अतः श्रम पर सम्पूर्णता में विचार करने की आवश्यकता है।

---

1. *यंग इंडिया,* 1/9/1921, पृ. 277
2. देखें, बिलीमोरिया, पुरुषोत्तम, प्रभु, जोसेफ, शर्मा, रेणुका एम., *इंडियन एथिक्स : क्लासिकल ट्रेडीशंस एंड कंटेम्परिर चैलेंजेज,* पृ. 107

श्रम के प्रतिमूल्य को रुपये/मुद्रा में आँके जाने को वे प्रश्नांकित करते हैं और स्पष्ट करते हैं कि वस्तुतः श्रम ही प्रधान है :

'रुपया तो किये हुए परिश्रम को आँकने का साधनमात्र है, इसके अतिरिक्त उसका कोई मूल्य नहीं है। मैं बाजार से एक रुपये का आटा लाऊँ तो इसका अर्थ यह हुआ कि मैंने गेहूँ बोनेवाले, उसे लानेवाले और उसे पीसनेवाले की मजदूरी चुकाई। इसका अर्थ यह हुआ कि असली धनिक और पूँजीपति तो ज्ञानपूर्वक उत्पादक परिश्रम करनेवाला व्यक्ति है। मैं हर साल राज्य को कर के रूप में एक रुपया अदा करूँ या एक रुपये के बराबर मेहनत दूँ; दोनों एक समान है।'[1]

इससे पूर्व भी वे अपनी समस्त योजना में श्रम को मुद्रा/धातु की तुलना में महत्त्वपूर्ण बता चुके थे। वे विनिमय के साधन के रूप में श्रम को स्वीकार करने का भी प्रस्ताव करते हैं :

'मेरी योजना में मुख्य महत्त्व श्रम का है, धातु का नहीं। कोई व्यक्ति जो अपने श्रम का इस्तेमाल करेगा, उसके पास धन होगा। वह अपने श्रम को कपड़े में बदल सकता है या चाहे तो अन्न में बदल सकता है। अगर उसे पैराफिन तेल चाहिए, जिसे वह खुद पैदा नहीं कर सकता तो वह अपने फालतू अन्न को देकर तेल ले सकता है। यह स्वाधीन, उचित और बराबरी की शर्तों पर श्रम की अदला-बदली है। इसलिए यह डकैती नहीं है। आप आपत्ति कर सकते हैं कि यह तो वस्तुओं की अदला-बदली की आदिम पद्धति की ओर लौट जाना होगा। लेकिन क्या समस्त अन्तरराष्ट्रीय व्यापार का आधार वस्तु विनिमय की प्रणाली नहीं है?'[2]

उपर्युक्त दोनों उद्धरण उनके दृष्टिकोण को साफ तौर पर प्रकट करते हैं। हमें दृष्टिगत रखना होगा कि वे जिस अर्थव्यवस्था की बात कर रहे हैं, वह 'स्वदेशी' अर्थव्यवस्था है जहाँ स्थानीयता पर ज्यादा जोर है क्योंकि यही स्थानीयता अर्थव्यवस्था का आधार है। इस अर्थव्यवस्था में बुनियादी जरूरतें पूरी करना प्राथमिकता है। शरीर-श्रम के जरिये जिस उत्पादन व्यवस्था को जन्म दिया जाता है, वह 'उपयोग मूल्य' प्रधान होती है अर्थात जीवन की बुनियादी चीजों का उत्पादन प्राथमिकता के आधार पर किया जाए। 'विनिमय मूल्य' प्रधान एवं विलासिता की वस्तुओं एवं सेवाओं का स्थान इस व्यवस्था में प्राथमिकता प्रधान नहीं है। यहाँ सन्तुष्टि, उपयोगिता और आनन्द को प्राथमिकता दी जाती है।

---

1. *सम्पूर्ण गांधी वाङ्मय*, खंड-69, पृ. 59
2. *हरिजन*, 2/11/1934, पृ. 302

प्रो. जे.एन. शर्मा ने इसे और अधिक साफ करते हुए बताया कि शरीर-श्रम और 'उपयोग मूल्य' की अवधारणा समाज में जीवन की गुणवत्ता को निर्धारित करती है। आज जहाँ 'जीवन की गुणवत्ता' और 'जीवन स्तर' की बहस छिड़ी हुई है, वहीं शरीर-श्रम जीवन की गुणवत्ता को प्रधानता प्रदान करता है। आज सभी राष्ट्र सकल राष्ट्रीय उत्पाद (जी.एन.पी.) से सकल राष्ट्रीय खुशी (जी.एन.एच.) की ओर जा रहे हैं, शरीर-श्रम आधारित व्यवस्था जीवन की गुणवत्ता एवं बुनियादी जरूरतों को पूर्ण करने की प्राथमिकता के कारण इसी मार्ग की ओर ले जाती है।[1] अन्य स्थान पर वे बताते हैं कि गांधी जी श्रम को विनिमय का माध्यम भी मानते हैं।[2] इसी बात को डॉ. परमेश्वरी दयाल ने भी कहा है कि 'शरीर-श्रम की अवधारणा यह स्पष्ट करती है कि उत्पादन में विनिमय मूल्य (वैल्यू इन एक्सचेंज) के स्थान पर उपयोग मूल्य (वैल्यू इन यूज) पर जोर दिया जाए। इस सिद्धान्त में अन्य लोगों की सेवा करने पर जोर दिया जाता है।'[3]

प्रो. डी.एन. चतुर्वेदी[4] ने इस विषय पर लिखा कि समस्त अर्थशास्त्रियों, राजनीतिक अर्थशास्त्रियों ने जो सबसे महत्त्वपूर्ण गलती की, वह थी श्रम का भी सम्पत्ति की तरह प्रतिमूल्य स्वीकार कर लिया गया। साथ ही इन विचारकों ने श्रम को मात्र आर्थिक प्रक्रिया के रूप में ही सीमित कर दिया। वह इस बात को नहीं देख पाए कि उनका अर्थशास्त्र भी मानवीयता, नैतिकता से परे है अतएव उनके यहाँ श्रम गैर-आनन्दमयी, बोझिल एवं नीरस हो गया है। इसी आधार पर उनकी संस्कृति भी उपभोगमूलक है क्योंकि वहाँ उत्पादन, उपभोग एवं श्रम का कोई सामंजस्य नहीं है। महात्मा गांधी के बारे में उन्होंने कहा कि शरीर-श्रम के जरिये उन्होंने श्रम को उत्पादन एवं उपभोग से जोड़ा। उनके द्वारा प्रस्तुत सर्वोदयी अर्थशास्त्र में प्रयास किया गया कि श्रम सदाचार एवं नैतिकता का केन्द्रबिन्दु बने तथा सम्मान के साथ जुड़ सके। एक समतामूलक एवं आत्मनिर्भर संस्कृति का विकास कर सके, अतएव श्रम का प्रतिमूल्य हो ही नहीं सकता।

अब हम यह देख सकते हैं कि गांधी जी जब मुद्रा एवं श्रम में श्रम को महत्त्व दे रहे थे, विनिमय का आधार श्रम को बना रहे थे तो उनका मुख्य सवाल श्रम के प्रतिमूल्य का ही था। सृजन का मूल्य, प्रेम, स्नेह, समर्पण का मूल्य कैसे निर्धारित होता है? अतएव हमें यह देखना चाहिए कि विनिमय के साधन के रूप में प्रयुक्त मुद्रा अपने आपमें लक्ष्य हो जाती है। मूल सम्पत्ति श्रमहीन और निम्न समझी जाती है। इस सवाल के माध्यम से यह आलोचना की जा सकती है कि वे पुनः वस्तु विनिमय (बार्टर एक्सचेंज

1. शर्मा, प्रो. जे.एन., *ब्रेड लेबर,* एम.जी.पी.ई.-006 (गांधी'ज इकोनॉमिक थॉट्स), *स्कूल ऑफ इंटर डिसीप्लिनरी स्ट्डीज,* इग्नू, 2012, पृ. 53-54
2. शर्मा, प्रो. जे.एन., *अल्टरनेटिव इकोनॉमिक्स,* पृ. 20
3. दयाल, डॉ. परमेश्वरी, *गांधियन थियरी ऑफ सोशल रिकंस्ट्रक्शन,* एटलांटिक पब्लिशर्स एंड डिस्ट्रीब्यूटर्स, नई दिल्ली, 2006, पृ. 209
4. चतुर्वेदी, प्रो. डी.एन., *महात्मा गांधी का आर्थिक दर्शन,* पृ. 271-86

सिस्टम) प्रणाली की ओर जाने की बात कह रहे हैं। इसका उत्तर यह हो सकता है कि वे श्रम को प्रधानता देते हैं और इसी श्रम को प्रतिष्ठित करनेवाली विनिमय व्यवस्था की बात कर रहे होते हैं। अगर अन्य कोई विनिमय प्रणाली इसका विकल्प (वस्तु विनिमय का) प्रदान करती तो वे अवश्य उसे स्वीकार करते। एक अन्य अन्तर्दृष्टि यह भी है कि श्रम के प्रतिमूल्य का सवाल आज के वैश्वीकृत विश्व व्यापार में जारी श्रम के शोषण को उजागर करता है। आधुनिक मुद्राशास्त्री, अर्थशास्त्री कभी इस तथ्य को प्रश्नांकित नहीं करते हैं। वे इसे स्वाभाविक मानकर अपना कार्य करते हैं। हमें यह स्मरण रखना चाहिए कि एक अहिंसक दृष्टि मुद्रा के जरिये श्रम को पण्य में तब्दील करने की इस मानसिकता पर प्रश्नचिह्न खड़ा करती है। हो सकता है कि गांधी जी के पास इसका ठोस विकल्प न हो परन्तु सवाल पूछना या प्रचलित नियमों पर प्रश्न खड़ा करना ज्यादा मायने रखता है बनिस्बत उस गलत व्यवस्था का हिस्सा बने रहने के। इसका कारण यह है कि सवाल या प्रश्न ही विकल्प पर विचार करने का मार्ग प्रशस्त करते हैं। महात्मा गांधी ने भी श्रम के प्रतिमूल्य का सवाल खड़ा कर श्रम के अन्तर्निहित शोषण को उजागर किया। गांधी जी ने मुद्रा विनिमय को भी प्रश्नांकित किया जो शोषण, हिंसा को बढ़ावा देता है। उन्होंने इसे नैतिकता पर आधारित करने का सुझाव दिया।[1]

सर्वांगीण दृष्टि

शरीर-श्रम से सम्बन्धित विभिन्न पक्षों का अध्ययन करने के बाद हम यह अनुभव कर सकते हैं कि साधारण तौर पर शारीरिक श्रम का प्रस्ताव करनेवाली यह अवधारणा कितनी व्यापक एवं अहिंसक समाज की महत्त्वपूर्ण बुनियाद है। स्वयं गांधी जी ने भी जब इसे आश्रम जीवन का अंग बनाया तब वे इसके विभिन्न आयामों से परिचित हुए होंगे, इसलिए उन्होंने शरीर-श्रम को महत्त्वपूर्ण बताया। इस अनेकायामी अवधारणा को हम निम्नानुसार बता सकते हैं :

- **सामाजिक :** शरीर-श्रम के जरिये समाज एक जीवन-दृष्टि चुनता है जहाँ उत्पादन और सेवाएँ अपने-आपमें अत्यधिक वृद्धि का लक्ष्य नहीं अपितु कर्तव्यबोध से युक्त उपभोग का माध्यम बन जाती हैं। इसके जरिये हर व्यक्ति अपने श्रम पर नियंत्रण रखता है, उत्पादन में योगदान करता है और व्यक्तित्व का विकास करता है। एक स्वस्थ एवं सामुदायिक सोच वाला व्यक्तित्व एक बेहतर समाज का निर्माण करता है। समाज में वास्तविक उत्पादन करनेवाले और शारीरिक श्रम करनेवाले वर्गों के प्रति हीन दृष्टि को वे बदलना चाहते थे, अतएव हर व्यक्ति को श्रमशील बनाते हैं। शारीरिक श्रम के प्रति हेय दृष्टि, श्रम के आधार पर छुआछूत को वे

1. गुप्ता, एस.एस., *इकोनॉमिक फिलॉसफी ऑफ महात्मा गांधी,* पृ. 117

समतामूलक समाज में बाधक मानते हैं। तात्कालिक समय में मेहनतकश लोगों और सफाई करनेवाले वर्गों के प्रति असम्मान उन्हें असह्य था, इसलिए उन्होंने श्रम को सम्मान प्रदान कर श्रमशील समाज बनाकर समानता को स्थापित करने का प्रयास किया। श्रमशील वर्ग को दोयम दर्जे का एवं हीन मानना एक सामाजिक अपराध है जिसे शरीर–श्रम से धोया जा सकता है।[1] शरीर–श्रम करते हुए सभी लोग समान होते हैं। अमीर–गरीब, मालिक–मजदूर आदि सभी एक साथ काम करते हुए श्रम की महत्ता अनुभव करते हैं और एक–दूसरे के अनुभव एवं सहयोग से लाभान्वित होते हैं। एक–दूसरे के प्रति घृणा एवं ईर्ष्या में बदलाव आकर सहयोग एवं प्रेम की भावना उत्पन्न होती है। इस तरह यह प्रेम और सहयोग अहिंसा भाव को जाग्रत् कर एक अहिंसक समाज की ओर ले जाता है। सह–उत्पादन, सह–उपयोग, सहजीवन और सामुदायिकता की शान्ति उत्पन्न होती है।

- **आर्थिक :** गांधी जी के लिए अर्थशास्त्र एवं नीतिशास्त्र (जो अहिंसा से उद्भूत हैं) के बीच कोई विरोधाभास नहीं है। वे एक नैतिक अर्थशास्त्र की नींव रखते हैं जिसे अहिंसक अर्थव्यवस्था भी कहा जा सकता है। उनके लिए श्रम एक नैतिक आर्थिक गतिविधि हो जाती है जो एक ओर शोषणमुक्त जीविका उपार्जन का माध्यम है, वहीं अन्य लोगों की सेवा करते हुए सभी के कल्याण के साथ एकाकार होने का भी।[2] सभी के द्वारा शरीर–श्रम किया जाए तो सभी की बुनियादी जरूरतें—रोटी, कपड़ा, मकान आदि—प्रचुर मात्रा में उत्पादन होने से प्राथमिकता के आधार पर पूर्ण होंगी। श्रमशील व्यक्तित्व आवश्यकता आधारित उपभोग करते हुए उत्पादन करता है जिससे शोषण की सम्भावना नहीं रहती। कृत्रिम माँग न होने के कारण संसाधनों (प्राकृतिक व मानवीय, दोनों) का दोहन नहीं होता है। एक परस्पर सहयोगमूलक, आवश्यकता–प्रधान अर्थव्यवस्था का निर्माण होता है।
- **राजनीतिक :** शरीर–श्रम राजनीतिक आयाम भी रखता है। गांधी जी शरीर–श्रम को राष्ट्रीय सेवा से जोड़ते हैं। एक श्रमशील समाज एक जागरूक समाज भी होगा और राष्ट्र के लिए समर्पित होगा। शरीर–श्रम को वह उदात्त राष्ट्र–प्रेम से जोड़ते हैं।[3] आजादी के कुछ समय पूर्व भी वे इस विचार के प्रति दृढ़ी थे कि शरीर–श्रम को वोट के अधिकार से जोड़ा जाए। इसका अर्थ है कि

1. देखें, दास, रतन, *द ग्लोबल विजन ऑफ महात्मा गांधी*, पृ. 141
2. दयाल, डॉ. परमेश्वरी, *गांधियन थियरी ऑफ सोशल रिकंस्ट्रक्शन*, पृ. 212
3. *'मैं इससे अधिक उदात्त और राष्ट्र प्रेम की कोई और बात नहीं सोच सकता कि हम सभी प्रतिदिन, मान लीजिए, एक घंटे के लिए वह काम करें जो गरीब लोग करते हैं और इस प्रकार उनके तथा उनके माध्यम से समस्त मानवता के साथ तादात्म्य स्थापित करें।... चरखे का मतलब है, दुनिया की दौलत का अधिक न्यायोचित और समान बँटवारा।' — यंग इंडिया*, 20/10/1921, पृ. 329

राज्य के प्रति शारीरिक सेवा प्रदान करनेवालों को ही मतदान का अधिकार दिया जाए।[1] इसके पीछे की दृष्टि यह बताती है कि एक व्यक्ति अपने श्रम के जरिये राज्य की सेवा करता है तो उस राज्य के प्रति अपना लगाव महसूस करता है। यही लगाव उसे राज्य के भले-बुरे निर्णय के प्रति, राज्य के कर्तव्य, स्वयं के राज्य के प्रति कर्तव्य आदि के लिए जागरूक भी बनाता है।

- **शैक्षिक :** शरीर-श्रम शारीरिक एवं बौद्धिक श्रम के बीच अलगाव को समाप्त कर उनके बीच सामंजस्य स्थापित करता है। गांधी जी मानसिक श्रम को श्रेष्ठ बतानेवाली दृष्टि बाबूगीरी (व्हाइट कॉलर जॉब) के पीछे पागलपन और शारीरिक श्रम के प्रति हीनता दृष्टि को समाप्त करना चाहते थे। एंथोनी जे. परेल ने इस बात को इंगित किया कि *गांधी जी ने अपनी जिन्दगी इस भ्रान्ति (शारीरिक श्रम को हीन समझा जाना) से लड़ने में व्यतीत कर दी।*[2] साथ ही परेल यह भी कहते हैं कि वह भारत के लिए एक नवीन कार्य-संस्कृति भी लाना चाहते थे जो समाज के दो छोरों पर खड़े वर्गों को एक साथ ला सके।[3] अत: गांधी जी श्रमप्रधान शिक्षा-व्यवस्था का उल्लेख करते हैं जिसमें विभिन्न उद्योगों के माध्यम से शिक्षा प्राप्त की जा सके। *नयी तालीम* का उद्देश्य श्रम के शिक्षण के जरिये बौद्धिक विकास का लक्ष्य था।
- **सांस्कृतिक :** गांधी जी के लिए श्रम और संस्कृति का पार्थक्य नहीं है। वे एक श्रममूलक संस्कृति की अवधारणा की बात करते हैं। एक श्रमशील समाज जिस संस्कृति का निर्माण करता है, वह एक अहिंसक समाज का निर्माण करती है। शरीर-श्रम का अर्थ ही है कि एक-दूसरे के साथ सहयोग एवं सेवा। अत: शरीर-श्रम आधारित समाज की संस्कृति सहयोग एवं प्रेममूलक होगी, न केवल मनुष्य-मनुष्य के बीच अपितु मनुष्य-प्रकृति के बीच भी। कृत्रिम आवश्यकताओं के न होने के कारण संसाधनों का शोषण भी नहीं होगा। इसके अतिरिक्त शरीर-श्रम सृजन के आनन्द की बात कर उसे व्यक्तित्व विकास के साथ भी जोड़ता है। यही सृजन का आनन्द व्यक्ति के अपने 'होने' की अनुभूति को सार्थकता देता है। शरीर-श्रम व्यक्ति को

1. *'मैंने 1925 में जो बात कही थी, उस पर आज भी कायम हूँ अर्थात् एक निश्चित आयु से ऊपर के सभी स्त्री-पुरुषों को वोट देने का अधिकार तभी मिलेगा जब वे राज्य को कुछ शारीरिक सेवा प्रदान करेंगे।'* —*हरिजन*, 2/3/1947, पृ. 46
2. परेल, एन्थोनी जे., *गांधी'ज फिलॉसफी एंड द क्वेस्ट फॉर हार्मनी*, कैम्ब्रिज यूनिवर्सिटी प्रेस, न्यूयॉर्क, 2006, पृ. 7-6
3. *'सबसे महत्त्वपूर्ण बात यह थी कि भारत को एक कार्य-संस्कृति की जरूरत थी जो अमीर-गरीब के लिए एक जैसी हो और इनके बीच सांस्कृतिक और मनोवैज्ञानिक दूरी मिटा सके।'* —*वही*, पृ. 77

अकेलेपन (आइसोलेशन) एवं अलगाव (एलिएनेशन) की समस्या से दूर ले जाता है।[1] साथ ही समाज के बौद्धिक वर्गों को भी श्रमशील बनाकर एक सांस्कृतिक क्रान्ति एवं नवीन संस्कृति की भी बात करता है।

- **अहिंसक व्यक्तित्व का निर्माण :** शरीर-श्रम व्यक्ति की आत्मनिर्भरता का पर्याय है जिसमें व्यक्ति अपने जीवन की दैनिक जरूरतें स्वयं श्रम द्वारा प्राप्त करता है। एक व्यक्ति अगर ऐसा नहीं करता है तो इसके दो परिणाम हैं :
  * या तो वह दूसरों का शोषण करता है।
  * या वह किसी अन्य पर निर्भर है।

पहली स्थिति तो सीधे तौर पर हिंसा है; दूसरी स्थिति में निर्भर रहनेवाला व्यक्ति एक तो स्वयं के श्रम से समाज को वंचित कर रहा है, दूसरी ओर किसी अन्य के श्रम का फल प्राप्त कर रहा है। इन दोनों ही स्थितियों में वह हिंसा कर रहा होता है। कह सकते हैं कि शरीर-श्रम इन दोनों ही स्थितियों से व्यक्ति को मुक्त कर एक अहिंसक व्यक्तित्व का मार्ग भी प्रशस्त करता है। शरीर-श्रम के मूल में प्रेम/सहयोग होने के कारण यह केवल मनुष्य-मनुष्य के बीच ही नहीं अपितु मनुष्य एवं प्रकृति के बीच भी सहयोग का साध्य रखता है।

इसके अतिरिक्त शरीर-श्रम की संकल्पना को गांधी जी ग्रामीण पुनर्रचना में महत्त्वपूर्ण स्थान प्रदान करते हैं। वे अपने समय में यह देख रहे थे कि सम्पूर्ण भारत का आधार गाँव था परन्तु श्रम करने के नियम से हटने, शहरों के गाँवों के शोषण करने, गाँवों द्वारा शहरों का अनुकरण करने इत्यादि कारणों से गाँवों की दशा दयनीय हो गई है। वे शरीर-श्रम की प्रस्तावना से इन गाँवों की पुनर्रचना का सपना देखते हैं। उनके आमूलचूल परिवर्तन की आकांक्षा करते हैं।[2-3]

सम्भवत: श्रम की अपनी इसी व्यापक समझ के चलते एक विद्वान ने गांधी जी को 'श्रम का राजनीतिक अर्थशास्त्री' कहा है।[4] गांधीवादी अध्येता त्रिदीप सुहृद[5] ने शरीर-श्रम पर विचार करते हुए बताया कि गांधी जी ने एकादश व्रतों में से तीन (अस्पृश्यता उन्मूलन, सर्व-धर्म-समभाव और स्वदेशी) उनके अपने समय और सन्दर्भ के प्रति उनकी प्रतिक्रिया थी। शरीर-श्रम की अवधारणा का समावेश भारतीय सन्दर्भ में उनका नवाचार था जहाँ समाज में सामाजिक और कर्मकांडीय शुद्धता-

---

1. माथुर, जे.एस. *कंटेम्परिर सोसाइटी—ए गांधियन एप्राइजल,* पृ. 34
2. *हरिजन,* 29/6/1935 , पृ. 156
3. *शरीर-श्रम,* पृ. 27
4. घोष, बी.एन., *गांधियन इकोनॉमी : प्रिंसिपल्स, प्रैक्टिस एंड पॉलिसी,* एश्गेट पब्लिशिंग लिमिटेड, हैम्पशायर, 2007, पृ. 16
5. देखें, परेल, एन्थोनी जे., ब्राउन, जूडिथ एम. (सं.), *कैम्ब्रिज कम्पेनियन टू गांधी,* कैम्ब्रिज यूनिवर्सिटी प्रेस, न्यूयॉर्क, 2011, पृ. 76-77

अशुद्धता का भाव किसी व्यक्ति के द्वारा सम्पन्न किये जानेवाले कर्म से जुड़ा था। अन्य सात व्रत अन्य भारतीय परम्पराओं के भाग हैं। गांधी जी की मौलिकता इस बात में है कि उन्होंने इन सभी को राजनीतिक क्षेत्र की मुख्यधारा में ला दिया। डॉ. रायुलू ने शरीर-श्रम के अपने विवेचन में इसके तीन आयाम बताएँ हैं :

1. श्रम की गरिमा (डिग्निटी ऑफ लेबर),
2. श्रम की समानता (इक्वलिटी ऑफ लेबर),
3. श्रम के प्रति समर्पण एवं कुशलता (एक्सीलेंस इन एंड डिवोशन टू लेबर)।[1]

डॉ. डी.एन. चतुर्वेदी[2] के अनुसार गांधी जी के श्रम-विचार भी मानवतावादी विचारों एवं समग्र दृष्टिकोण से प्रेरित हैं। उनके द्वारा प्रतिपादित गांधी जी के श्रम सिद्धान्त को निम्नानुसार बताया जा सकता है :

1. गांधी जी ने शरीर रक्षण के लिए शरीर-श्रम को एक धर्म माना। जैव वैज्ञानिक तथा धर्मनिष्ठ विचारकों को साथ रखने का प्रयास किया।
2. शरीर-श्रम के माध्यम से अर्थशास्त्र द्वारा विकृत सामाजिक सम्बन्धों की बुनियाद को नष्ट किया।
3. श्रम को मानव जीवन की कसौटी माना। अर्थव्यवस्था में आवश्यक है कि उपभोग के लिए शारीरिक श्रम किया जाए। उत्पादक व उपभोक्ता की खाई खत्म होने से समरसता होगी।
4. प्रत्येक व्यक्ति शारीरिक श्रम द्वारा मानवीय समता को प्राप्त कर सकेगा।
5. शरीर-श्रम श्रममूलक संस्कृति का स्थापक है।

डॉ. बी.एन. गांगुली[3] ने शरीर-श्रम सम्बन्धी अवधारणा और उसकी आलोचना पर विस्तार से प्रकाश डाला है। उन्होंने शरीर-श्रम की आलोचना करते हुए स्पष्ट किया कि यह अवधारणा फिनिक्स आश्रम या टॉल्स्टॉय फार्म जैसे घनिष्ठ सामुदायिक संगठनों में तो प्रचलित हो सकती है परन्तु जटिल श्रम विभाजन पर आधारित समाजों में व्यापक स्तर पर इसका लागू होना सम्भव नहीं है। इस आलोचना का उत्तर यह दिया जा सकता है कि गांधी जी से पूर्व यह माना जाता था कि अहिंसा एक व्यक्तिगत गुण है, इसे सामाजिक स्तर पर लागू नहीं किया जा सकता परन्तु हमने देखा कि यह सार्वजनिक क्षेत्र में आजादी के आन्दोलन का आधार बनी। उसी प्रकार जब तक उसे लागू नहीं किया जाता है, तब तक उसकी सफलता-असफलता पर विचार बेमानी हो जाता है। फिर भी वे अवधारणा की महत्ता प्रतिपादित करते हुए कहते हैं कि यह अवधारणा बेहतर मनोवैज्ञानिक और शारीरिक स्वास्थ्य हेतु सहायता;

1. रायुलू, डॉ. टी.बी., *द रिलिवेंस ऑफ ब्रेड लेबर टुडे,* गांधी मार्ग, खंड-10, अंक 4, जुलाई, 1988, पृ. 228-29
2. चतुर्वेदी, प्रो. डी.एन., *महात्मा गांधी का आर्थिक दर्शन,* पृ. 271-86
3. देखें, गांगुली, बी.एन., *गांधी'ज सोशल फिलॉसफी,* पृ. 152-54

सामाजिक जागरूकता हेतु उत्प्रेरक; मानसिक एवं शारीरिक श्रम के संयोजन की सांस्कृतिक अभिव्यक्ति; उत्पादन में सभी की भागीदारी करने के रूप में अपनी सामाजिक महत्ता रखती है। समाज में श्रम और आराम के समान वितरण की दिशा में एक महत्त्वपूर्ण कदम हो सकता है। साथ ही यह एक सच्चे समतामूलक समाज के लिए संगत मनोवैज्ञानिक वातावरण के निर्माण के लिए जरूरी है।

शरीर–श्रम की अवधारणा को निम्न प्रकार से सार रूप में अभिव्यक्त किया जा सकता है :

शरीर–श्रम संकल्पना

संक्षेप में, हम यह कह सकते हैं कि शरीर–श्रम एक महत्त्वपूर्ण अवधारणा है। एक अहिंसक समाज के निर्माण की संकल्पना करते हुए गांधी जी ने इसे प्रमुख स्थान प्रदान किया। शरीर–श्रम की अवधारणा में शारीरिक श्रम प्रेमश्रम में परिवर्तित होकर जनकल्याण में तब्दील हो जाता है। हम यह भी स्पष्ट कर सकते हैं कि गांधी जी ने इसे अपने पूर्वी और पश्चिम स्रोतों से प्राप्त किया। इससे भी महत्त्वपूर्ण है कि भारतीय सन्दर्भ में इसे व्यावहारिक रूप प्रदान किया। टॉल्स्टॉय एवं बोंडारेफ से शरीर–श्रम का विचार ग्रहण करने के बाद भी उसमें सामयिक बदलाव किये। अपने परिवेश की आवश्यकतानुसार इस अवधारणा में संशोधन किये।

अध्याय-6

औद्योगिक दृष्टि

महात्मा गांधी व्यावहारिक आदर्शवादी थे। अपने सम्पूर्ण जीवन में उन्होंने एक जीवन-दृष्टि या कहना चाहिए, अहिंसा दृष्टि के आधार पर चीजों को समझा व अपने विचार प्रस्तुत किये। उनकी यह अहिंसा दृष्टि एक विकसनशील दृष्टि भी थी जो जीवन के हर नये अनुभवों से नवीन रूप व आयाम ग्रहण करती थी। गांधी जी की जीवन-दृष्टि को उसकी सम्पूर्णता में ही समझा जा सकता है। इस जीवन-दृष्टि के अनुसार जीवन समग्र है, अत: जीवन के विभिन्न आयामों को संचालित करनेवाले नियम समान होने चाहिए। जीवन को समग्रता में देखने के कारण ही उन्होंने जीवन के विभिन्न आयामों को अहिंसा दृष्टि से संचालित करने का प्रयास किया। अहिंसा दृष्टि के कारण ही समाज को देखने, समस्याओं और समाधानों के प्रति उनकी दृष्टि अन्य विचारकों की तुलना में भिन्न थी। वे समाज को सम्पूर्ण आंगिक रूप (Organic Whole) में देखते थे, जहाँ हर कोई अन्य दूसरे के साथ जुड़ा हुआ है। अतएव यह आवश्यक है कि सभी की उन्नति एक-दूसरे की उन्नति के जरिये ही प्राप्त की जाए। समाज के हर सदस्य का उत्थान ही समाज के उत्थान की कसौटी हो जाता है। गांधी जी 'अधिकतम व्यक्तियों का अधिकतम सुख', 'जिसकी लाठी उसकी भैंस' की उपयोगितावादी एवं सर्वसत्तावादी धारणा में विश्वास नहीं रखते थे बल्कि उनका उद्देश्य 'सर्वोदय एवं अन्त्योदय' था। वह पश्चिम के उपयोगितावादी विचार, औद्योगिकीकरण के दुष्प्रभाव को अपने लन्दन प्रवास के समय आँखों से देख चुके थे। औद्योगिकीकरण के चरम स्वरूप, श्रमिकों की स्थिति, श्रम-पूँजी सम्बन्ध, सरकारों का रवैया, समाज-व्यक्ति पर इसका प्रभाव आदि उनके जेहन में जगह बना चुके थे। जीवन के बाद के वर्षों में इन सभी बातों का उनके जीवन पर गहरा असर बरकरार रहा। श्रमिकों के साथ सीधा सम्बन्ध भारत में अहमदाबाद के मिल-मजदूरों का नेतृत्व करते हुए हुआ परन्तु इससे पूर्व भी दक्षिण अफ्रीका में गिरमिटिया मजदूरों की समस्याओं—जो रंगभेद के साथ भी जुड़ी हुई थीं—को हल करने का सफल प्रयास कर चुके थे। दक्षिण अफ्रीका के अपने इन अनुभवों के आधार पर

उन्होंने मजदूरों की कर्मठता, त्याग–भावना, दृढ़ता को काफी करीब से देखा और आन्दोलनों के सफल संचालन में इनका उपयोग किया। अपने प्रारम्भिक ज़ीवन में श्रमिकों के अपने ऐक्य भाव को बताते हुए उन्होंने कहा[1] कि दक्षिण अफ्रीकी संघर्ष का इतिहास मजदूरों की सफलता का इतिहास है। जब कुल एक लाख आबादी में से साठ हजार मजदूर सत्याग्रह के लिए संगठित हुए तो जो कुछ वे कई सालों से प्राप्त नहीं कर पा सके थे, वह उन्हें छह महीनों में प्राप्त हो गया।

यहाँ यह स्पष्ट है कि दक्षिण अफ्रीका के सत्याग्रह संघर्ष में श्रमिकों की भूमिका काफी महत्त्वपूर्ण थी। फिर भी दक्षिण अफ्रीका में वे श्रमिकों की समस्याओं से अहमदाबाद की तरह रूबरू न हो सके। अहमदाबाद की श्रमिक आन्दोलन घटना[2] ने ही श्रम–पूँजी, औद्योगिक सम्बन्धों, श्रमिक संघ, हड़ताल इत्यादि विचारों को व्यवस्थित रूप से प्रतिपादित किया। गांधी जी ने औद्योगिक सम्बन्धों को मानवीय रिश्तों के विस्तार के रूप में ही देखा। उन्होंने दोनों ही पक्षों के लिए मानक तय किये और सत्याग्रह को इस क्षेत्र में लागू किया। गांधी जी द्वारा प्रस्तुत श्रम–पूँजी सम्बन्धों में एक ओर श्रम की सांस्कृतिक भूमिका का प्रस्ताव है तो दूसरी ओर अपरिग्रह यज्ञ, सत्याग्रह की अवधारणाओं पर परिपुष्ट तार्किक सिद्धान्त भी है। अहमदाबाद की घटना ने जहाँ उन्हें श्रमिकों की वास्तविक स्थिति से परिचय कराया, वहीं वे पूँजीपतियों के असली रूप से परिचित हो सके। इस विश्लेषण में उन्होंने स्वामित्व, श्रम, पूँजी, समाज पर अपने विचार प्रस्तुत किये।

श्रम, पूँजी, श्रमिक संगठन, न्यासिता इत्यादि पर उनके विचारों को समझने से पहले यह आवश्यक है कि हम यह जानें कि वे श्रम–पूँजी को परिभाषित किस तरह करते हैं और क्या नवीन आयाम प्रस्तुत करते हैं।

---

1. *सम्पूर्ण गांधी वाङ्मय,* खंड–45, पृ. 319
2. बी.आर. नन्दा ने इस घटना का जिक्र करते हुए लिखा : *'1917 के अगस्त महीने से मिल मजदूरों को 'प्लेग–बोनस' दिया जा रहा था ताकि वे शहर छोड़कर न जाएँ। यह लगभग 80 प्रतिशत तक था। जब प्लेग का खतरा समाप्त हुआ तो इसे बन्द कर दिया गया। मजदूरों ने इसका विरोध किया। मजदूरों के अनुसार द्वितीय विश्वयुद्ध के दौरान जीवन–निर्वाह का खर्च दुगुना हो गया है। बोनस से महँगाई से राहत हुई, अगर बोनस बन्द हो गया, जीवन–निर्वाह मुश्किल हो जाएगा। गांधी जी ने तुरन्त दोनों पक्षों के प्रतिनिधियों से चर्चा आरम्भ की। लम्बी चर्चा के बाद दोनों पक्ष पंच–फैसले के लिए राजी हुए। पंच–मंडल में मिल मालिक के तीन सदस्य, मजदूरों के तीन सदस्य और अहमदाबाद के कलक्टर अध्यक्ष थे। यह पंच–मंडल अपना काम करता, इससे पूर्व मिल मालिकों ने एक हड़ताल को लेकर मजदूरों पर समझौता तोड़ने का आक्षेप लगाकर स्वयं को इस प्रक्रिया से अलग कर लिया और कहा कि मजदूरों को 20 प्रतिशत बोनस ही दिया जाएगा। हड़ताल शुरू हुई और गांधी जी ने आगे चलकर उपवास किया। तीन दिन के उपवास के बाद दोनों पक्ष बातचीत को राजी हुए। मजदूरों को 35 प्रतिशत बोनस दिया गया।'*—नन्दा, बी.आर., *महात्मा गांधी : एक जीवनी* (अनु. श्यामू संन्यासी), सस्ता साहित्य मंडल प्रकाशन, नई दिल्ली, 1969, पृ. 125

श्रम एवं पूँजी

इन विषयों पर उनके विचार स्व-अनुभवों एवं व्यापक अध्ययन के आधार पर प्रस्तुत होते हैं। इनके बीच एक तर्कशीलता एवं तारतम्यता के सूत्र हमें प्राप्त होते हैं। पूँजी पर विचार करते हुए वे इसकी आवश्यकता को स्वीकार करते हैं और बताते हैं कि समस्या पूँजी के गलत उपयोग में है। किसी भी उत्पादन में पूँजी की भूमिका हमेशा बनी रहेगी :

> *'पूँजी अपने-आपमें कोई बुरी चीज नहीं है, उसका गलत उपयोग बुरा है। पूँजी की किसी-न-किसी रूप में जरूरत हमेशा रहेगी।'*[1]

एक अन्य स्थान पर वह धन व सम्पत्ति पर विचार करते हुए सत्ता-संरचना से इसका सम्बन्ध जोड़कर प्रस्तुत किया कि :

> *'असल में धन के नाम से जो चीज चाही जाती है, वह है— मनुष्यों पर सत्ता। सीधे-सादे शब्दों में उसका अर्थ है— वह सत्ता, जिससे हमें अपने लाभ के लिए नौकर, व्यापारी और कलाकार का श्रम मिल जाए। इसलिए साधारण अर्थ में धनवान बनने की कला सिर्फ अपने लिए बहुत-सी दौलत इकट्ठी करने की ही कला नहीं है, बल्कि ऐसी युक्ति आजमाने की कला है जिससे पड़ोसियों के पास हमसे कम दौलत रहे। ठीक शब्दों में कहा जाए तो यह 'अपने पक्ष में अधिक से अधिक असमानता कायम करने की कला' है।'*[2]

यह उपर्युक्त उद्धरण स्पष्ट करता है कि धन केवल आर्थिक मसला ही नहीं है बल्कि इसके साथ सामाजिक, राजनीतिक एवं सांस्कृतिक निहितार्थ भी जुड़े हैं।

पूँजी पर विचार का उनका एक महत्त्वपूर्ण भेद है— *पूँजी, पूँजीपति व पूँजीवाद* के बीच। उनकी दृष्टि में इन तीनों में भिन्नता है। पूँजी उत्पादन तत्त्व के बतौर हमेशा बनी रहेगी और उसके समुचित उपयोग पर ध्यान दिया जाना है। पूँजीपति एक समाज में अपने वृहतर अनुभवों से, एक विशिष्ट प्रकार की गतिविधि से उत्पादन में कुशल है। वह भी पहले मनुष्य है, पूँजीपति बाद में। मनुष्य होने के नाते उसे सही दिशा में प्रेरित किया जा सकता है। गांधी जी इन प्रथम दो को स्वीकार करते हैं और उनमें यथासम्भव परिष्कार की भावना रखते हैं परन्तु पूँजीवाद को अस्वीकार करते हैं। पूँजीवाद एक शोषणकारी व्यवस्था है जिसे समाप्त करना हर मनुष्य का कर्तव्य है। परन्तु पूँजीवाद के खात्मे के लिए पूँजीपति का विनाश जरूरी नहीं है, आवश्यकता पूँजीवादी विचारधारा की समाप्ति की है।

1. *हरिजन,* 28/07/1940, पृ. 219
2. गांधी, मो. क., *सर्वोदय* (सं. भारतन कुमारप्पा), नवजीवन प्रकाशन, अहमदाबाद, 2007, पृ. 35

यहाँ यह द्रष्टव्य है कि गांधी जी दक्षिण अफ्रीका एवं तदनन्तर भारत में आजादी आन्दोलन में भी यह तर्क लागू करते हैं। रेल से बाहर फेंके जाने पर वे उस व्यक्ति के विरोधी नहीं होते हैं बल्कि उस सोच (नस्लभेद) के विरोधी होते हैं जो उस व्यक्ति के जरिये अभिव्यक्त हो रही है, ठीक इसी तरह आजादी के आन्दोलन में भी वे अंग्रेजों के विरोधी नहीं बल्कि उस शोषणकारी असमानतामूलक दृष्टि के विरोधी हैं जो औपनिवेशिकता और दासता को जन्म देती है। यह दृष्टि अंग्रेजों को भी अमानवीय बनाकर ही अभिव्यक्त हो रही है। इस तरह भारतीयों के साथ-साथ यह अंग्रेजों के प्रति भी हिंसक है। अंग्रेज इस आयाम को नहीं देख पा रहे थे। गांधी जी के लिए व्यक्ति और कर्म में भेद है। वे व्यक्ति के परिवर्तन में विश्वास करते हैं।

वस्तुत: पूँजी का गलत इस्तेमाल ही पूँजी के प्रति हमारे नकारात्मक दृष्टिकोण को जन्म देता है। उत्पादन-प्रक्रिया के तत्त्व के रूप में पूँजी का स्थान हमेशा बना रहेगा, पूँजी का विनाश करके उत्पादन-प्रक्रिया नहीं हो सकती है। आवश्यकता पूँजी के उचित उपयोग और उसे उसका उचित स्थान देने में है। पूँजी का विनाश अनिवार्य रूप से श्रम के विनाश का मार्ग प्रशस्त करते हुए उसे भी हानि पहुँचाएगा। गांधी-दृष्टि पूँजीवाद का विनाश चाहती है। साथ ही, यह भी ध्यातव्य है कि केवल कुछ पूँजीपतियों का विनाश करके पूँजीवाद का नाश नहीं किया जा सकता है। आवश्यकता उस विचार-लोभ, परिग्रह, आर्थिक मानव संकल्पना, शोषण आदि की है जिनके आधार पर पूँजीवाद का भवन खड़ा है। ये विचार किसी भी व्यक्ति में अपनी जगह बना सकते हैं। कुछ पूँजीपतियों को समाप्त कर दिया जाएगा तो 'सत्ता व विचार' के बलबूते नये पूँजीपति अपना स्थान बना लेंगे जब तक कि पूँजीवाद के मूल को समाप्त न किया जाए। इस सम्बन्ध में तो यह भी स्पष्ट है कि कुछ श्रमिक भी अपने मन में पूँजीपति बनने की लालसा पाले रहते हैं। अत: आवश्यक है कि पूँजीपतियों का भी सहयोग लेकर पूँजीवाद को समाप्त किया जाए। इस शोषणकारी व्यवस्था को रोकने के लिए आवश्यक है कि पूँजीपति के पीछे विशेष रियायतों को रोका जाए जो उसे जनसामान्य से अलग करती हैं। यह प्रश्न व्यक्तिगत नहीं बल्कि सामूहिक है। पूँजीपतियों को इस बात का भान कराना है कि वे एक शोषणकारी व्यवस्था से अपने को अलग कर लें, अपनी गलती का एहसास कर लें तभी एक समतामूलक समाज का निर्माण किया जा सकता है। वे पूँजी को श्रम के अनिवार्य शत्रु के रूप में नहीं देखते हुए इसके बीच सामंजस्य बनाने का प्रयास करते हैं।[1]

गांधी जी श्रम के सम्बन्ध में राजनीतिक अर्थशास्त्र के प्रतिष्ठित विचारधारा के विद्वानों—जिनमें एडम स्मिथ, रिकार्डो, मार्क्स आदि शामिल हैं—की इस बात से पूरी तरह सहमत हैं कि श्रम अपने-आपमें एक पूँजी है, साथ ही श्रम मानवीय

1. *यंग इंडिया,* 17/03/1927, पृ. 85-86

जीवन का सार है। गांधी जी एक ऐसे समय में श्रम की प्रधानता का उल्लेख कर रहे थे जब स्वयं राजनीतिक अर्थशास्त्र 'अर्थशास्त्र' शब्द से परिवर्तित हो रहा था और सीमान्त उपयोगिता क्रान्ति श्रम को हाशिये पर ढकेल चुकी थी।[1] गांधी जी ने श्रम को पूँजी मानते हुए यह देखा कि इसे वैसा स्थान न तो पूँजीपतियों ने दिया है, न ही श्रमिक इसका महत्त्व जान पाए हैं। गांधी जी के लिए श्रम का जीवन में महत्त्वपूर्ण स्थान है। वे इसे धार्मिकता व वैज्ञानिकता द्वारा स्थापित करने का प्रयास भी करते हैं। वे श्रम को दोयम दर्जा प्रदान किये जाने के विरुद्ध थे, श्रम व पूँजी को समान मानते हैं :

> *'अगर पूँजी एक शक्ति है, तो श्रम भी शक्ति है। ...दोनों एक-दूसरे पर आश्रित हैं।*[2]
>
> *'यदि श्रमिक केवल यह समझ सकें और अपने मन में बैठा लें कि उनके श्रम के बिना पूँजी कुछ भी नहीं कर सकती, तो वे तत्काल अपनी शक्ति पहचान जाएँगे। दुर्भाग्यवश हम पूँजी के सम्मोहक प्रभाव के वशीभूत होकर यह मान बैठे हैं कि इस संसार में पूँजी ही सब कुछ है। लेकिन एक क्षण के लिए भी विचार करें तो हम पाएँगे कि श्रमिक के पास जो पूँजी है, वह पूँजीपति के पास कभी नहीं हो सकती है।'*[3]

गांधी जी का जोर लगातार इस बात पर था कि श्रम की गरिमापूर्ण महत्ता का भान स्वयं श्रम को हो, वर्तमान में उन्हें इस बात का भान नहीं है। वे कहते हैं :

> *'श्रमिक को यह समझना होगा कि श्रम भी पूँजी है। ज्योंही श्रम को ठीक से शिक्षित तथा संगठित कर दिया जाएगा और वह अपनी शक्ति को पहचान लेगा, पूँजी की कितनी भी मात्रा उसे अपने अधीन नहीं कर पाएगी।'*[4]

उनके अनुसार यह स्पष्ट है कि श्रम के माध्यम से पूँजी बनाई-बढ़ाई जाती है और श्रम के बिना यह सम्भव नहीं है। अतएव श्रमिक अपनी महत्ता जानकर बराबरी के स्तर पर आवे। आज की परिस्थिति में यह सम्भव नहीं हो पा रहा है अत: उसके लिए श्रमिक को तैयार करना आवश्यक है। श्रमिक का सजग एवं आत्मचेता होना पूँजी के साथ उसकी बराबरी का भी आधार है।

इस अवधारणात्मक आधार के साथ-साथ वे तात्कालिक समय में मजदूरों की स्थिति से भी वाकिफ थे। श्रमिकों का जीवन बीमारी, बेकारी, गरीबी, अशिक्षा,

---

1. देखें, *अध्याय-1*
2. *यंग इंडिया,* 26/03/1931, पृ. 49
3. वही, 14/01/1932, पृ. 17-18
4. *हरिजन,* 01/03/1935, पृ. 23

विभिन्न कुरीतियों, ऋणग्रस्तता आदि से जकड़ा हुआ था। उनके बीच व्याप्त छुआछूत, प्रादेशिकता आदि भेदभावों की उन्होंने कटु आलोचना की। मदुरै में मजदूरों की सभा में भाषण देते हुए कहा :

> *'आप जानते ही हैं कि मजदूर भी कई बड़े-बड़े तबकों में बँटे हैं और हर तबका अपने आपको दूसरों के मुकाबले ऊँचा मानता है। और जब तक आपके अन्दर यह भावना रहेगी कि कुछ लोग आपसे नीचे और कुछ आपसे ऊँचे हैं तब तक मानिए कि आप अपने अन्दर इस आन्दोलन की भावना पैदा नहीं कर पाए हैं। इसलिए आपको हृदय में महसूस करना चाहिए कि इस भेदभाव में कोई सार नहीं है...आपको प्रत्येक मजदूर को अपने बराबर और अपने सगे भाई के बराबर ही समझना चाहिए।'*[1]

श्रमिकों का यह आपसी विभाजन ही उन्हें पूँजीपतियों के विरुद्ध एकजुट होने से रोकता है। यह तो एक सामाजिक विभेद ही था, इसके अलावा कई अन्य मुद्दे भी थे। गांधी जी श्रमिकों की मनोवृत्ति को दर्शाते हुए स्पष्ट करते हैं कि श्रमिकों का असंगठित होना उनके लिए पूँजी को सब कुछ मान लेना हो जाता है। वे अपनी महत्ता न समझकर पूँजी को सर्वसत्ता समझ लेते हैं और उसके अनुगामी बन जाते हैं। कहीं न कहीं श्रमिक के मन में पूँजी प्राप्त कर पूँजीपति के समान ही सत्ताशाली बनने की इच्छा काम करती है :

> *'पूँजी के सम्मोहक प्रभाव के वशीभूत होकर ये (श्रमिक) मान बैठे हैं कि इस संसार में पूँजी ही सब कुछ है लेकिन पूँजी को नाकाम कर देने के बजाय श्रम (मैं स्वयं को एक श्रमिक मानकर ही बात कर रहा हूँ) पूँजी को हथियाकर स्वयं निकृष्टतम रूप में पूँजीपति बन जाना चाहता है।'*[2]

पूँजीपति इस लोभ को भुनाकर श्रमिकों का उपयोग अन्य श्रमिकों के दमन के लिए करते हैं। अतएव श्रमिकों की लड़ाई दोहरी हो जाती है—एक पूँजीपतियों के विरुद्ध और दूसरे, अपने साथियों के लोभ के विरुद्ध। इस लड़ाई में सफलता तभी सम्भव है जब श्रमिक शिक्षित, संगठित होकर अपनी शक्ति को पहचान सकें। ऐसा करने पर ही श्रम पूँजी के सम्मोहक प्रभाव से मुक्त हो सकेगा और पूँजी श्रम का अनुनय-विनय करेगी।[3] ऐसी स्थिति में ही श्रम व पूँजी शोषणरहित सम्बन्ध बना सकेंगे।

---

1. *सम्पूर्ण गांधी वाङ्मय*, खंड-57, पृ. 62-63
2. *यंग इंडिया*, 14/01/1932, पृ. 17-18
3. वही, 11/02/1920, पृ. 07-08

श्रम व पूँजी के प्रति बराबरी का भाव एवं आपसी सहयोग पर जोर देकर गांधी जी श्रमिक एवं पूँजीपति वर्ग को भी आपसी सहयोग की बात कहते हैं और इसे जरूरी भी मानते हैं :

> *'मैं नहीं समझता कि पूँजी और श्रम के बीच टकराव जरूरी है। दोनों एक-दूसरे पर निर्भर हैं। आज जरूरत इस बात की है कि पूँजीपति श्रमिकों पर शासन करना बन्द कर दें।'*[1]

उपर्युक्त आधार पर हम यह देख सकते हैं कि गांधी जी ने श्रम व पूँजी की व्याख्या करते हुए उन्हें एक-दूसरे का पूरक बताया और आपसी सहयोग पर बल दिया। वहीं श्रमिकों को संगठित होकर अपनी महत्ता पहचानने की आवश्यकता की ओर संकेत किया। अब हम उनके श्रम-संगठन-विचारों पर प्रकाश डालेंगे।

श्रम-संगठन

जैसाकि हम पूर्व में देख चुके हैं कि श्रमिकों के असंगठित होने के कारण उन्हें काफी कठिनाई का सामना करना पड़ता है। एक संगठन के अभाव में उन्हें पूँजी के इशारों पर काम करना पड़ता है। अपने वाजिब हक को कई बार त्यागना पड़ता है। अतः यह आवश्यक है कि श्रम संगठन का निर्माण किया जाए। गांधी जी सत्य व अहिंसा के आधार पर श्रम संगठन बनाये जाने की प्रस्तावना करते हैं। एक ओर वे श्रमिकों के संगठित होने पर बल देते हैं, वहीं दूसरी ओर पूँजीपतियों एवं श्रमिकों के रिश्तों, उनके संघर्षों को अहिंसक प्रक्रिया के जरिये प्रेमपूर्ण एवं न्यायपूर्ण बनाने का सफल प्रयास करते हैं। श्री एस.के. गोयल ने गांधी जी के श्रम-संगठन-विचार का विश्लेषण करते हुए स्पष्ट किया कि गांधी जी के श्रम-संगठन-विचारों को निम्नलिखित छह बिन्दुओं[2] में बताया जा सकता है :

1. श्रमिकों के संगठित होने पर उनमें आत्मविश्वास आएगा। वे संगठित होकर अपनी शक्ति का सदुपयोग कर सकेंगे। संगठित श्रम संघ शोषण को रोक सकेंगे, साथ ही यह अहसास कि वे पूँजी के अधीन नहीं हैं तो अपनी शर्तों पर काम कर सकेंगे।
2. श्रम संगठन को उद्देश्यों, लक्ष्यों में व्यापक और प्रक्रिया में अहिंसक होना चाहिए। अपने हितों के लिए मालिकों के पास प्रतिनिधिमंडल भेजने, माँग-पत्र देने आदि के अतिरिक्त और ज्यादा महत्त्वपूर्ण है कि अपने सदस्यों के सामाजिक, आर्थिक, सांस्कृतिक जीवन को उन्नत करें। एक सदस्य के रूप

1. *यंग इंडिया,* 04/08/1927, पृ. 248
2. गोयल, एस.के., *गांधियन पर्सपेक्टिव ऑन इंडस्ट्रियल रिलेशंस* (ए स्टडी ऑफ टेक्सटाइल लेबर एसोसिएशन, अहमदाबाद, 1918-1948), शिप्रा पब्लिकेशन, दिल्ली, 2002, पृ. 60-62

में श्रमिक के सर्वांगीण विकास पर ध्यान केन्द्रित करना चाहिए। श्रम संगठन महज सौदेबाजी का नहीं अपितु श्रमिक के सर्वांगीण उन्नयन का साधन है।

3. श्रम संगठन एक साध्य नहीं अपितु साधन है। श्रम संगठन बनाना, उसे बनाये रखना ज्यादा महत्त्वपूर्ण नहीं है। उससे अधिक महत्त्वपूर्ण है—जिन उद्देश्यों, लक्ष्यों को प्राप्त करने के लिए उसका गठन किया गया है, वे प्राप्त हों। श्रम संगठन को अपने प्रमुख कार्यों को करने के बाद ही राजनीतिक गतिविधियों की ओर मुड़ना चाहिए :

   '...मेरा मजदूरों को शोषण करने अथवा किसी स्पष्ट राजनीतिक उद्देश्य के लिए उनका संगठन करने का रत्ती भर विचार नहीं है।...मेरे विचार में मजदूरों को राजनीतिज्ञों के दाँव-पेच के मोहरे कभी नहीं बनना चाहिए। केवल अपने बलबूते पर कार्यक्षेत्र में प्रभाव जमाना चाहिए।'[1]

   यह स्थिति तभी जन्म ले सकेगी जब श्रमिक श्रम-संगठन के जरिये अपनी दशा सुधारेंगे, शिक्षित एवं जागरूक होंगे। अपने अधिकार-कर्तव्य जानेंगे और अपने श्रम के सदुपयोग की माँग करेंगे। धीरे-धीरे श्रमिकों के संगठित होने पर राष्ट्र के प्रति दायित्व को समझने पर, देश में उत्पन्न राजनीतिक परिदृश्य की थाह लेने पर श्रमिक संघ आम जनता के हित में काम करने को तैयार होंगे।

4. श्रम संगठन का नेतृत्व अपना होना चाहिए। जब तक ऐसी स्थिति न हो तो वे बाहरी मदद एवं मार्गनिर्देशन ले सकते हैं परन्तु यह तभी तक जब तक वे पूरे तौर पर संगठित न हो पावें। गांधी जी आगाह करते हैं कि यह मदद सावधानी से ली जानी चाहिए। जिन लोगों से यह मदद ली जानी है, वे स्वार्थरहित, श्रमिक उन्नयन के आकांक्षी व गहरी रुचि रखनेवाले हों, साथ ही उसे श्रम व पूँजी के सहयोगी स्वरूप के लिए काम करना चाहिए। वस्तुनिष्ठ तरीके से औद्योगिक वातावरण को समझने का प्रयास करना चाहिए। श्रमिकों की शिक्षा, आत्मनिर्भरता एवं नेतृत्व ग्रहण में भरपूर योगदान करना चाहिए।

5. श्रम संगठन को अपनी मूल भावना में पूँजीपति विरोधी नहीं होना चाहिए। श्रम संगठन की लड़ाई एक व्यवस्थित शोषण-व्यवस्था पूँजीवाद से है। वे कहते हैं :

   'नीति के सम्बन्ध में भी एक शब्द कहना है। यह पूँजीपतियों के विरोध में नहीं है। अवधारणा यह है कि मजदूरों के लिए पूँजी से उचित भाग ले लिया जाए। यह कार्य पूँजी को हानि पहुँचाए बिना मजदूरों से ही सुधार की भावना द्वारा एवं उनकी आत्मचेतना द्वारा किया जाए।'[2]

---

1. *सम्पूर्ण गांधी वाङ्मय*, खंड-33, पृ. 325
2. वही

6. गांधी जी द्वारा प्रस्तुत श्रम संगठन की विशेषता अपने उद्देश्यों, लक्ष्यों एवं प्रक्रियाओं में अहिंसक होना है। वे वर्ग-संघर्ष की बजाय वर्ग-सहयोग की बात करते हैं। सहयोग उनके लिए एक मूल्य है। वे श्रमिक संगठनों के माध्यम से श्रमिकों के आन्तरिक उन्नयन एवं पूँजीपतियों के साथ सौहार्द, परस्पर सम्मान एवं निर्भरता को बढ़ावा देना चाहते हैं। उनके सामने स्पष्ट था कि अगर श्रम संगठनों को अहिंसक तरीकों की ओर उन्मुख नहीं किया गया तो वे हिंसक तरीकों की ओर उन्मुख हो जाएँ और मालिकों से भी ज्यादा अन्यायी सिद्ध हों :

'लेकिन जब मजदूरों को अपने बल का पूरा भान हो जाएगा, तब— मैं समझता हूँ, बल्कि देख सकता हूँ— वे मालिकों से भी अधिक अन्याय कर सकेंगे।'[1]

गांधी जी का विचार था कि हिंसा या संख्याबल पर श्रमिकों की निर्भरता न केवल उद्योगों या औद्योगिक रिश्तों के लिए अपितु अन्ततः और अनिवार्यतः स्वयं श्रमिकों के लिए हानिकारक सिद्ध होगी। पूँजीपतियों द्वारा अपनाए गए दमन एवं हिंसक उपायों के समक्ष श्रमिकों की सफलता इस बात पर निर्भर करती है कि वे किस सीमा तक संगठित रहकर अहिंसक रह सकते हैं। इस प्रक्रिया में उन्हें जान की बाजी भी लगानी पड़ सकती है लेकिन अहिंसा को अपनाने के कारण उन्हें अपने मन में प्रतिशोध या घृणा की भावना नहीं लानी है। सत्याग्रह की अवधारणा भी औद्योगिक सम्बन्धों का महत्त्वपूर्ण आधार है।

इस प्रकार हम देख सकते हैं कि गांधी जी श्रम व पूँजी के बीच सम्बन्ध को अहिंसा के आधार पर व्याख्यायित करते हैं। दोनों के बीच पारस्परिक निर्भरता एवं पूरकता मानते हुए भी वास्तविक स्थिति से नावाकिफ नहीं थे। उनके अनुसार :

'श्रमिक को पूँजीपति पर भरोसा नहीं है, पूँजीपति को श्रमिकों पर विश्वास नहीं है। दोनों में एक ही तरह की स्फूर्ति और शक्ति है, पर यह तो साँड़ों में भी होती है। वे लड़-लड़कर मर जाते हैं।'[2]

यह संघर्ष श्रम-पूँजी के साथ-साथ समाज का भी नुकसान ही करेगा। पूँजीपति द्वारा येन-केन-प्रकारेण शोषण तथा श्रमिकों द्वारा हिंसक व्यवहार के माध्यम से अपनी बातें मनवाकर दोनों ने चाहे अपने उद्देश्यों की पूर्ति की हो परन्तु इससे समाज के व्यापक हित को नुकसान पहुँचा है। समाज के दो महत्त्वपूर्ण अंग हिंसा को आधार बनाकर अपने लाभों के प्रति सजग हैं परन्तु इस हिंसा के समाज पर पड़नेवाले परिणामों के प्रति बेपरवाह हैं। गांधी जी के लिए हिंसा

1. *सम्पूर्ण गांधी वाङ्मय,* खंड-17, पृ. 20
2. *यंग इंडिया,* 11/02/1920, पृ. 7-8

मनुष्यता के अस्तित्व का नकार है। अतः वे **हिंसक** मार्ग अपनाने की बात से विरोध प्रकट करते हैं।

यहाँ स्पष्ट है कि गांधी जी पूँजी-श्रम सम्बन्धों को 'पूर्वीय/प्राच्य परम्पराओं' के आधार पर व्याख्यायित करना चाहते हैं। सत्य व अहिंसा इसके मूलाधार हैं जो इन दोनों में सामंजस्य मानता है :

> *'मैं श्रम संगठन के विरुद्ध नहीं हूँ पर और चीजों की तरह उसमें भी मेरा आग्रह है कि यह संगठन भारतीय या आप चाहें तो कह सकते हैं कि मेरी पद्धति के अनुकूल हो। मैं वही कर रहा हूँ। भारतीय श्रमिक स्वभावतया इस पद्धति को जानता है। मैं पूँजी को श्रम का बैरी नहीं मानता। मेरी धारणा है कि इन दोनों के बीच पूर्ण समन्वय सम्भव है।'*[1]

अहिंसक दृष्टिकोण समाज के व्यापक हित के नजरिये से काफी महत्त्वपूर्ण है। इसमें श्रमिक अपने प्रति अन्याय को पीड़ा-सहन करके असहयोग करता है फिर चाहे वह उद्देश्य पूरा न भी हो तो उसका नैतिक उत्थान तो करता ही है। यदि पूँजीपति श्रमिक के इस पीड़ा-सहन से अपनी गलती स्वीकारता है तो यह प्रेम की सच्ची जीत है। यदि वह अपनी गलती नहीं स्वीकारता तो अपने नैतिक औचित्य से च्युत होता है, और नैतिक आधार से च्युत होना विनाश का प्रारम्भ होता है। पूँजीपति का नैतिकता से च्युत होना ही श्रमिक की जीत का पर्याय है। गांधी जी समस्त विवादों में इसी अहिंसक आत्मबल का समर्थन करते हैं।[2] साथ ही इस अहिंसक प्रणाली हेतु प्रशिक्षण की आवश्यकता महसूस करते हैं।[3]

गांधी जी समाज की वास्तविक स्थिति से वाकिफ थे। तमाम आदर्शवादी विचारों के बावजूद वर्तमान में श्रम व पूँजी के बीच संघर्ष विद्यमान है। पूँजी-श्रम अपने-अपने हितों के संघर्ष हेतु संघर्षरत हैं परन्तु गांधी जी के लिए यह मात्र आर्थिक समस्या नहीं अपितु एक व्यापक सामाजिक, राजनीतिक, सांस्कृतिक सवाल भी हो जाता है। अतः उनका प्रयास दोनों के मध्य सामंजस्य कराने का था। वे संघर्ष की उपस्थिति मानते थे परन्तु इसकी अभिव्यक्ति वर्ग-संघर्ष की अनिवार्यता नहीं है। वे कहते हैं :

> *'जो वर्ग-संघर्ष के अनिवार्य होने की बात करते हैं, उन्होंने अहिंसा के गूढ़ अर्थ को नहीं समझा है या केवल ऊपर-ऊपर से ही समझे हैं।'*[4]

---

1. *यंग इंडिया,* 17/03/1927, पृ. 86
2. वही, 20/08/1925, पृ. 285-86
3. *सम्पूर्ण गांधी वाङ्मय,* खंड-67, पृ. 153
4. *सर्वोदय,* पृ. 107

उनके लिए संघर्ष अहिंसक भी हो सकता है और यह ज्यादा प्रासंगिक है क्योंकि यह मानवजाति के अस्तित्वमूलक नियम से प्रेरित है। अत: वे अहिंसक संघर्ष को महत्त्वपूर्ण मानते हैं परन्तु किसी भी तरह के अतिवाद से बचते हुए यह भी स्वीकार करते हैं कि अगर कभी उन्हें ऐसा अनुभव होगा कि इसे टाला नहीं जा सकता तो वे स्वयं इसका प्रचार करेंगे और लोगों के बीच ले जाएँगे।[1] यह दृष्टि उनकी प्रयोगशीलता एवं वैचारिक ईमानदारी की परिचायक है।

गांधी जी के श्रम संगठन से जुड़े अन्य मुद्दों को निम्नलिखित बिन्दुओं के माध्यम से समझ सकते हैं :

1. श्रम संगठन के हर सदस्य को स्वार्थ-त्याग एवं सद्भाव की भावना रखनी चाहिए ताकि वह न केवल अपना अपितु सभी के कल्याण का न्यासी बन सके।[2]
2. श्रम संगठन का प्रयोग शोषण के विरुद्ध तो होना ही चाहिए परन्तु इसका लक्ष्य सदस्यों की भौतिक एवं नैतिक जीवन-दशाओं में सुधार होना चाहिए।[3]
3. श्रम संगठन के सदस्यों को इस बात का ध्यान रखना चाहिए कि अधिकार व कर्तव्य एक ही सिक्के के दो पहलू हैं। हर अधिकार के साथ एक कर्तव्य जुड़ा रहता है, अत: अपने अधिकारों के साथ अपने दायित्वों के प्रति भी सजग रहना चाहिए। यह दायित्व व्यापक सामाजिक दायित्व है, सीमित औद्योगिक दायित्व मात्र नहीं है।
4. उन्हें मिलों, कार्यस्थलों तथा तमाम सम्पत्ति को अपना मानकर काम करना चाहिए। विवाद की स्थिति में भी अहिंसा का पालन करना चाहिए।
5. श्रम संगठन को अपने सदस्यों के उन्नयन पर ध्यान केन्द्रित करना चाहिए। इस उन्नयन में उनका शारीरिक, मानसिक, सांस्कृतिक उन्नयन शामिल हैं। श्रमिकों को सामाजिक कुरीतियों से अहिंसक संघर्ष करना सिखाएँ। उनके समुचित शिक्षा, आवास, भोजन, पौष्टिकता, स्वास्थ्य पर ध्यान दें। श्रमिकों के बीच बचत की आदत का प्रसार करें।
6. श्रम संगठन को अपने सदस्यों को पूरक धन्धे सिखाने चाहिए। ऐसी व्यवस्था करनी चाहिए जो श्रमिकों को पूरक धन्धों को सिखाने के जरिये वेतन-वृद्धि, समय का सदुपयोग, आर्थिक स्वतंत्रता एवं आत्मनिर्भरता

---

1. *हरिजन,* 05/12/1936, पृ. 338-93
2. तेंदुलकर, डी.जी., *महात्मा,* खंड-2, प्रकाशन विभाग, भारत सरकार, नई दिल्ली, 1951-54 (8 खंड), पृ. 297-98
3. वही

प्रदान कर सके।[1]

7. श्रम संगठन को अपने सदस्यों हेतु उचित कार्यदशाएँ एवं स्वास्थ्यकर वातावरण के लिए प्रयास करना चाहिए।
8. श्रम संगठन को श्रमिकों के लिए सामान्य जीवन बिताने एवं जीवन की मूलभूत आवश्यकताएँ पूरी करनेवाली मजदूरी मिलनी चाहिए। इसमें (मजदूरी में) समुचित पोषण, स्वच्छ आवास, परिवार के सदस्यों के लिए शिक्षा एवं पर्याप्त चिकित्सकीय सुविधाएँ शामिल हैं। इस सम्बन्ध में गांधी जी का स्पष्ट विचार था कि जो उद्योग न्यूनतम मजदूरी देने में असमर्थ हैं, उन्हें बंद कर देना चाहिए।[2] साथ ही वे कुछ दिशा-निर्देश भी प्रदान करते हैं :
   (क) काम के घंटे इतने ही होने चाहिए जिससे मजदूर लोगों के पास आराम का समय बचा रहे।
   (ख) वे शिक्षा प्राप्त कर सकें, ऐसे साधन होने चाहिए।
   (ग) उनके बच्चों को जितना आवश्यक है, उतना दूध, कपड़ा और पर्याप्त शिक्षा मिलने के साधन प्राप्त होने चाहिए।
   (घ) मजदूरों के रहने के घर स्वच्छ होने चाहिए।
   (ङ) ऐसी स्थिति होनी चाहिए कि बूढ़े होने तक वे इतना बचा सकें जिससे बुढ़ापे में उनका निर्वाह हो सके।[3]
9. गांधी जी ने श्रमिकों की मजदूरी में कमी किये जाने की कुछ आधारभूत बातों को सिद्धान्त रूप में प्रस्तुत किया :
   (क) जब तक कोई मिल मुनाफा देना बिलकुल बन्द न कर दे और काम चालू रखने के लिए उसे अपनी पूँजी का सहारा लेने को विवश न होना पड़े, तब तक कोई कटौती नहीं की जानी चाहिए।
   (ख) मजदूरी जब तक निर्वाह के लिए पर्याप्त स्तर तक न पहुँच जाए, तब तक उसमें कोई कटौती नहीं की जानी चाहिए। ऐसे समय की

---

1. इस बिन्दु पर अपने विचार व्यक्त करते हुए श्री प्यारेलाल जी ने लिखा कि '*श्रमिक किसी तरह के पूरक धन्धे को सीखकर लम्बी हड़तालों में आर्थिक तौर पर आत्मनिर्भर रह सकता है। पूरक धन्धे सीखकर समाज के लिए उपयोगी श्रम करने की हड़तालियों की तैयारी और क्षमता से हड़तालियों और जनता के बीच एक श्रृंखला बनती है और स्वयं हड़तालियों में सहयोग का माध्यम खड़ा हो जाता है। इससे उनका हौसला कायम रखने में जैसी कारगर मदद मिलती थी, वैसी और किसी तरह सम्भव नहीं थी।' आधुनिक जगत में गांधी जी की कार्य-पद्धतियाँ*, नवजीवन प्रकाशन मन्दिर, अहमदाबाद, 1961, पृ. 125
2. *हरिजन*, 26/03/1946, पृ. 63-64 तथा *हरिजन*, 31/08/1935, पृ. 227
3. *सम्पूर्ण गांधी वाङ्मय*, खंड-17, पृ. 20

कल्पना तो असम्भव ही लगती है जब मजदूर उद्योग को अपनी ही सम्पत्ति की तरह समझने लगेंगे और इस कारण उसे संकट से उबरने के लिए मुश्किल से गुजारे लायक, रूखी-सूखी रोटी लायक मजदूरी लेकर ही दिन-रात काम में जुटे रहने को तैयार हो जाएँगे। वह तो एक स्वैच्छिक व्यवस्था होगी। अभी जिन प्रश्नों पर विचार करना है, उनके सन्दर्भों में वैसी बातें असंगत हैं।

(ग) दोनों को आपस में ऐसी समझ पैदा करनी चाहिए कि निर्वाह योग्य मजदूरी निर्धारित करने में किन-किन चीजों को लिया जाए।

(घ) कुछ मिलों की हालत खराब है, इस बात को लेकर आम तौर पर मजदूरी में कटौती का प्रश्न नहीं उठाया जा सकता।

(ङ) उद्योग की खुशहाली के लिए यह बहुत जरूरी है कि मजदूरों को अंशधारकों के समकक्ष ही माना जाए; और इसलिए यह माना जाए कि मजदूरों को मिलों के सभी क्रिया-कलापों की सही-सही जानकारी रखने का पूरा अधिकार है।[1]

यह उद्धरण हमें यह समझने में मदद करता है कि गांधी जी मजदूरी-कटौती के कुछ आधार प्रस्तावित करने का प्रयास करते हैं। इसी प्रयास में वे *श्रमिकों को अंशधारकों के समकक्ष मानने को प्रस्तुत करते हैं। श्रमिकों को अंशधारकों के समकक्ष मानना उन्हें परम्परागत भूमिका से आगे बढ़कर नीति-निर्णय में भागीदार बनाता है। साथ ही एक अन्य महत्त्वपूर्ण योगदान यह है कि वे मजदूरों के इस अधिकार को स्वीकार करते हैं कि उन्हें मिल के क्रिया-कलापों, निर्णयों की जानकारी रखने का पूरा अधिकार है।*[2] यह विचार अपने-आपमें इसलिए भी महत्त्वपूर्ण है कि ऐसा करके पूँजीपति एवं श्रमिक के बीच पारदर्शिता, परस्पर सहयोग एवं विश्वास का निर्माण हो सके जिससे औद्योगिक सम्बन्ध शान्तिपूर्ण तरीके से संचालित हो सके।

विवाद-निपटारा

गांधी जी द्वारा प्रस्तुत श्रम-पूँजी-सम्बन्धी विचार पारस्परिकता एवं सौहार्द पर आधारित है। एक आदर्श स्थिति के रूप में यह बात उचित लगती है परन्तु वर्तमान में इन दोनों के बीच उत्पन्न विवादों का निपटारा कैसे किया जाए जिससे उस आदर्श स्थिति की ओर बढ़ा जा सके? यह द्रष्टव्य है कि गांधी जी एक व्यवस्थित

1. *सम्पूर्ण गांधी वाङ्मय,* खंड-64, पृ. 205
2. इस माँग में हम सूचना के अधिकार की झलक देख सकते हैं जो पारदर्शिता एवं आपसी विश्वास हेतु आवश्यक है।

संघर्ष-समाधान-व्यवस्था बनाना चाहते थे। उनके द्वारा प्रस्तावित विवाद-निपटारे के विचारों को त्रिस्तरीय सिद्धान्त में बता सकते हैं जिनमें आपसी संवाद, मध्यस्थता एवं पंच निर्णय शामिल हैं :

विवाद-निपटारा

आपसी संवाद—प्रथम स्तर : किसी भी विवाद की उपस्थिति में सर्वप्रथम प्रयास दोनों ही पक्षों द्वारा आपसी संवाद का है। इसमें महत्त्वपूर्ण बात यह है कि दोनों पक्ष अपनी बातों को तटस्थ विश्लेषण, आँकड़ों एवं तार्किकता के साथ प्रस्तुत करें, जिससे माँग का औचित्य सिद्ध हो सके। किसी भी विवाद में दोनों पक्षों का आपस में एक साथ बैठना इस मायने से भी लाभकारी है कि किसी भी तरह के पूर्वग्रह के बिना एक-दूसरे के पक्ष जान सकें। दोनों ऐसे साझा निष्कर्ष पर पहुँचें जो

दोनों को स्वीकार्य हो। श्रम-संगठन श्रमिकों का जायज अधिकारी है। ऐसे में श्रम-सम्बन्धी माँगें उसी के जरिये आनी चाहिए।

मध्यस्थता[1]*—द्वितीय स्तर* : यदि प्रथम स्तर पर श्रमिकों को यह लगे कि उसकी माँगें पूरी नहीं हुई हैं तो यह मामला मध्यस्थता-निर्णय के लिए जाएगा। यह निर्णय दोनों पक्षों द्वारा स्वीकारा जाना चाहिए। गांधी जी तो एक स्थायी मध्यस्थता बोर्ड की सम्भावना की ओर इशारा करते हैं जो नियमित तौर पर कार्य करे और स्वेच्छा से मामले इसके सुपुर्द किए जाएँ। इस मध्यस्थता प्रयास में एक बोर्ड होगा जिसमें दोनों के प्रतिनिधि होंगे जो बोर्ड के सामने अपने पक्ष को प्रस्तुत करेंगे। बोर्ड एक निर्णय पर पहुँचेगा और दोनों पक्षों को अवगत कराएगा। यद्यपि यह निर्णय बाध्यकारी नहीं होगा परन्तु दोनों ही पक्षों द्वारा स्वेच्छा से बोर्ड के सम्मुख प्रस्तुत किया जाना इसके निर्णय को स्वीकारने हेतु एक नैतिक जिम्मेदारी का भाव पैदा करता है।[2]

श्री वी.एन. गांगुली ने लिखा कि गांधी जी ने चम्पारण की तर्ज पर पहली बार मध्यस्थता के सिद्धान्त को औद्योगिक विवाद को सुलझाने हेतु प्रस्तुत किया।[3] साथ ही यह अहिंसक संघर्ष का ही परिणाम था कि अहमदाबाद के तात्कालिक ब्रिटिश कलेक्टर को यह कहना पड़ा कि उन्होंने अपनी जिन्दगी में पहली बार मालिक-मजदूर को एक-दूसरे का सम्मान करते हुए संघर्ष करते देखा था।[4]

पंच-निर्णय—तृतीय स्तर : अगर बोर्ड किसी निर्णय पर नहीं पहुँच सके तो मामला पंच-निर्णय के लिए सौंप देना चाहिए। पंच ऐसे व्यक्ति समूह का बनाया जा सकता है जो दोनों पक्षों को समान रूप से स्वीकार्य हो। उसे विवाद निपटारे के लिए नियुक्त किया जाता है। पंच के समक्ष दोनों ही पक्ष अपने मामले को तथ्यों, प्रमाणों और तर्कों के साथ प्रस्तुत करते हैं। दोनों के पक्ष सुनने के बाद पंच विश्लेषण करके निर्णय घोषित करते हैं। यह निर्णय दोनों के लिए बाध्यकारी है और दोनों को ही मनोयोग से इसे लागू करना पड़ता है।

---

1. *'अहमदाबाद श्रमिक आन्दोलन की एक सबसे बड़ी विशेषता थी कि श्रमिकों को श्रम संगठन गतिविधियों के लिए प्रेरित किया, साथ ही मिल मालिकों को श्रमिकों के संगठित होने, उनके साथ चर्चा करने और स्वैच्छिक मध्यस्थता के अधिकार को स्वीकार कराया।'*—देखें, *इंटरनेशनल लेबर रिव्यू*, XXIX, अंक 4, पृ. 531
2. लुई फिशर ने लिखा है : *'मध्यस्थता का सिद्धान्त गांधो सिद्धान्त में अनिवार्य-सा है। यह शान्तिपूर्ण संघर्ष में भी हिंसा और दबाव को मिटाता है। यह लोगों को धैर्य एवं मेल-मिलाप सिखाता है।'*—उद्धृत, सोमन, आर.जे., *पीसफुल इंडस्ट्रियल रिलेशंस : देयर साइंस एंड टेक्निक*, नवजीवन पब्लिशिंग हाउस, अहमदाबाद, 1957, पृ. 234-35
3. गांगुली, वी.एन., *गांधी'ज सोशल फिलॉसफी : पर्सपेक्टिव एंड रिलेवेंस*, नेशनल गांधी म्यूजियम एंड राधा पब्लिकेशन, नई दिल्ली, 2000, पृ. 248
4. वही, पृ. 258

उपर्युक्त विवेचन हमें दर्शाता है कि श्रम-पूँजी के मध्य किसी प्रकार के विवाद की उपस्थिति में गांधी जी ने त्रिस्तरीय व्यवस्था का सुझाव दिया। स्वयं उनके द्वारा 1918 में अहमदाबाद श्रमिक संघर्ष में इन व्यवस्थाओं का उपयोग किया गया। उनके द्वारा प्रस्तुत यह निपटान-व्यवस्था सत्य व अहिंसा के इस क्षेत्र में व्यावहारिक उदाहरण है। हमारे समय के महत्त्वपूर्ण विद्वान *मार्क जुर्गेंसमेयर* ने अपनी पुस्तक *'गांधियन वे : ए हैंडबुक ऑफ कॉन्फ्लिक्ट रिजोल्यूशन'* में इस प्रवृत्ति को रेखांकित करते हुए लिखा कि गांधी जी ने 1918 की घटना में संवाद को प्रमुखता दी और धनराशि उनके लिए मुख्य मुद्दा नहीं थी। उनके लिए प्रमुख प्रश्न वह सिद्धान्त था जिसकी चर्चा वह लगातार कर रहे थे, वह था— *मालिक-मजदूर रिश्ता, वह कैसे प्रगाढ़ हो?* उन्होंने पाया कि इस घटना ने मजदूरों को एकजुट किया और संगठन-शक्ति प्रदान की और साथ ही मालिकों को भी नैतिकता के आधार पर निर्णय लेने को बाध्य किया।[1]

हड़ताल

गांधी जी द्वारा प्रस्तुत विवाद-निपटान व्यवस्था में एक प्रश्न अनुत्तरित रह जाता है कि यदि पूँजीपति मध्यस्थता को स्वीकार ही न करे, तब श्रमिक क्या करे? ऐसी स्थिति में गांधी जी श्रमिकों द्वारा हड़ताल के प्रयोग को स्वीकार करते हुए उचित ठहराते हैं। मगर इतना स्पष्ट है कि हड़ताल हमेशा अन्तिम अस्त्र के रूप में प्रयुक्त होनी चाहिए और मिल मालिकों द्वारा मध्यस्थता को स्वीकार करते ही हड़ताल समाप्त कर देनी चाहिए।[2] गांधी जी श्रमिकों के अधिकार व न्याय पाने के सम्बन्ध में हड़ताल के अधिकार को स्वीकार तो करते हैं परन्तु इस सम्बन्ध में बहुत सावधानी एवं बुद्धिमत्तापूर्ण व्यवहार की अपेक्षा रखते हैं।

गांधी जी के अनुसार, हड़ताल से न्याय-प्राप्ति की आशा हर एक श्रमिक को होनी चाहिए। उसे अपने न्यायपूर्ण एवं अहिंसक होने पर भरोसा होना चाहिए। श्रम संगठन का यह दायित्व है कि वह हर श्रमिक को हड़ताल के कारण उपस्थित होनेवाले संकटों, परिस्थितियों के बारे में जानकारी दे, उन्हें पूरे विश्वास में लेवें ताकि एकता बनी रहे। गांधी जी ने यह स्पष्ट किया कि मजदूरों को हड़ताल की जानकारी पूर्व में ही मिल मालिकों को देनी चाहिए। श्रमिकों को हितैषी और सलाहकार व्यक्तियों से भी हड़ताल के बारे में परामर्श करना चाहिए। हड़ताल की

1. जुर्गेंसमेयर, मार्क, *'गांधियन वे : ए हैंडबुक ऑफ कॉन्फ्लिक्ट रिजोल्यूशन'*, यूनिवर्सिटी ऑफ कैलिफोर्निया प्रेस, लन्दन, 2005, पृ. 58
2. *यंग इंडिया,* 05/05/1920, पृ. 6

पूरी अवधि में अहिंसक रहना चाहिए। गांधी जी ने हड़ताल की कामयाबी की निम्नलिखित शर्तें बताई हैं :

1. हड़ताल का कारण न्यायोचित होना चाहिए।
2. हड़ताली श्रमिकों के बीच व्यावहारिक एकता होनी चाहिए।
3. जो श्रमिक हड़ताल में भाग न ले रहे हों, उनके विरुद्ध किसी प्रकार की हिंसा न की जाए।
4. हड़ताल के दौरान वे इस स्थिति में होने चाहिए कि मजदूर यूनियन की आर्थिक सहायता के बिना ही अपना जीवन-निर्वाह कर सकें और इसके लिए उन्हें अस्थायी रूप से किसी उपयोगी और उत्पादक धन्धे में लग जाना चाहिए।
5. अगर हड़ताली कर्मचारी के स्थान पर दूसरे श्रमिकों को रख लेने की सुविधा हो तो हड़ताल करना व्यर्थ है। ऐसी स्थिति में, न्यायोचित व्यवहार सुनिश्चित करने अथवा अपर्याप्त मजदूरी को बढ़वाने या ऐसी ही किन्हीं माँगों को पूरा कराने का एक ही रास्ता है और वह है—श्रमिकों द्वारा त्याग-पत्र।
6. ऐसी बहुत-सी हड़तालें कामयाब हुई हैं जिनमें उपर्युक्त सभी शर्तें पूरी नहीं होती थीं, पर वे सिर्फ इसलिए कामयाब हुईं कि मालिक लोग कमजोर थे और वे अपराध-बोध से ग्रस्त थे। बुरे उदाहरणों की नकल करके हम प्रायः बड़ी-बड़ी भयंकर भूलें कर जाते हैं। सबसे सुरक्षित बात यह है कि हम ऐसे उदाहरणों की नकल न करें जिनके बारे में हमें पूरी जानकारी न हो, बल्कि जिन शर्तों से हम परिचित हैं और जिन्हें हम कामयाबी के लिए जरूरी मानते हैं, उन्हीं का अनुकरण करें।[1]

जैसाकि उपर्युक्त उद्धरण में स्पष्ट किया गया है कि श्रमिकों को पूरक धन्धों का ज्ञान करना चाहिए। यह गांधी जी की विशिष्ट विशेषता है। उनके अनुसार, ऐसा करके श्रमिक आत्मसम्मान व आर्थिक सुदृढ़ता प्राप्त कर सकेगा और हड़ताल के समय आर्थिक दबावों का शिकार नहीं होगा। गांधी जी कहते हैं : 'श्रमिक वर्ग के लिए विभिन्न व्यवसायों की जानकारी प्राप्त करने का वही महत्त्व है जो पूँजीपतियों के लिए धातु का है। श्रमिक का कौशल ही उसकी पूँजी है।'[2]

सहानुभूति में आयोजित की जानेवाली हड़तालों को असहयोग की हड़ताल का स्वरूप अख्तियार करना चाहिए। इनकी सफलता तभी सम्भव है जब इसके पीछे काम पर न लौटने का दृढ़ संकल्प एवं अहिंसा उपस्थित हो।[3] गांधी जी लोकोपयोगी सेवाओं में हड़ताल को उचित नहीं मानते हैं। वे तभी करनी चाहिए जब अन्य सभी वैध उपाय व्यर्थ हो गए हों।[4]

1. *यंग इंडिया,* 16/02/1921, पृ. 52-53
2. *हरिजन,* 03/07/1937, पृ. 161
3. वही, 07/11/1936, पृ. 311
4. वही, 11/08/1946, पृ. 256

गांधी जी श्रम–पूँजी–सम्बन्धों में एक महत्त्वपूर्ण बहस के साथ प्रस्तुत होते हैं, वह बहस है—श्रम और राजनीति की बहस।[1] इसमें राजनीतिक हड़तालें एवं श्रम संगठनों की राजनीतिक भागीदारी की बहस भी शामिल हैं। गांधी जी का विचार था कि जब तक श्रमिक संगठित न हो जाएँ, स्वयं अपना निर्णय लेने में समर्थ न हो जाएँ, आर्थिक रूप से सक्षम न हो जाएँ तब तक राजनीतिक हड़तालें नहीं की जानी चाहिए। श्रमिकों के राजनीतिक रूप से सचेत व शिक्षित होने पर ही राजनीतिक हड़तालें की जा सकती हैं। वे कहते हैं :

'आर्थिक स्थिति में सुधार के लिए की जानेवाली हड़तालों का कोई राजनीतिक उद्‌देश्य कभी नहीं होना चाहिए। उद्‌देश्यों का यह घालमेल कभी राजनीतिक ध्येय की पूर्ति में सहायक नहीं होता। राजनीतिक हड़तालों को उनके गुण–दोषों के आधार पर लिया जाना चाहिए और उन्हें आर्थिक हड़तालों के साथ कभी सम्बद्ध नहीं किया जाना चाहिए।[2]

'मेरी राय में, राजनीतिक उद्‌देश्य के लिए श्रमिक हड़तालों का इस्तेमाल करना बड़ी भारी गलती होगी। मैं इस बात से इनकार नहीं करता कि ऐसी हड़तालों से राजनीतिक उद्‌देश्यों की पूर्ति करना सम्भव है। लेकिन यह अहिंसक असहयोग की परिधि में नहीं आता। इस बात को समझने के लिए विशेष बुद्धिमानी की दरकार नहीं है कि जब तक श्रमिक देश की राजनीतिक परिस्थिति को समझने की स्थिति में नहीं आते और सार्वजनिक हित के लिए काम करने के वास्ते तैयार नहीं होते तब तक उनका राजनीतिक इस्तेमाल करना बहुत ही खतरनाक चीज है।'[3]

गांधी जी श्रमिक संघ को राजनीतिक होने से मना करते थे क्योंकि :

1. श्रमिक शिक्षित एवं जागरूक नहीं हैं।
2. राजनीतिक दल अपने स्वार्थ के लिए उनका प्रयोग कर सकते हैं।

श्री एस.के. गोयल ने गांधी जी के श्रम–पूँजी–सम्बन्धों का विश्लेषण करते हुए स्पष्ट किया कि टी.एल.ए. (टेक्सटाइल लेबर एसोशिएशन) जैसे संगठन अन्य स्थानों पर क्यों नहीं बने जबकि मध्यस्थता जैसे सिद्धान्त सभी जगह स्वीकार्य हुए। इसका एक कारण बताते हुए उन्होंने स्पष्ट किया कि सम्भवत: श्रम संगठन एवं श्रम आन्दोलन के प्रारम्भ में गांधी जी का नेतृत्व तथा उसका राजनीतिक हड़तालों से दूरी थी जबकि अन्य स्थानों पर श्रम संगठन तथा श्रम आन्दोलन की बागडोर ऐसे

---

1. जोशी, शम्भू, गांधी और श्रम समस्या, *महात्मा गांधी और हिन्द स्वराज्य* (सं. रावत, ज्ञानेन्द्र), नटराज पब्लिकेशन, नई दिल्ली, 2007, पृ. 216
2. *हरिजन,* 11/8/1946, पृ. 256
3. *यंग इंडिया,* 16/02/1921, पृ. 52–53

व्यक्तियों के हाथों में थी जो प्रत्यक्ष–अप्रत्यक्ष रूप से राजनीतिक थे जो अपने उद्देश्यों के लिए उनके प्रयोगकर्ता थे।[1] गांधी जी उनकी राजनीतिक भूमिका से इनकार नहीं करते परन्तु यह राजनीतिक भूमिका और उसका उद्देश्य निजी या दल-हित न होकर सार्वजनिक हित होना चाहिए। वे स्पष्ट करते हुए कहते हैं :

> *'आज की स्थिति में श्रमिकों का सबसे बड़ा योगदान यह हो सकता है कि वे अपनी स्थिति में सुधार लाएँ, अपनी जानकारी के स्तर को बढ़ाएँ, अपने अधिकारों पर जोर दें और अपने मालिकों पर इस बात के लिए दबाव भी डालें कि जिन चीजों के उत्पादन में उनका (श्रमिकों का) इतना हाथ रहा है, उनका उचित उपयोग किया जाए। इसलिए श्रमिकों के अभीष्ट विकास का स्वरूप यह होना चाहिए कि वे अपना उन्नयन करके सह–स्वामी की हैसियत हासिल करें। फिलहाल हड़तालें केवल मजूदरों की दशा में सुधार लाने के लिए ही की जानी चाहिए और जब मजदूरों में राष्ट्र–प्रेम की भावना आ जाए तो हड़तालें अपने उत्पादनों की कीमतों के नियमन के लिए भी की जा सकती हैं।'*[2]

इस प्रकार हम देख सकते हैं कि गांधी जी ने हड़ताल को भी सत्य–अहिंसा पर आधारित कर उसे नवीन रूप प्रदान किया। अपने समय की आवश्यकता के अनुसार एक अहिंसक प्रक्रिया द्वारा श्रम व पूँजी के बीच सामंजस्य स्थापित करने का प्रयास किया।

न्यासिता (ट्रस्टीशिप)

अपने श्रम–पूँजी–सम्बन्ध के बारे में विचार प्रस्तुत करते हुए गांधी जी दोनों के बीच सहयोग एवं पारस्परिकता की बात कहते हैं। एक आदर्श स्थिति के रूप में श्रम–पूँजी को एक–दूसरे का पर्याय बनाते हैं परन्तु वास्तविक स्थिति में ऐसा नहीं होने पर उस आदर्श की ओर जाने हेतु उपाय भी प्रस्तावित करते हैं। ठीक उसी प्रकार स्वामित्व की समस्या पर विचार करते हुए ट्रस्टीशिप का सिद्धान्त प्रस्तुत करते हैं। यह सिद्धान्त उनके जीवन–दर्शन से प्रसूत है जिसमें पूर्वी एवं पश्चिमी सांस्कृतिक विरासत है जो आध्यात्मिक एवं धार्मिक तथा अपनी प्रकृति में नैतिक एवं सामाजिक है।[3] अपने गहन एवं विस्तृत अध्ययन से गांधी जी ने स्वामित्व की समस्या का हल भगवद्गीता और उपनिषद के जरिये प्राप्त किया।

---

1. गोयल, एस.के., *श्रम–पूँजी–सम्बन्ध,* पृ. 228
2. *यंग इंडिया,* 16/2/1921, पृ. 52–53
3. प्रधान, वेणुधर, *द सोशलिस्ट थॉट ऑफ महात्मा गांधी,* खंड–2, श्री डी.के. पब्लिकेशंस, दिल्ली, 1980, पृ. 428

गांधी जी का तात्कालिक समय सामाजिक अन्याय, आर्थिक असमानता और आर्थिक संकेन्द्रण का था। ये समस्याएँ काफी हद तक ही पूँजीवादी आर्थिक व्यवस्था का परिणाम थीं। इस व्यवस्था के परिवर्तन हेतु दो दृष्टिकोण प्रचलित थे :

एक : क्रान्ति के जरिये समूची व्यवस्था को बदलने का विचार करता था, इसके लिए हिंसा का रास्ता भी वरेण्य था।

दूसरा : इसमें आभिजात्य वर्ग यथास्थिति बनाये रखना चाहता था जो उनकी आर्थिक व राजनीतिक स्थिति को मजबूत करती थी।

ये दोनों दृष्टियाँ अतिरेकपूर्ण थीं। गांधी जी ने इस सन्दर्भ में एक नवीन दृष्टि 'ट्रस्टीशिप' प्रदान की। गांधी जी ने व्यक्ति और समाज के निरन्तर विकसनशील सिद्धान्त को स्वीकार किया। ट्रस्टीशिप का सिद्धान्त सत्य-अहिंसा को आधार बनाकर स्वामित्व की पुनर्रचना कर समाज में महत्त्वपूर्ण परिवर्तन को जन्म देता है। एक अध्येता के अनुसार गांधी जी का न्यासिता-सिद्धान्त सम्पूर्ण आर्थिक व्यवस्था के समाजीकरण के मार्क्सवादी सिद्धान्त में सकारात्मक सुधार है।[1] प्रो. जे.डी. सेठी के अनुसार, यह गांधी जी का सर्वाधिक मौलिक विचार था।[2] भारतन कुमारप्पा ने गांधी विचार की विशिष्टता की ओर संकेत करते हुए लिखा कि गांधी जी की दृष्टि ज्यादा गहरी और सूक्ष्म थी। वे यह जानते थे कि युद्ध व हिंसा तब तक खत्म नहीं किये जा सकते हैं जब तक कि सामाजिक, आर्थिक, राजनीतिक जीवन में से हिंसा के बीजों को हटा न दिया जाए। वे व्यक्ति के भीतर और उसके चारों ओर व्याप्त वातावरण में उपस्थित हिंसा को जड़मूल से समाप्त करना चाहते थे। उनके उपाय ज्यादा क्रान्तिकारी और दूरगामी हैं।[3] हम कह सकते हैं कि ट्रस्टीशिप/न्यासिता इसी का हिस्सा है। गांधी जी ने स्वामित्व के विचार को भ्रामक एवं हिंसापूर्ण बताते हुए उसमें सुधार किया। तात्कालिक स्वामित्व विचार व्यक्ति को व्यक्ति और प्रकृति पर विशेषाधिकार प्रदान करते हुए मानवीय कानून और सामाजिक कायदों को अतिक्रमित करता है। यह अवधारणा समाज में शोषण, स्वार्थ, परिग्रह को आश्रय देते हुए संघर्ष को बढ़ाती है। अतएव उन्होंने इसे अहिंसक संघर्ष में तब्दील किया। उनका न्यासिता का सिद्धान्त एक विकसनशील सिद्धान्त रहा है। किसी समय या स्थान विशेष पर इसकी उत्पत्ति नहीं की जा सकती है।

---

1. गुप्ता, एस.एस., *इकोनॉमिक फिलॉसफी ऑफ महात्मा गांधी,* कॉन्सेप्ट पब्लिशिंग कम्पनी, नई दिल्ली, 1994, पृ. 142
2. सेठी, प्रो. जे.डी., द *ग्रांड अल्टरनेटिव, ट्रस्टीशिप* (सं. भारतन, आर.के.), श्रीनिकेतन, मद्रास, 1979, पृ. 62
3. कुमारप्पा, भारतन, *गांधी फॉर पेसिफिस्ट,* नवजीवन, अहमदाबाद, 1949, पृ. 147

अपनी पुस्तक 'गांधी'ज ट्रस्टीशिप' में लेखिका ने न्यासिता-सिद्धान्त के विकास को तीन चरणों में विभाजित किया :

1. दक्षिण अफ्रीका से भारत आगमन (प्रथम चरण),
2. 1934-1946 (द्वितीय चरण),
3. 1946-1947 (तृतीय चरण)। [1]

गीता अब्रोल ने स्पष्ट किया कि न्यासिता के पीछे एक धार्मिक गांधी मात्र नहीं है बल्कि एक वकील गांधी भी है। इस भूमिका ने भी न्यासिता-सिद्धान्त को विकसित करने में महत्त्वपूर्ण योगदान दिया है। न्यासिता के सिद्धान्त को उन्होंने विधिशास्त्रीय ग्रंथों से प्राप्त किया।[2] तत्त्वमसि के अनुसार गांधी जी ने न्यासिता की विचारधारा को चार आयाम दिये :

1. शाश्वत सम-वितरण की अहिंसा प्रक्रिया,
2. व्यावहारिक मनोविज्ञान पर आधारित अहिंसक सम-वितरण की श्रेष्ठता,
3. ट्रस्टीशिप का प्रयोग अहिंसा द्वारा सम्भव,
4. ट्रस्टीशिप : अहिंसक समाजवादी परिवर्तन एवं सम्पत्ति के सम-वितरण का उपकरण। [3]

तार्किकता

प्रस्तुत न्यासिता-सिद्धान्त के सम्बन्ध में गांधी जी ने अपनी आत्मकथा में लिखा कि [4] :

> *'गीता के अध्ययन के फलस्वरूप 'ट्रस्टी' शब्द का अर्थ विशेष रूप से समझ में आया।'*

गांधी जी के अनुसार ट्रस्टी या न्यासी वह है जो ट्रस्ट के अपने दायित्वों को ईमानदारी से और अपने आश्रितों के सर्वोपरि हित के लिए निभाता है। प्रो. अजीत

1. कपूर, अर्चना, *गांधी'ज ट्रस्टीशिप : कॉन्सेप्ट एंड रिलिवेंस,* दीप एंड दीप पब्लिकेशंस, नई दिल्ली, 1993, पृ. 4
2. अब्रोल, गीता, गांधियन डॉक्ट्रीन ऑफ ट्रस्टीशिप एंड इट्स रिलिवेंस टू मॉडर्न टाइम्स, *गांधियन थॉट्स एंड कंटेम्परारि सोसायटी* (सं. माथुर, प्रो. जे.एस.), भारतीय विद्या भवन, बॉम्बे, 1974, पृ. 147
3. तत्त्वमसि, *महात्मा गांधी का ट्रस्टीशिप सिद्धान्त,* राष्ट्रीय गांधी संग्रहालय तथा राधा पब्लिकेशंस, नई दिल्ली, 2003, पृ. 49
4. गांधी, मो. क., *सत्य के प्रयोग अथवा आत्मकथा* (अनु. काशिनाथ त्रिवेदी), नवजीवन प्रकाशन मन्दिर, अहमदाबाद, दिसम्बर, 2003, पृ. 238

के. दासगुप्ता के अनुसार अपने न्यासिता-सिद्धान्त के लिए गांधी जी ने तीन महत्त्वपूर्ण तर्क दिये हैं :

1. यह अहिंसा के सिद्धान्त पर आधारित है।
2. परोपकारिता और आत्महित को संयुक्त करना सम्भव है।
3. नैसर्गिक क्षमता/कौशल असमान रूप से वितरित है। उद्यमशीलता कौशल का सही उपयोग समाज के लिए हितकर है।[1]

गांधी जी द्वारा प्रस्तुत न्यासिता-सिद्धान्त की तार्किकता को हम निम्नानुसार बिन्दुओं के माध्यम से अभिव्यक्त कर सकते हैं :

1. गांधी जी न्यासिता को 'यज्ञ' की अवधारणा के साथ जोड़ते हैं। उनके लिए यज्ञ का अर्थ है :

   'कोई ऐसा कृत्य जो फल की कामना के बगैर दूसरों के कल्याण के लिए किया गया हो, यह कृत्य लौकिक या आध्यात्मिक किसी भी प्रकार का हो सकता है। इसके अलावा मौलिक त्याग कोई ऐसा कृत्य होना चाहिए जो अधिकतम व्यापक क्षेत्र के अधिकतम जीवों का अधिकतम कल्याण करनेवाला हो और जिसे अधिकतम स्त्री-पुरुष कम-से-कम कष्ट उठाकर कर सकते हों। तदनुसार किसी तथाकथित ऊँचे उद्देश्य के लिए किया गया कृत्य यदि एक जीव को भी हानि पहुँचाने के उद्देश्य से किया गया हो तो वह यज्ञ नहीं कहला सकता, महायज्ञ तो और भी नहीं।'[2]

   यह उद्धरण इस बात की ओर इंगित करता है कि व्यक्ति स्वार्थ से ऊपर उठकर अन्य लोगों के हित में जब कार्य करता है तभी उसका कार्य त्यागपूर्ण होता है। स्मरण रखना होगा कि 'सर्वोदय' के सिद्धान्त के अनुसार सबकी भलाई में ही स्वयं की भलाई निहित है। परन्तु सबकी भलाई स्वयमेव नहीं हो सकती। इसका आधार हर व्यक्ति द्वारा अपने त्यागपूर्ण कर्म में है। न्यासिता का आधार भी यही त्याग है।

2. गांधी जी न्यासिता के आधार के रूप में *ईशोपनिषद* के मंत्र 'ईशावास्यमिदम् सर्वम्' की व्याख्या को प्रस्तुत करते हैं। वे कहते हैं :

'तेन त्यक्तेन भुंजीथा:'—*अपनी सम्पत्ति का त्याग करके तू उसे भोग। इसको जरा विस्तार से समझाकर कहूँ तो यह कहूँगा : 'तू करोड़ों खुशी से*

---

1. दासगुप्ता, अजीत के., *गांधी'ज इकोनॉमिक थॉट्स*, राउटलीज, न्यूयॉर्क, 1996, पृ. 120
2. गांधी, मो. क., *फ्रॉम यर्वदा मन्दिर : आश्रम ऑब्जर्वेंसेज* (अनु. वी.जी. देसाई), नवजीवन पब्लिशिंग हाउस, अहमदाबाद, 1957, पृ. 53-56

कमा। लेकिन समझ ले कि तेरा धन सिर्फ तेरा नहीं, सारी दुनिया का है, इसलिए जितनी तेरी सच्ची जरूरतें हों, उतनी पूरी करने के बाद जो बचे, उसका उपयोग तू समाज के लिए कर।'[1]

गांधी जी इस मंत्र द्वारा एक तरह के 'अनासक्त' स्वामित्व की अवधारणा लाते हैं।[2] प्रो. नन्दकिशोर आचार्य के अनुसार, यज्ञ की अवधारणा और *ईशावास्यमिदम् सर्वम्* के माध्यम से गांधी जी स्वामित्व के सवाल का एक ऐसा समाधान प्रस्तुत करते हैं जो केवल व्यक्तिगत सदाशयता पर निर्भर नहीं रहता बल्कि एक संस्थागत परिवर्तन बन जाता है।[3] यह 'अनासक्त' स्वामित्व अपनी बुनियादी जरूरतों को पूरा करने के पश्चात समाज के कल्याण हेतु तत्परता है।

3. गांधी जी न्यासिता के आधार के रूप में 'अपरिग्रह एवं अस्तेय' के धार्मिक सिद्धान्त को अर्थशास्त्रीय आयाम प्रदान करते हैं और उसे एक अहिंसक अर्थव्यवस्था की बुनियाद बनाते हैं। वे अपनी आवश्यकता से अधिक संग्रह करने को अपरिग्रह एवं अस्तेय में शामिल करते हुए इसे चोरी की संज्ञा देते हैं। वे इसे प्रकृति का बुनियादी नियम[4] भी कहते हैं :

'अगर मैं कोई ऐसी चीज लेकर अपने पास रख लेता हूँ जिसकी मुझे तत्काल आवश्यकता नहीं है तो मैं किसी अन्य व्यक्ति से वह चीज चुरा रहा हूँ। प्रकृति का यह मौलिक नियम है, जिसका कोई अपवाद नहीं है कि वह हमारी दैनन्दिनी आवश्यकताओं की पूर्ति के लिए जितना जरूरी है, ठीक उतना ही उत्पादन करती है; और यदि प्रत्येक व्यक्ति उसमें से सिर्फ उतना ही हिस्सा ले जितने की उसे जरूरत है और फालतू बिलकुल न ले तो दुनिया में से कंगाली उठ जाएगी और कोई आदमी भूख से नहीं मरेगा।'

यहाँ यह स्पष्ट है कि यदि प्रकृति का यह नियम है कि वह हमारी आवश्यकता के अनुसार, उत्पादन करती है जिससे जरूरतें पूरी हो सकें तो एक वैज्ञानिक दृष्टि यह हो सकती है कि इसी नियम का पालन करते हुए

---

1. *हरिजन,* 01/02/1942, पृ. 20
2. आचार्य, नन्दकिशोर, *सभ्यता का विकल्प* (गांधी–दृष्टि का पुनराविष्कार), वाग्देवी प्रकाशन, बीकानेर, 1995, पृ. 58
3. वही
4. *स्पीचेज एंड राइटिंग्स ऑफ महात्मा गांधी,* जी.ए. नटेसन एंड कं., मद्रास, 1933, चतुर्थ संस्करण, पृ. 377–90

हम सामाजिक कायदों का संचालन करें। एक अन्य लेखक ने अपरिग्रह को 'ममत्व विसर्जन की कला' कहा है।[1] यहाँ ममत्व (स्वामित्व का स्वार्थ-प्रेरित मोह) विसर्जित हो जाता है यानी स्वामित्व की स्वार्थ-प्रेरणा विसर्जित होती है, स्वामित्व बना रहता है। मगर अब स्वामित्व की प्रेरणा स्वहित से परहित की ओर विसर्जित हो जाती है।

4. गांधी जी सामाजिक न्याय को न्यासिता-विचार की स्थापना में महत्त्वपूर्ण स्थान प्रदान करते हैं। एक राष्ट्र में उपलब्ध समस्त संसाधनों पर राष्ट्र के समस्त नागरिकों का समान अधिकार होना चाहिए। किसी एक व्यक्ति या समूह को यह अधिकार नहीं है कि वह इन संसाधनों का उपयोग—या कहना चाहिए शोषण—अपने हित एवं लाभ-वृद्धि हेतु करे, फिर चाहे इससे व्यापक समाज हित का नुकसान हो। यह स्थिति किसी भी तरह से उचित नहीं कही जा सकती है। वस्तुतः ऐसी दृष्टि नागरिकों के बीच असमानता का स्वीकार है और मूलतः सामाजिक न्याय की विरोधी है। सामाजिक न्याय व्यक्तियों के बीच हर तरह की समानता का स्वीकार है। इसमें हर व्यक्ति को अवसर की समानता, मानवीय गरिमा, अपने सर्वांगीण विकास हेतु उचित वातावरण निर्माण, लाभ में समान भागीदारी इत्यादि बातें शामिल हैं। हर व्यक्ति को अपनी आजीविका कमाने और काम के अवसर का समान अधिकार सामाजिक न्याय की पूर्व शर्त कही जा सकती है। वे कहते हैं :

   'प्रत्येक व्यक्ति को अपने जीवन-निर्वाह के लिए पर्याप्त काम उपलब्ध होना चाहिए। यह आदर्श सर्वत्र तभी प्राप्त किया जा सकता है जब जीवन की बुनियादी आवश्यकताओं के उत्पादन के साधन आम जनता के नियंत्रण में हों। ये उसी प्रकार सबको मुफ्त रूप से उपलब्ध होने चाहिए जिस प्रकार ईश्वर की दी हुई वायु और जल है; इन्हें दूसरों के शोषण का अवैध साधन नहीं बनाया जाना चाहिए। किसी भी देश, राष्ट्र या व्यक्ति-समूह द्वारा इन पर एकाधिकार करना अनुचित है।'[2]

5. हम सभी इस तथ्य से अवगत हैं कि कोई व्यक्ति समाज के उपलब्ध संसाधनों के आधार पर ही सब कुछ अर्जित करता है यानी समाज के द्वारा ही समस्त उपार्जित आय/सम्पत्ति प्राप्त करता है। बिना समाज की सम्पत्ति का उपयोग किये किसी भी प्रकार का सम्पत्ति-निर्माण/आय-सृजन सम्भव

---

1. जैन, डॉ. नेमिचन्द्र, अपरिग्रह ममत्व विसर्जन की कला, *जिनवाणी,* सम्यक् ज्ञान प्रचारक मंडल, जयपुर, 1986, पृ. 106
2. *यंग इंडिया,* 15/11/1928, पृ. 381

नहीं है। अतः जब आय/सम्पत्ति-सृजन की प्रक्रिया ही सामाजिक है तो उसके लाभ भी सामाजिक होने चाहिए। वे व्यक्तिगत नहीं हो सकते। जिन सामाजिक आयामों की सहायता से व्यक्ति सम्पत्ति/आय-सृजन करता है, उन्हें भी लाभ समान रूप से प्राप्त होने चाहिए। प्रो. नन्दकिशोर आचार्य[1] ने न्यासिता को न्यायोचित ठहराते हुए यह तर्क देते हुए लिखा कि उत्पादन के प्राकृतिक वित्तीय ज्ञानात्मक एवं मानवीय संसाधनों पर किसी का वैयक्तिक स्वामित्व न्यायोचित नहीं ठहरता। साथ ही, इस उत्पादन से होनेवाले मुनाफे पर भी वैयक्तिक स्वामित्व स्वीकार करना न्याय की बुनियादी अवधारणा को भूलना है। इसमें आगे बढ़कर प्रो. आचार्य कहते हैं कि वर्तमान विकास की एक अवधारणा अन्तर्संतति न्याय (इंटरजेनरेशनल जस्टिस) के नजरिये से भी वैयक्तिक स्वामित्व की अवधारणा न्यायोचित नहीं रहती है।

गांधी जी कहते हैं कि जब सामूहिक उत्पादन है तो उसके लाभ-वितरण भी समान होने चाहिए। उनके अनुसार :

'मेरा आदर्श समान वितरण है, पर जहाँ तक मैं देख पाता हूँ, उसे हासिल करना सम्भव नहीं है। इसलिए मैं न्यायोचित वितरण का प्रयास कर रहा हूँ।'[2]

यहाँ समान वितरण का तात्पर्य हर एक की बुनियादी जरूरतें पूरी होना है। हर व्यक्ति की बुनियादी जरूरतें पूरी होना ही समाज की प्राथमिकता है। इस समान वितरण का तात्पर्य हर एक के पास समान धनराशि का वितरण होना नहीं है बल्कि उसकी जरूरत के मुताबिक आवश्यक संसाधन उपलब्ध कराना है। यह भी सामाजिक न्याय का ही एक अंग है जो न्यासिता पूरा करता है।

उपर्युक्त आधारों पर यह स्पष्ट है कि गांधी जी समाज में विद्यमान असमानता को समाप्त करने हेतु एक अहिंसक आधार उपलब्ध कराते हैं। अपनी अहिंसा दृष्टि के जरिये वे स्वामित्व की अवधारणा में सार्थक बदलाव का रचनात्मक प्रयास करते हैं।

चतुर्यामी प्रक्रिया

प्रो. जे.डी. सेठी ने न्यासिता विचार में निहित तीन गांधीवादी मूल्यों की ओर ध्यान आकृष्ट किया है :

1. आचार्य नन्दकिशोर, *सत्याग्रह की संस्कृति,* वाग्देवी प्रकाशन, बीकानेर, 2008, पृ. 76-78
2. *यंग इंडिया,* 17/03/1927, पृ. 86

1. यह सीधे या राज्य के जरिये व्यक्तिगत स्वामित्व का रूपान्तरण करता है, साथ ही राज्य से सामुदायिक स्वामित्व की ओर। यह सामुदायिक स्वामित्व सामाजिक बुनियादी जरूरतों को प्राथमिकता देता और स्वार्थहीन सेवा करता है।
2. यह एक सीमित आर्थिक क्रिया नहीं है, यह सम्पत्ति और धन के स्वामियों को उससे अलग करने की अहिंसक प्रविधि है।[1]

श्री बी.एन. गांगुली ने अपनी पुस्तक '*गांधी'ज सोशल फिलॉसफी*' में लिखा कि '*गांधी जी ट्रस्टीशिप को प्रस्तुत करते हुए सामाजिक तौर पर पूँजी निर्माण की बात कर रहे थे और उस पर सामाजिक नियंत्रण पर विचार कर रहे थे।...एक ओर इसका अर्थ समुदाय के स्तर पर नियंत्रण के सामाजिक आयाम से था तो दूसरी ओर पूँजीवाद के समाज-विरोधी चरित्र से था।*'[2] इसके साथ ही श्री गांगुली यह भी स्पष्ट करते हैं कि '*गांधी जी का न्यासिता-सिद्धान्त उस पूँजी और सम्पत्ति की अकष्टकर समाप्ति का रास्ता सुझाता है जो सामाजिक सम्बन्धों में अन्यायपूर्ण असमानता और उसके परिणामस्वरूप हिंसा और शोषण को जन्म देते हैं।...पूँजी श्रम समाज के सहयोगी प्रयास का परिणाम है। अतः गांधी जी का तर्क था कि पूँजी में अन्तर्निहित सम्पत्ति, उत्पादक सत्ता समाज कल्याण में न्यास रूप में अनिवार्य रूप से होनी चाहिए न कि मनुष्यों पर सत्ता कायम करने; असामाजिक लक्ष्यों के प्रयोग या अधिक सम्पदा पर अधिकार जमाने के उद्‌देश्य के लिए।*'[3]

गांधी जी द्वारा प्रस्तुत न्यासिता-सिद्धान्त के क्रियात्मक पक्ष को अलग-अलग विद्वानों ने विभिन्न तरीके से व्याख्यायित किया है। प्रो. नन्दकिशोर आचार्य ने इसके तीन आयाम बताए हैं—पूँजीपति, श्रमिक एवं राज्य।[4] प्रो. जे.डी. सेठी के अनुसार न्यासिता के चार नैतिक आर्थिक आयाम हैं :

1. अपरिग्रह,
2. शोषण-मुक्ति,
3. शरीर-श्रम,
4. समान वितरण।[5]

---

1. सेठी, प्रो. जे.डी., *गांधियन वैल्यूज एंड 20th सेंचुरी चैलेंजेज*, पब्लिकेशन डिवीजन, भारत सरकार, नई दिल्ली, 1979, पृ. 38
2. गांगुली, वी.एन., *गांधी'ज सोशल फिलॉसफी : पर्सपेक्टिव एंड रिलिवेंस*, नेशनल गांधी म्यूजियम एंड राधा पब्लिकेशंस, नई दिल्ली, 2000, पृ. 276
3. वही, पृ. 270
4. आचार्य, नन्दकिशोर, *सत्याग्रह की संस्कृति*, पृ. 76-78
5. सेठी, प्रो. जे.डी., ट्रस्टीशिप एंड द क्राइसिस इन इकोनॉमिक थियरी, *ट्रस्टीशिप : द गांधियन अल्टरनेटिव* (सं. सेठी, प्रो. जे.डी.), गांधी पीस फाउंडेशन, नई दिल्ली, 1986, पृ. 92

गांधी जी द्वारा प्रस्तुत न्यासिता-सिद्धान्त एक चतुर्यामी कार्यक्रम है :

चतुर्यामी प्रक्रिया

गांधी जी पूँजीपतियों, मिल-मालिकों से यह उम्मीद करते हैं कि उन्हें एक न्यासी की तरह कार्य करना चाहिए। अपनी पूँजी को न्यास में तब्दील कर उसका प्रयोग समाज के हित में करना चाहिए। वे पूँजीपतियों से आह्वान करते हैं :

> *'मैं उन व्यक्तियों को, जो आज अपने-आपको मालिक समझ रहे हैं, न्यासी रूप में काम करने के लिए आमंत्रित कर रहा हूँ अर्थात् यह आग्रह कर रहा हूँ कि वे स्वयं को अपने अधिकार की बदौलत मालिक न समझें, बल्कि उनके अधिकार की बदौलत मालिक समझें जिनका उन्होंने शोषण किया है।'*[1]

---

1. *यंग इंडिया,* 26/11/1931, पृ. 369

ऐसा कहते हुए वे पूँजीपतियों को नैतिक रूप से प्रश्नांकित कर रहे होते हैं कि उनकी सम्पत्ति मूलतः शोषण का पर्याय है। साथ ही वे पूँजीपतियों को अपरिग्रह/स्वैच्छिक गरीबी अपनाने को कहते हैं। यहाँ यह स्पष्ट करना आवश्यक है कि स्वैच्छिक गरीबी का स्वीकार बुनियादी जरूरतों के पूरे होने के पश्चात की अवस्था है जहाँ व्यक्ति बुनियादी जरूरतों के बाद ऐसी जीवन-शैली अपनाए जो समाज के अधिकांश लोगों के साथ साम्य बिठा सके। साथ ही वे पूँजीपतियों को भी शरीर-श्रम पर आधारित जीवन-शैली का प्रस्ताव करते हैं। जैसाकि पूर्व में उल्लेख किया जा चुका है कि गांधी जी पूँजीवाद का नाश चाहते हैं, पूँजीपति का नहीं। वे कहते हैं :

> *'सम्पत्तिधारी वर्ग ने जो व्यापारिक बुद्धि तथा जानकारी पीढ़ियों के अनुभव तथा विशेषता के जरिये हासिल की है, उसे हमें कम करके नहीं आँकना चाहिए। मेरी योजना के अन्तर्गत जनता उसका उपयोग मुफ्त में कर सकेगी।'*[1]

यह महत्त्वपूर्ण है कि गांधी जी पूँजीपतियों के हृदय-परिवर्तन के जरिये उनके नैतिक उत्कर्ष की आकांक्षा रखते हैं। इसके पीछे यह तर्क है कि हिंसा केवल शोषित को ही क्षति नहीं पहुँचाती बल्कि शोषक के प्रति पहले हिंसक होती है यानी शोषक स्वयं पहले अपनी मनुष्यता त्यागकर अपने प्रति हिंसक होता है तब अन्य के प्रति हिंसक होता है, अतएव किसी भी प्रकार की हिंसा सर्वप्रथम अपने प्रति हिंसा है। गांधी जी इस तर्क के आधार पर पूँजीपतियों को यह अवसर देते प्रतीत होते हैं कि वे स्वयं तथा दूसरों के प्रति की जानेवाली हिंसा से मुक्त हो सकें।

प्रो. आर.एस. द्विवेदी ने पूँजीपतियों सम्बन्धी अवधारणा की ओर इंगित करते हुए न्यासिता-सिद्धान्त की दो पूर्व शर्तों को बताया :

1. *ईमानदारी न्यासी की पहली और सर्वाधिक महत्त्वपूर्ण पूर्व शर्त है। पूरी न्यासिता-व्यवस्था न्यासी के ईमानदार होने पर निर्भर है।*
2. टी.के. उन्नीथान के अनुसार *व्यक्ति का पुनर्निर्माण है। यह दोनों तरफ से है। एक ओर धनिकों को स्वयं को बदलना होगा और जिस समाज में रह रहे हैं, उनमें अपनी सेवाएँ देनी होंगी। अपनी आवश्यकताएँ कम करनी होंगी। वहीं दूसरी ओर वंचितों को धनिकों के अच्छे इरादों पर विश्वास करना होगा। साथ ही श्रम करने के अपने कर्तव्य को करना होगा।*[2]

न्यासिता-सिद्धान्त के पूँजीपति के बने रहने के पीछे यह भी तर्क है कि उनके अनुभवों का लाभ उठाया जाए। जैसाकि हम सभी जानते हैं कि साम्यवादी रूस में

1. उद्धृत, दासगुप्ता, अजीत.के., *गांधी'ज इकोनॉमिक थॉट्स*, पृ. 121
2. द्विवेदी, प्रो. आर.एस., द गांधियन ट्रस्टीशिप सिस्टम विथ स्पेशल रेफरेंस टू लेबर रिलेशंस, *इंडियन जर्नल ऑफ इंडस्ट्रियल रिलेशंस,* खंड-17, अंक 3 (जनवरी, 1982), पृ. 429-39

भी 1917 की क्रान्ति के बाद राज्य उत्पादन व्यवस्था में मैनेजर पद का उद्भव हुआ जो उत्पादन व्यवस्था को देखता था। गांधी जी चाहते थे कि पूँजीपति अपने कौशल एवं अनुभव का प्रयोग जनता के हित में करे। सबसे महत्त्वपूर्ण बात की ओर इंगित करते हुए वे अपनी चिर-परिचित शैली से अलग चेतावनी देने के अन्दाज में कहते हैं :

'आज के धनवानों को वर्ग-संघर्ष और स्वेच्छा से धन के ट्रस्टी बन जाने के दो रास्तों में से एक रास्ता चुनवा लेना होगा।'[1]

पूँजीपतियों का हृदय-परिवर्तन का विचार गांधी-विचार की विशिष्टता है। इसका मूल इस अहिंसा दृष्टि में है कि प्रत्येक व्यक्ति सद्गुण-सम्पन्न है। कोई व्यक्ति ऐसा नहीं है जो सुधार से परे हो। गांधी जी की दृष्टि में मानव का स्वभाव परिवर्तित किया जा सकता है। मगर यह परिवर्तन हिंसक नहीं बल्कि अहिंसक प्रक्रिया द्वारा लाया जाना चाहिए।

इस बिन्दु पर यह प्रश्न उठना स्वाभाविक है कि श्रमिक उस दिन की प्रतीक्षा करें कि कब पूँजीपतियों का हृदय-परिवर्तन होगा और कब वे न्यासिता को स्वीकार करते हुए न्यासी बनेंगे? गांधी जी श्रमिकों से यह अपील करते हैं कि उन्हें पूँजीपतियों के हृदय-परिवर्तन की अनन्तकाल तक इन्तजार करने की आवश्यकता नहीं है। यदि उन्हें ऐसा प्रतीत हो कि पूँजीपति उनके जायज हकों को स्वीकार नहीं कर रहा है तो वे बिना किसी परिवर्तन की प्रतीक्षा किये असहयोग, सविनय अवज्ञा का प्रयोग करते हुए सत्याग्रह की शुरुआत कर सकते हैं। सत्याग्रह किसी भी अन्याय के विरुद्ध अहिंसक संघर्ष का कारगर उपाय है। स्वयं गांधी जी ने इसका प्रयोग कर अन्याय के विरुद्ध संघर्ष किया। श्रम संगठनों के सम्बन्ध में जब गांधी जी शिक्षा की बात करते थे, वहाँ उनका अर्थ असहयोग व सविनय अवज्ञा की शिक्षा से भी था।[2]

असहयोग की व्याख्या करते हुए गांधी जी उसे एक व्यापक अर्थ प्रदान करते हैं :

'मैं नॉन को-ऑपरेटर (असहयोगी) हूँ।...लेकिन मैं असहयोग इसलिए करता हूँ कि सहयोग कर सकूँ।...यह किसी पर उपकार नहीं करता; यह असहयोग बुराई करनेवालों के साथ नहीं, बल्कि बुराई के साथ एक बुरी प्रणाली के साथ है।'[3]

---

1. *हरिजन*, 31/03/1946, पृ. 63-64
2. जोशी, शम्भू, *गांधी और श्रम समस्या* (महात्मा गांधी और हिन्द स्वराज, सं. रावत, ज्ञानेन्द्र), श्रीनटराज पब्लिकेशन, दिल्ली, 2007, पृ. 221
3. *यंग इंडिया*, 20/08/1925, पृ. 285

श्रम-पूँजी-सम्बन्धों में श्रमिकों की शक्ति उनके असहयोग में निहित है। इस असहयोग का मतलब है—पूँजीपतियों द्वारा किये जानेवाले शोषण में भागीदारी से मना करना या दूसरे शब्दों में, असहयोग का अर्थ है—एक समतापूर्ण सहयोग की शुरुआत। ऐसा सहयोग, जिसमें श्रम-पूँजी एक समान हो। गांधी इसे और स्पष्ट करते हुए कहते हैं :

'एक बड़ा जानदार शब्द है— यह अंग्रेजी में भी है, फ्रेंच में भी है और विश्व की सभी भाषाओं में है, वह शब्द है— नहीं। जो रहस्य हमें हाथ लगा है, वह यह है कि जब पूँजीपति यह चाहें कि श्रमिक 'हाँ' कहें तो श्रमिक को, यदि उसका मन्तव्य 'न' है तो पूरे जोर के साथ 'नहीं' कह देना चाहिए। इसके साथ ही श्रमिकों को यह बात समझ में आ जाएगी कि उनके सामने दो विकल्प हैं— जब 'हाँ' कहना चाहें तो 'हाँ' करने का, और जब 'ना' कहना चाहें तो 'ना' करने का। जब ऐसी स्थिति उत्पन्न हो जाएगी तो श्रम पूँजी से स्वतंत्र हो जाएगा और पूँजी को श्रम की मनुहार करनी पड़ेगी।'[1]

श्रमिक द्वारा किया जानेवाला यह अहिंसक असहयोग पूँजी को श्रम की महत्ता का भान करा सकेगा और शोषण-मुक्ति को सम्भव बनाकर समानतापूर्ण सहयोग की नई शुरुआत सम्भव हो पाएगी। गांधी जी यह भी दर्शाते हैं कि पूँजी के साथ न्यासी होना अनिवार्य है तो श्रम को इससे कैसे मुक्त किया जा सकता है? इसका कारण यह है कि श्रम भी तो स्वयं में एक पूँजी का ही रूप है, अत: श्रमिक को भी न्यासी होना होगा, क्योंकि वह श्रम-रूपी सम्पत्ति का मालिक है। श्रमिक का न्यासीपन अपने अधिकार एवं कर्तव्यों की पूर्ति में सम्भव है। जहाँ वह पूँजी के साथ सहयोग कर एक समाजोपयोगी उत्पादन में हिस्सा लेता है और जीवन की बुनियादी जरूरतें पूरी कर सकता है, वहीं दूसरी ओर श्रम संगठन के जरिये अपने अधिकारों की पूर्ति कर समाज में एक बेहतर वातावरण-निर्माण का मार्ग प्रशस्त करता है।

गांधी जी ने देखा कि श्रम व पूँजी, दोनों ही सत्ता के प्रकार हैं। यह सत्ता सृजनात्मक और विध्वंसात्मक, दोनों ही दिशाओं में जा सकती है। उनका प्रयास था कि इन दोनों ही सत्ताओं का प्रयोग एक-दूसरे के सहयोग से पारस्परिक उन्नयन के लिए किया जाए जो व्यापक समाज के कल्याण को भी प्राप्त कर सके।

गांधी जी उपभोक्ता को भी अपने न्यासिता-सिद्धान्त का हिस्सा बनाते हैं।[2] उनके अनुसार श्रम-पूँजी आपस में एक-दूसरे का सहयोग करते हुए 'न्यासी' बन जाएँ और समाज के कल्याण हेतु अपनी भूमिका अदा करें। दोनों मिलकर उपभोक्ता

1. *यंग इंडिया*, 14/01/1932, पृ. 17-18
2. जोशी, शम्भू, वही, पृ. 221

के न्यासी बनें ताकि समाज में सबके हितों का कल्याण हो सके। गांधी जी की दृष्टि में यदि औद्योगिक सम्बन्ध (श्रम-पूँजी सम्बन्ध) सामाजिक जीवन का ही एक भाग है तो वह व्यापक समाज के प्रति अपनी जिम्मेदारी से नहीं भाग सकता है। वे कहते हैं :

> *'...सच तो यह है कि तब पूँजीपति और श्रमिक एक-दूसरे के न्यासी बन जाएँगे और दोनों मिलकर उपभोक्ताओं के संयुक्त न्यासी बन जाएँगे। मेरा न्यासीपन का सिद्धान्त, जैसाकि मैंने समझाया है, एक पारस्परिक और उभयपक्षी चीज है; इसमें प्रत्येक सम्बन्धित पक्ष यही मानता है कि दूसरे पक्ष के हितों की रक्षा में ही उसका अपना सबसे अधिक हित है।'*[1]

इसके साथ ही वे यह भी अपेक्षा करते हैं कि इसी न्यासी-भाव में लाभांश, मजदूरी और कीमतों के बीच सामंजस्य स्थापित हो जाए। यह तभी सम्भव है जब श्रम-पूँजी एक-दूसरे का सहयोग कर समाज की भलाई के लिए अपना लक्ष्य स्थापित करें।

> *'एक ऐसा वक्त जरूर आएगा और वह जल्द आए, उतना ही अच्छा होगा— जब भागीदारों के लाभांश, मजदूरों की मजदूरी और उपभोक्ताओं द्वारा अदा की जानेवाली कीमतों के बीच समुचित सामंजस्य स्थापित हो जाएगा।'*[2]

यह उद्धरण श्रम व पूँजी के उपभोक्ताओं के प्रति न्यासी बनने की प्रक्रिया का एक हिस्सा है। गांधी जी के लिए उचित कीमत-निर्धारण दोनों पक्षों का समाज के प्रति दायित्व है। साथ ही, वे यह भी प्रस्ताव करते हैं कि जब उपभोक्ता भी इसी व्यवस्था का हिस्सा है तब वह अपने उत्तरदायित्वों से कैसे विमुख हो सकता है? उनके अनुसार, यदि पूँजीपति का 'हृदय-परिवर्तन' न हो रहा हो, श्रमिक असहयोग, सविनय अवज्ञा आदि सत्याग्रह का प्रयोग कर रहा हो या न कर रहा हो, ऐसी स्थिति में उपभोक्ता का दायित्व है कि वह उन वस्तुओं का बहिष्कार करे जो शोषण से उत्पन्न की जा रही हो। अगर कोई वस्तु शोषण से उत्पन्न है तो उपभोक्ता का उस सम्पूर्ण व्यवस्था के प्रति सत्याग्रह करना कर्तव्य हो जाता है। ऐसे में उपभोक्ता एक सत्याग्रही उपभोक्ता हो जाता है। समाज की भी यह जिम्मेदारी है कि वह स्वस्थ औद्योगिक सम्बन्धों को स्थापित करे। समाज अपनी भूमिका से पलायन नहीं कर सकता है। अत: यदि कोई भी पक्ष स्वस्थ औद्योगिक सम्बन्धों की स्थापना में बाधा उत्पन्न करता है तो उसके प्रति सत्याग्रह उपभोक्ता सहित

---

1. *सम्पूर्ण गांधी वाङ्मय,* खंड-67, पृ. 153
2. वही, खंड-20, पृ. 508

सम्पूर्ण समाज का भी दायित्व स्वयमेव हो जाता है। इस उत्तरदायित्व को प्रकट करते हुए वे कहते हैं :

> *'शोषित श्रम द्वारा तैयार की गई वस्तुओं को खरीदना और इनका इस्तेमाल करना पापयुक्त है।'*[1]

प्रो. आर.एस. द्विवेदी के अनुसार[2] वर्तमान असमानताएँ जनता की अज्ञानता (इग्नोरेंस) का नतीजा हैं। जनता को उनकी क्षमता का परिचय करवाकर असमानता समाप्त की जा सकती है।

न्यासिता केवल व्यक्तिगत परिवर्तन पर ही निर्भर नहीं है। यह उत्पादन की प्रक्रिया में परिवर्तन करता है। उसे स्वदेशी और लोगों के द्वारा वृहद् उत्पादन में तब्दील करता है। बुनियादी जरूरतों को प्राथमिकता देते हुए उत्पादन करता है। उत्पादन में धनिक और श्रमिक एक समान आजीविका पाते हैं। यह न्यायोचित वितरण की बात करता है। स्वामित्व एक सामूहिक स्वामित्व को स्थापित करता है। आवश्यकता होने पर राज्य का हस्तक्षेप भी स्वीकार करता है।

गांधी जी का प्रारम्भ से ही विचार था कि पूँजीपति स्वेच्छापूर्वक न्यासिता को स्वीकार कर लें परन्तु ऐसा न किये जाने पर वे राज्य के हस्तक्षेप को स्वीकार करते हैं। वे राज्य द्वारा कानून बनाकर न्यासिता कार्यक्रम को लागू करना प्रस्तावित करते हैं। वे कहते हैं :

> *'मुझे बड़ी प्रसन्नता होगी अगर लोग न्यासी के रूप में आचरण करें, लेकिन यदि वे ऐसा नहीं कर पाते तो हमें राज्य के जरिये न्यूनतम हिंसा का प्रयोग करते हुए उन्हें उनकी सम्पत्ति से वंचित करना होगा। इसीलिए मैंने गोलमेज सम्मेलन में कहा था कि प्रत्येक न्यस्त-हित की जाँच-पड़ताल की जानी चाहिए और जहाँ आवश्यक हो, राज्यसात्करण के आदेश दिए जाएँ। जिनकी सम्पत्ति का राज्यसात्करण करना हो, उन्हें मुआवजा दिया जाए या नहीं, इसका निर्णय हर मामले की तफसील पर गौर करके किया जाए। मैं व्यक्तिगत रूप से इस बात को तरजीह दूँगा कि राज्य के हाथों में शक्ति के केन्द्रीकरण के बजाय न्यासिता की भावना का विस्तार किया जाए क्योंकि, मेरी सम्मति में, निजी स्वामित्व की हिंसा राज्य की हिंसा से कम हानिकारक है। लेकिन अपरिहार्य हो तो मैं न्यूनतम राज्य-स्वामित्व का समर्थन करूँगा।'*[3]

प्रो. नन्दकिशोर आचार्य ने इस उद्धरण को व्याख्यायित करते हुए लिखा कि यह द्रष्टव्य है कि राज्य की मदद के बिना उद्योगवाद एवं पूँजीवाद का विकास सम्भव

---

1. *यंग इंडिया,* 13/10/1921, पृ. 325
2. द्विवेदी, प्रो. आर.एस., वही, पृ. 429-49
3. *द मॉडर्न रिव्यू,* अक्टूबर, 1935, पृ. 412

नहीं है। राज्य द्वारा प्रदान की गई तमाम सुविधाओं के बलबूते पर ही इनका विकास सम्भव हो पाता है। अतः राज्य अगर हिंसा न भी करे और केवल इनके साथ असहयोग करे तब भी पूँजीपतियों को न्यासिता-सिद्धान्त को मानना होगा। यह हिंसा नहीं होगी क्योंकि पूँजीपति हिंसा में राज्य का सहयोग लेने के नैतिक अधिकारी नहीं हैं। इस प्रकार प्रो. आचार्य के अनुसार, गांधी जी राज्य को एक सत्याग्रही राज्य होने को कहते हैं।[1]

न्यासिता-सिद्धान्त अपने मूल में जिन विचारों को समाहित करता है, उसे न्यासिता सूत्र[2] के जरिये समझा जा सकता है जिसे गांधी जी ने कुछ संशोधनों के साथ स्वीकृत कर दिया था :

1. न्यासिता समाज की वर्तमान पूँजीवादी व्यवस्था को समतावादी व्यवस्था में रूपान्तरित करने का एक साधन है। न्यासिता पूँजीवाद को बख्शती नहीं है, पर वह वर्तमान मालिक वर्ग को सुधार का एक अवसर प्रदान करती है। यह इस विश्वास पर आधारित है कि मानव-प्रकृति कभी सुधार से परे नहीं होती।
2. यह निजी स्वामित्व के किसी अधिकार को नहीं मानती, सिवा उसके जिसकी अनुमति समाज अपने कल्याण के लिए दे।
3. यह धन-सम्पत्ति के स्वामित्व और उपयोग के कानूनी विनियमन की वर्जना नहीं करती।
4. तदनुसार राज्य द्वारा विनियमित न्यासिता के तहत, कोई व्यक्ति अपनी स्वार्थसिद्धि के लिए अथवा समाज के हितों की अनदेखी करते हुए अपनी सम्पत्ति को धारण करने अथवा उसका इस्तेमाल करने के लिए स्वतंत्र नहीं होगा।
5. जिस प्रकार एक समुचित न्यूनतम निर्वाह मजदूरी तय करने का प्रस्ताव है, उसी तरह समाज में व्यक्ति की अधिकतम आय भी नियत कर देनी चाहिए। न्यूनतम और अधिकतम आय के बीच जो अन्तर हो, वह युक्तिसंगत और न्यायोचित हो और उसमें समय-समय पर इस दृष्टि से परिवर्तन किया जाए कि अन्ततः वह अन्तर मिट जाए।
6. गांधीवादी अर्थव्यवस्था में उत्पादन का स्वरूप व्यक्तिगत सनक या लोभ द्वारा नहीं, बल्कि सामाजिक आवश्यकता द्वारा निर्धारित होगा।

यह न्यासिता-सूत्र पूँजीवाद को सिरे से खारिज करता है। गांधी जी व्यवहार में कुछ वृहद् उद्योगों की सम्भावना भी देखते हैं। लेकिन इन वृहद् उद्योगों का

1. आचार्य, प्रो. नन्दकिशोर, *सभ्यता का विकल्प,* पृ. 60
2. *हरिजन,* 25/10/1952, पृ. 301

स्वामित्व राज्य के जरिये जनता का होगा[1] तथा लोभ के स्थान पर प्रेम को कायम करना उनका उद्देश्य होगा।[2] इसी के साथ गांधी जी न्यासिता से जुड़े एक अन्य पहलू को भी स्पष्ट करते हुए कहते हैं : 'न्यासी का कोई वारिस नहीं होता, जनता ही उसकी वारिस होती है।[3] साथ ही यह भी कि न्यासी को अपनी सेवा और समाज के लिए उसके मूल्य को देखते हुए कमीशन मिलेगा जिसकी दर का नियमन राज्य द्वारा किया जाएगा। उनके बच्चे को उनके स्थान पर न्यासी बनने की आज्ञा तभी मिलेगी जबकि वे स्वयं को इसके योग्य सिद्ध कर सकेंगे।[4] साथ ही गांधी जी का विचार था कि स्वतंत्र भारत में न्यासिता नीचे से यानी ग्राम पंचायत के स्तर से प्रारम्भ होनी चाहिए। इसके लिए जनता के बीच इसके अनुकूल वातावरण निर्माण करना होगा ताकि यह एक सामूहिक पहल के जरिये स्वेच्छा से कानून-रूप में तब्दील हो सके। ऊपर से आरोपित होने पर यह बोझ जैसा महसूस होगा।'[5]

गांधी जी परोपकारिता एवं न्यासिता में फर्क करते हैं। इसे स्पष्ट करते हुए उन्होंने कहा :

> *'यदि संरक्षकता का विचार जोर पकड़ जाए, तो परोपकार को जिस रूप में हम जानते हैं, वैसा नहीं होगा।'*[6]

दोनों के बीच स्वामित्व के प्रति परिवर्तन का अन्तर स्पष्ट है। परोपकार स्वामित्व में किसी भी प्रकार के बदलाव को जन्म नहीं देता है। परोपकार में होनेवाला परिवर्तन किसी संस्थागत परिवर्तन में तब्दील नहीं होता जबकि न्यासिता का हृदय-परिवर्तन न केवल स्वामित्व की अवधारणा में आमूलचूल परिवर्तन को जन्म देता है बल्कि अपने व्यापक रूप में वह एक अहिंसक सामाजिक परिवर्तन का माध्यम भी बनता है।

एक अन्य विचार न्यासिता के दृष्टिकोण से महत्त्वपूर्ण होता है, वह है—इसका व्यावहारिक प्रयोग। क्या न्यासिता-सिद्धान्त का व्यावहारिक महत्त्व है? क्या इसे लागू किया जा सकता है? क्या पूँजीपति इसे अपनाएँगे?—यह प्रश्न गांधी जी के समय भी पूछे गए थे। उनका सीधा जवाब था :

---

1. *हरिजन,* 01/09/1946, पृ. 285
2. गांधी, मो. क., *हिन्द स्वराज* (अनु. अमृतलाल ठाकोरदास नाणावटी), नवजीवन प्रकाशन मन्दिर, अहमदाबाद, 2001, पृ. 15
3. *हरिजन,* 12/04/1942, पृ. 116
4. वही, 31/03/1946, पृ. 63-64
5. वही
6. वही, 12/04/1942, पृ. 116

'इस प्रश्न का कोई महत्त्व नहीं है कि इस परिभाषा के अनुसार कितने लोग सच्चे न्यासी के रूप में आचरण कर सकते हैं। अगर यह सिद्धान्त सही है तो इससे कोई फर्क नहीं पड़ता कि इस पर अनेक लोग चल रहे हैं या केवल एक ही आदमी चल रहा है। प्रश्न केवल दृढ़ आस्था का है। अगर आप अहिंसा के सिद्धान्त को स्वीकार करते हैं तो आपको उस पर चलने का प्रयास करना होगा, भले ही आप सफल हों या असफल। इस सिद्धान्त में ऐसी कोई बात नहीं है जो बुद्धि की पकड़ के बाहर हो, हालाँकि आप यह कह सकते हैं कि इसे व्यवहार में लाना कठिन है।'[1]

यह उद्धरण स्पष्ट करता है कि यदि हम किसी विचार को तार्किक रूप से उचित पाते हैं तो किसी पूँजीपति के इसे अपनाने-न-अपनाने से इसका सही या गलत होना सिद्ध नहीं होता बल्कि यह पूँजीपति की सीमा को बताता है कि उसने पूरी दृढ़ता से इसे लागू नहीं किया और साथ ही इससे न्यासिता-सिद्धान्त गलत नहीं हो जाता। यह ठीक वैसा ही है कि मार्क्सवाद को व्यावहारिक स्तर पर लागू करने में हुई भूलों का दोष हम मार्क्सवाद को विचार के रूप में खारिज करके दें। जहाँ तक न्यासिता-सिद्धान्त की व्यावहारिकता और उसके प्रयोग का प्रश्न है तो यह देखना सुखद है कि न केवल भारत में अपितु पश्चिम में भी इस सिद्धान्त को लेकर व्यापक व्यावहारिक प्रयोग हुए हैं और सफल रहे हैं। भारत में ऐसे कई प्रयोग हुए हैं जिनमें सफलता और असफलता, दोनों ही मिली हैं। ई.एफ. शुमाकर[2], तत्त्वमसि[3], नरेन्द्र दुबे[4], प्रो. सुब्रतेश घोष[5] तथा जे.डी. सेठी[6] ने न्यासिता के व्यावहारिक प्रयोग के कई उदाहरण दिये हैं :

---

1. *हरिजन,* 03/06/1939, पृ. 145
2. शुमाकर, ई.एफ., *स्मॉल इज ब्यूटीफुल : एज इफ पीपुल मेटर्स* (आगे इसका उल्लेख निम्नलिखित हिन्दी संस्करण से दिये जाएँगे; हिन्दी अनुवाद—समुचित तकनीक : बेहतर भी, कारगर भी : अर्थशास्त्री का अध्ययन मानो जनता का भी अस्तित्व हो, अनुवादक भवानीदत्त पंड्या), राधाकृष्ण प्रकाशन, नई दिल्ली, 1977, पृ. 187-99
3. तत्त्वमसि, *महात्मा गांधी का ट्रस्टीशिप सिद्धान्त,* राष्ट्रीय गांधी संग्रहालय तथा राधा पब्लिकेशंस, नई दिल्ली, 2003, पृ. 99-148
4. दुबे, नरेन्द्र, *ट्रस्टीशिप : सिद्धान्त और व्यवहार,* सर्व सेवा संघ प्रकाशन, वाराणसी, 1973, पृ. 114-17
5. घोष, प्रो. सुब्रतेश, *ट्रस्टीशिप इन इंडस्ट्री : गांधी'ज ड्रीम एंड कंटेम्परिर रियलिटी,* इंडियन जर्नल ऑफ इंडस्ट्रियल रिलेशंस, खंड-25, अंक-1, जुलाई, 1989, पृ. 35-44
6. सेठी, प्रो. जे.डी., *ट्रस्टीशिप : द गांधियन अल्टरनेटिव,* गांधी पीस फाउंडेशन, नई दिल्ली, 1986 के विभिन्न लेख

पश्चिम में :

1. स्काट-बैडर-कॉमनवेल्थ का प्रयोग,
2. ट्रायलन कम्यूनिटी लिमिटेड,
3. जान लीविश पार्टनरशिप,
4. संडरलैंडिया लिमिटेड,
5. द रोबेन कम्यूनिटी,
6. यूगोस्लाविया के प्रयोग—कर्मचारियों का प्रबन्ध स्वशासन,
7. पश्चिमी जर्मनी के प्रयोग—अर्नेस्ट अबे का प्रयोग,
8. स्वीडन,
9. मैक्सिको,
10. अमेरिका—सियर्स रोज वर्क का प्रयोग,
11. जापान,
12. कॉमन इंडस्ट्रियल ओनरशिप कानून (1976) इंग्लैंड।

भारत में :

1. विजय मर्चेंट का प्रयोग,
2. खेड़ा ट्रस्टीशिप प्रोजेक्ट्स प्राइवेट लिमिटेड,
3. पीपुल्स ट्रस्टीशिप पैकेजिंग प्राइवेट लिमिटेड,
4. अरविन्द मफतलाल,
5. बजाज इलेक्ट्रिकल्स,
6. श्री ठाकोरसी भाई का प्रयोग,
7. महाराजा तुकोजीराव क्लाथ बोकर्स एसोसिएशन, इन्दौर,
8. भीलवाड़ा फैब्रिक्स।

उपर्युक्त उदाहरण न्यासिता के व्यावहारिक प्रयोग को दर्शाते हैं और स्पष्ट करते हैं कि उसे व्यवहार में लाया जा सकता है।

आलोचना

गांधी जी द्वारा प्रस्तुत न्यासिता-सिद्धान्त आलोचना से परे नहीं है। गांधी जी के समकालीन एवं परवर्ती विचारकों ने इस सिद्धान्त की काफी आलोचना की। इसे एक धोखा और शोषण को बनाये रखनेवाले सिद्धान्त के रूप में बताया। विभिन्न आलोचनाओं को इस तरह बताया जा सकता है :

1. नोबेल पुरस्कार-प्राप्त अर्थशास्त्री गुन्नार मिर्डल ने अपनी पुस्तक *एशियन ड्रामा*[1] में गांधी को क्रान्तिकारी उदारवादी बताते हुए न्यासिता-सिद्धान्त को पूर्व लोकतांत्रिक सामन्ती समाज के लिए उचित बताया। इसे असमानता को उचित ठहराने के लिए भी प्रयोग में लाया जा सकता है। गांधी जी ने पूँजीपतियों के हृदय-परिवर्तन की बात कहकर एक नैतिक क्रान्ति का आह्वान किया परन्तु हकीकत में ऐसी क्रान्ति नहीं हो सकती और न्यासिता एक ऐसे समाज की कल्पना है जिसमें धनी दानशील हो ताकि गरीब कमजोर रह सकें। न्यासिता-सिद्धान्त बातों में क्रान्तिकारी है परन्तु व्यवहार में रूढ़िवादी। एक अन्य आलेख[2] में भी इस अवधारणा को अस्पष्ट एवं व्यावहारिक समझौता बताया। न्यासिता इतना लचीला सिद्धान्त है कि इससे घोर विषमता का भी औचित्य सिद्ध किया जा सकता है।

   विद्वान प्रो. मिर्डल की आलोचना में यह स्पष्ट है कि वह न्यासिता-सिद्धान्त को सिद्धान्त रूप से तार्किक मानते हैं। जहाँ तक उनकी आलोचना का सवाल है तो वह दानशीलता एवं न्यासिता में अन्तर नहीं कर पाते हैं अतएव इसे अस्पष्ट, अमीरों के पक्ष में बताते हैं। न्यासिता-सूत्र स्पष्ट बताता है कि न्यासिता निजी मिल्कियत को सिरे से खारिज करती है। अत: जहाँ स्वामित्व की अवधारणा ही अस्वीकृत है, वहाँ निजी मिल्कियत के वर्ग का उदय सम्भव ही नहीं है। यह सिद्धान्त रूढ़िवादी इस अर्थ में नहीं है कि प्रत्येक के लिए शरीर-श्रम और बुनियादी जरूरतों की पूर्ति की बात कहकर एक श्रमाधारित समाज की नींव रखता है। हर वर्ग के व्यक्तियों के कौशल को सामाजिक हित में प्रयुक्त करता है। साथ ही आय की न्यूनतम एवं अधिकतम सीमा तय करने और उस अन्तर को समाप्त करने की वकालत कर विषमता को समाप्त करता है।

2. गांधी-विचार के अध्येता प्रो. एम.एल. दाँतवाला[3] के अनुसार, इस सिद्धान्त में पूँजीवाद की चारित्रिक विशेषताएँ मौजूद रहती हैं। उत्पादन-सम्बन्धी परिस्थितियाँ कमोबेश पुरानी ही रहती हैं। इसमें पूँजी का केन्द्रीकरण और शोषण बना रहेगा। अर्थव्यवस्था में सम्पत्तिशालियों के दुर्गुण हृदय या सोच-परिवर्तन से दूर नहीं हो सकते हैं।

---

1. मिर्डल, गुन्नार, *एशियन ड्रामा : एन इन्क्वायरी इन टू द पॉवर्टी ऑफ नेशंस* (थ्री वॉल्यूम), पेंटोन, न्यूयॉर्क, 1968, पृ. 755
2. मिर्डल, गुन्नार, गांधी : एक मौलिक उदारवादी, *महात्मा गांधी : सौ वर्ष* (सं. राधाकृष्णन, प्रो. एस.), सर्वोदय साहित्य प्रकाशन, वाराणसी, 1993, पृ. 276
3. दाँतवाला, प्रो. एम.एल., *गांधिज्म, रिकंसिडर्ड,* पद्मा पब्लिकेशंस, बॉम्बे, 1945, पृ. 45-55

उपर्युक्त आलोचना में कमी यह है कि वह न्यासिता के इस तर्क को समझ ही नहीं पाई कि न्यासिता का सीधा प्रहार पूँजीवाद पर ही है। यह पूँजीवाद को नकारकर ही अपना कार्य करती है। न्यासिता-आधारित व्यवस्था में प्रोडक्शन बाय मासेज (लोगों द्वारा वृहद् उत्पादन) है; वितरण में समतामूलक वितरण है; स्वामित्व में सामुदायिक स्वामित्व है, निजी स्वामित्व का नकार है; इन विशेषताओं में से सभी पूँजीवाद की अस्वीकृति की परिचायक हैं। रही बात सम्पत्तिशालियों के हृदय-परिवर्तन या सोच-परिवर्तन की, तो यह एकमात्र उपाय नहीं है न्यासिता लाने का अपितु अगर पूँजीपति इसके लिए तैयार नहीं है तो अन्य उपाय मौजूद हैं।

3. प्रसिद्ध मार्क्सवादी लेखक ई.एम.एस. नम्बूदरीपाद[1] ने न्यासिता-सिद्धान्त को बुर्जुआ वर्ग की सहायता करनेवाला बताया। संघर्ष के स्थान पर संवाद पर जोर देकर यह बुर्जुआ वर्ग की सहायता करता है।

इस आलोचना में दो शब्द महत्त्वपूर्ण हैं—बुर्जुआ वर्ग और संघर्ष। गांधी जी के यहाँ संघर्ष नहीं है, यह गलत दृष्टि है। वहाँ सक्रिय अहिंसक संघर्ष है जो सत्याग्रह के जरिये अभिव्यक्त होता है और संवाद उसका एक हिस्सा भर है। बुर्जुआ वर्ग के स्थान पर गांधी जी सर्वहारा के पक्ष में ज्यादा खड़े प्रतीत होते हैं। वह भी उत्पादन के साधनों पर (मार्क्सवादी शब्दावली में 'मिन्स एंड टूल्स ऑफ प्रोडक्शन' पर) आम जनता का अधिकार चाहते हैं। वे उत्पादन के साधनों, विकेन्द्रीकरण एवं समतामूलक वितरण, सामुदायिक स्वामित्व द्वारा (अगर मार्क्सवादी शब्दों में कहें तो) सर्वहारा के साथ खड़े प्रतीत होते हैं। बुर्जुआ वर्ग के साथ वे संवाद करते हैं तो उसे बदलने एवं नैतिक आधार पर प्रश्नांकित करने के लिए। अगर बुर्जुआ वर्ग ऐसा नहीं करता है तो उसे सर्वहारा के सत्याग्रह का सामना करना ही है।

4. मार्क्सवादी चिन्तक प्रो. हीरेन मुखर्जी[2] ने न्यासिता को हृदय-परिवर्तन के परिणामस्वरूप सम्पन्न वर्ग को वंचित वर्ग की देखभाल करना बताया है तथा किसानों और श्रमिकों को अपने शोषण के विरुद्ध संघर्ष में एक छलावा कहा।

वस्तुतः न्यासिता-सिद्धान्त को केवल 'हृदय-परिवर्तन' तक ही सीमित मानने के कारण यह भ्रम उपस्थित होता है। यदि न्यासिता-सिद्धान्त को उसके चतुर्यामी रूप में समझा जाए तो स्पष्ट होता है कि हृदय-परिवर्तन

---

1. नम्बूदरीपाद, ई.एम.एस., द *महात्मा एंड द इज्म,* पीपुल्स पब्लिशिंग हाउस, नई दिल्ली, 1959, पृ. 115
2. मुखर्जी हीरेन, *गांधी : ए स्टडी,* पीपुल्स पब्लिशिंग हाउस, नई दिल्ली, 1960, पृ. 113

उसका एक भाग मात्र है और इस सिद्धान्त में संघर्ष के लिए उतना ही स्थान है जितना कि किसी अन्य क्रान्ति में होता है।

5. प्रो. भीखू पारेख[1] ने लिखा कि गांधी जी का सिद्धान्त काफी अस्पष्ट है और यह आधुनिक समाज में कैसे कार्य करेगा, यह प्रश्न भी उपस्थित होता है।

इस आलोचना में जहाँ तक सिद्धान्त की अस्पष्टता का प्रश्न है, वह दूर हो सकती है, यदि हम न्यासिता को पूरे परिप्रेक्ष्य में देखें जहाँ सामाजिक, आर्थिक, राजनीतिक—सभी क्षेत्रों में विकेन्द्रीयता, समानता, सत्य-अहिंसा मूल तत्त्व के रूप में मौजूद हैं। साथ ही न्यासिता-सिद्धान्त अपने-आपमें पूरी तरह स्पष्ट है। हाँ, एक व्यवस्थित किताब की तरह मौजूद न हो फिर भी इसके अन्तर्सूत्र इसे बिलकुल स्पष्ट करते हैं। जहाँ तक इसकी व्यावहारिकता का प्रश्न है तो पूर्व के भाग में हम देख चुके हैं कि इसे लेकर प्रयोग हुए हैं। कोई भी विचार इसी तरह प्रगति प्राप्त करता है। आवश्यकता इस बात की है कि इन प्रयोगों को, इनके निष्कर्षों को आम जनता के बीच लाया जाए, उस पर बहस की जाए। एक अन्य तर्क यह भी है कि जब गांधी जी ने अहिंसा के जरिये अपनी प्रविधि को प्रस्तुत किया तब भी यह सवाल उठा कि आधुनिक समाज में यह कैसे कार्य करेगी? परन्तु हम सभी साक्षी हैं कि अहिंसा ने यह अपना कार्य बखूबी किया। मानवीय समाज जैसी प्रयोगशाला में किसी भी विचार को स्थापित होने में समय लगता है। हमें धैर्यपूर्वक उसके परीक्षण एवं परिणामों के प्रचि सचेत रहकर उस दिशा में काम करना चाहिए ताकि वह एक रूप ले सके। गांधी जी ने यही किया था।

6. डॉ. बी.आर. अंबेडकर[2] ने लिखा कि गांधी धनिक वर्ग को क्षति नहीं पहुँचाना चाहते हैं। वे उनके खिलाफ होनेवाले आन्दोलन के विरुद्ध हैं। उनमें आर्थिक समानता के प्रति कोई जुनून नहीं है।

गांधी जी सम्पत्ति के उत्पादन व स्वामित्व को प्रश्नांकित करते हुए पूँजीवाद को खत्म करना चाहते हैं। वे धनिक वर्ग को इसलिए समाप्त नहीं करना चाहते हैं कि वह पूँजीवाद की मूल समस्या का एक प्रकटीकरण मात्र है, ऐसा नहीं है और जैसाकि ऐतिहासिक साक्ष्य भी बताते हैं कि

---

1. पारेख, भीखू, *गांधी : ए वेरी शॉर्ट इंट्रोडक्शन,* ऑक्सफोर्ड यूनिवर्सिटी प्रेस, न्यूयॉर्क, 1997, पृ. 96
2. अम्बेडकर, डॉ. बी.आर., *व्हॉट कांग्रेस एंड गांधी हैव डन टू द अनटचेबल्स,* डॉ. बाबासाहेब अम्बेडकर राइटिंग्स एंड स्पीचेज, खंड-2 (सं. वसंत मून), एज्यूकेशन डिपार्टमेंट, गवर्नमेंट ऑफ महाराष्ट्र, मुम्बई, 1991, पृ. 281-83

पूँजीपतियों के विनाश मात्र से समानता या वांछित लक्ष्य पूरा हो, ऐसा आवश्यक नहीं है। गांधी जी पूँजीवाद के प्रति न केवल सैद्धान्तिक विरोध दर्ज कराते हैं अपितु अपने विभिन्न रचनात्मक कार्यक्रमों द्वारा उसके विरुद्ध कार्य भी करते हैं। अपने पूरे आर्थिक विचार में वे न्यायपूर्ण आर्थिक समानता के लिए संघर्षरत दिखाई पड़ते हैं।

7. डॉ. नागेश्वर प्रसाद[1] ने आलोचना करते हुए बताया कि न्यासिता एवं गांधी-विचार में सब कुछ ईश्वर का ही है, उससे ही उत्पन्न है, तब व्यक्ति की जगह कहाँ है? क्या इसमें सम्पत्ति राज्य में निहित नहीं हो जाती?

   सर्वप्रथम इस बिन्दु को स्पष्ट करना आवश्यक है कि गांधी जी के लिए ईश्वर का अर्थ है—विश्व का व्यवस्थित नैतिक शासन। यह नैतिक शासन सत्य-अहिंसा द्वारा संचालित है। सम्पूर्ण सृष्टि इसी नियम द्वारा संचालित है। व्यक्ति की सक्रियता या हस्तक्षेप इस पूरी प्रक्रिया में यह हो जाता है कि वह समाज मानवीय संस्थाओं, नियम-कायदों की रचना इस प्रकार करे कि इस मूलभूत प्राकृतिक नियम की पूर्ति हो सके। अतः गांधी-दृष्टि में व्यक्ति सम्पूर्ण विकास प्रक्रिया या ऐतिहासिक प्रक्रिया में निष्क्रिय नहीं बल्कि सक्रिय प्राणी है। इसके अतिरिक्त न्यासिता में राज्य की भूमिका सत्याग्रही राज्य की है और यह राज्य केन्द्रित शोषणपरक नहीं अपितु विकेन्द्रित एवं सहयोगमूलक आधारों पर निर्भर है। सम्पत्ति राज्य में केन्द्रित नहीं होती, न ही उसमें निहित होती है बल्कि वह सामुदायिक स्वामित्व में तब्दील होती है। राज्य तो इस प्रक्रिया में माध्यम भर है, वह भी आवश्यकता होने पर।

8. डॉ. वी.जी. पाटिल[2] के अनुसार न्यासिता-सिद्धान्त एक परम्परागत समाज में सामाजिक-आर्थिक परिवर्तन को रोककर उसके आधुनिक औद्योगिक व्यवस्था में आने में बाधक है।

   न्यासिता-सिद्धान्त भी सामाजिक-आर्थिक परिवर्तन में विश्वास करता है और औद्योगिक व्यवस्था बनाता है परन्तु उसकी प्रक्रिया व लक्ष्य भिन्न हैं। वह मनुष्य एवं उसकी मनुष्यता को बचाये रखते हुए सामाजिक-आर्थिक परिवर्तन लाता है। लोगों को समतामूलक वितरण, श्रम-आधारित समाज, आय की समानता, विकेन्द्रीकरण आदि उपलब्ध कराकर क्रान्तिकारी परिवर्तन लाता है। न्यासिता में भी औद्योगिक व्यवस्था है परन्तु वह शोषण

1. प्रसाद, नागेश्वर, *गांधी : हिस्टोरिकल एंड कंटेम्पररि पर्सपेक्टिव,* सेगमेंट बुक्स डिस्ट्रीब्यूटर्स, दिल्ली, 1990, पृ. 119
2. पाटिल, वी.जी. (सं.), *स्टडीज ऑन गांधी,* स्टर्लिंग पब्लिशर्स प्राइवेट लिमिटेड, दिल्ली, 1983, पृ. 103

करनेवाली नहीं अपितु सहयोगीमूलक है और राज्य के नियंत्रण में जिसका उद्देश्य अनियंत्रित मुनाफा कमाना नहीं बल्कि जनकल्याण है।

9. आचार्य जे.बी. कृपलानी[1] ने लिखा कि गांधी जी के मित्र कभी ट्रस्टी नहीं बने। पूँजीपति उनके पास अपने उद्देश्यों से आते थे। मगर गांधी जी किसी भी पूँजीपति का हृदय-परिवर्तन नहीं कर सके।

हालाँकि इस आलोचना का जवाब स्वयं गांधी जी अपने समय में दे चुके थे कि अगर कोई पूँजीपति न्यासिता को अपनाकर न्यासी नहीं बनता तो यह न्यासिता-सिद्धान्त की कमी नहीं है बल्कि वह पूँजीपति की सीमा एवं कमजोरी है। इससे न्यासिता-सिद्धान्त गलत सिद्ध नहीं होता। इसे एक उदाहरण से समझा जा सकता है कि एक व्यक्ति अपने जीवन में कभी अहिंसा को एक सिद्धान्त या जीवन-दृष्टि के रूप में स्वीकारता है परन्तु उसके द्वारा कोई हिंसा हो जाती है तो यह सिद्ध नहीं होता कि अहिंसा गलत थी बल्कि यह उस व्यक्ति की सीमा थी। न्यासिता के अनुसार पूँजीपतियों का न्यासी न बनना उनकी अपनी कमजोरी है, सिद्धान्त की नहीं।

10. प्रो. टी.के. उन्नीथान[2] के अनुसार, पूँजीपतियों को न्यासी बना देना और वंचितों को इस सम्बन्ध में कोई चुनाव न देना, यथास्थिति स्वीकार करने को कहना एक तरह की जबर्दस्ती है।

गांधी जी न्यासिता द्वारा यथास्थिति में परिवर्तन का प्रस्ताव करते हैं। वे एक ओर पूँजीपतियों को हिंसक क्रान्ति एवं न्यासिता में किसी एक को चुनने का प्रस्ताव करते हैं, वहीं दूसरी ओर श्रमिकों को यह स्पष्ट हिदायत देते हैं कि 'हृदय-परिवर्तन' का कयामत के दिन तक इन्तजार करने की आवश्यकता नहीं है। जिस क्षण उन्हें ऐसा लगे कि पूँजीपति इसके लिए तैयार नहीं है, शोषण को कायम रखना चाहता है तो श्रमिकों को यह पूरा अधिकार है कि वे उसके विरुद्ध सत्याग्रह कर दें। राज्य से भी कानून बनाकर सम्पत्ति के राज्यसात्करण की बात कहते हैं।

11. पं. जवाहरलाल नेहरू[3] ने अपनी आत्मकथा में ट्रस्टीशिप-सिद्धान्त को लेकर संशय प्रकट किया। उनके लिए यह स्वीकार करना कठिन था कि गांधी जी दलितों और गरीबों की उन्नति की बात कहकर ऐसी किसी व्यवस्था की बात कैसे कर सकते हैं जिस व्यवस्था के कारण उनकी वर्तमान में यह दशा हुई है? उनके अनुसार, न्यासिता अनियंत्रित सत्ता और

---

1. कृपलानी, आचार्य जे.बी., *गांधियन आउटलुक एंड टेक्निक,* शिक्षा मंत्रालय, भारत सरकार, 1953, पृ. 116-17
2. उन्नीथान, प्रो. टी.के., *गांधी एंड सोशल चेंज,* रावत पब्लिकेशंस, जयपुर, 1956, पृ. 228-29
3. नेहरू, पं. जवाहरलाल, *एन ऑटोबायोग्राफी,* द बाउले हीड, लन्दन, 1958, पृ. 528

धन एक व्यक्ति को प्रदान करता है और यह आशा करता है कि वह सामान्य कल्याण के लिए कार्य करे।

पं. नेहरू सम्भवतः न्यासिता को उसकी समग्रता में नहीं समझ पाए थे। न्यासिता केवल हृदय-परिवर्तन नहीं है बल्कि इसके अन्य तीन आयाम और भी हैं। ये सभी आयाम स्वयमेव किसी भी यथास्थिति के विरुद्ध है। वे समस्त व्यवस्था का अहिंसक परिवर्तन चाहते हैं जो स्वयं में एक सक्रिय अहिंसक संघर्ष से सम्भव है। समाजवाद के प्रति अपने लगाव के कारण सम्भवतः पं. नेहरू इस अहिंसक संघर्ष को न देख पाएँ हों। न्यासिता किसी भी तरह की अनियंत्रित सत्ता और धन एक व्यक्ति को प्रदान नहीं करती है; वह न्यासी के अनुभव का प्रयोग करती है। स्वामित्व जनता का है। जनता स्वयं नियम-कायदे बनाकर इसे जनहित में प्रयोग करती है। गांधी स्वयं में एक सत्ता के प्रतीक थे परन्तु जनकल्याण हेतु कार्य किया। स्वयं गांधी जी न्यासी होने के उदाहरण कहे जा सकते हैं।

12. गांधीवादी अर्थशास्त्र के समर्थक कहे जानेवाले प्रो. जे.जे. अंजारिया[1] ने स्पष्ट किया कि एक अल्पकालिक समाधान के रूप में न्यासिता ठीक है। दमन नैतिक रूप से गलत है परन्तु समाधान को सम्पत्तिशालियों के हृदय-परिवर्तन पर छोड़ना ज्यादा कारगर नहीं है।

इस आलोचना का सम्बन्ध भी न्यासिता को हृदय-परिवर्तन का पर्याय मानने का परिणाम है। न्यासिता में केवल हृदय-परिवर्तन ही नहीं बल्कि सक्रिय अहिंसक संघर्ष, राज्यसात्करण और उपभोक्ता द्वारा किया गया बहिष्कार भी शामिल है। यह एक बेहतर समाज की रचना का दीर्घकालिक उपाय है।

13. प्रो. तनिका सरकार[2] के अनुसार, गांधी जी सत्ता की समस्या को न्यासिता-सिद्धान्त की सहायता से हल करना चाहते हैं। उनका सिद्धान्त पूँजीवाद में वर्ग सत्ता (क्लास पावर) की समस्या को दूर नहीं करता। साथ ही, यह सामाजिक श्रेणी-क्रम को बनाये रखना चाहता है।

गांधी जी प्रथमतः पूँजीवाद के मूल आधारों को ही समाप्त करने पर बल देते हैं। वे वर्ग-विभाजन को स्वीकारते हैं परन्तु इसमें अनिवार्यतः हिंसक वर्ग-संघर्ष को स्वीकार नहीं करते हैं। साथ ही गांधी जी पूँजीवाद के आधारों—अतिरिक्त मूल्य एवं उत्पादन साधनों पर पूँजीपति के

1. अंजारिया, प्रो. जे.जे., *एन एस्से ऑन गांधियन इकोनॉमिक्स,* वोरा एंड कम्पनी, बॉम्बे, 1945, पृ. 31
2. सरकार, प्रो. तनिका, *गांधी एंड सोशल रिलेशंस,* द कैम्ब्रिज कम्पेनियन टू गांधी (सं. ब्राउन, जूडिथ एम., परेल, एंथोनी), कैम्ब्रिज यूनिवर्सिटी प्रेस, न्यूयॉर्क, 2011, पृ. 173

अधिकार—इन दोनों को परिवर्तित करते हैं। अर्थव्यवस्था को स्थानीय और आवश्यकता आधारित बनाकर वे विनिमय मूल्य एवं उपयोगिता मूल्य के अन्तर को समाप्त करने का प्रयास कर अतिरिक्त मूल्य को ही समाप्त करते हैं और वृहद् लोगों द्वारा उत्पादन सम्भव बनाकर वे उत्पादन के साधनों (मिन्स एंड टूल्स ऑफ प्रोडक्शन) पर आम जनता को अधिकार प्रदान कर उसका (मार्क्सवादी शब्दों में) सर्वहाराकरण करते हैं। स्वामित्व परिवर्तन का जिक्र हम कर ही चुके हैं। जहाँ तक बात सामाजिक श्रेणी-क्रम को बनाये रखने की है तो यह उचित नहीं है क्योंकि न्यासिता सभी को शरीर-श्रम पर आधारित अर्थव्यवस्था का अंग बनाता है। इसमें छुआछूत, अस्पृश्यता के लिए कोई स्थान नहीं है। वह श्रमाधारित समाज को जन्म देता है जो अपने मूल में समतामूलक है।

उपर्युक्त आलोचनाओं एवं उनके प्रत्युत्तरों को तलाशने के बाद हम यह कह सकते हैं कि अधिकांश आलोचनाएँ निम्नलिखित दो कारणों से उत्पन्न होती हैं :

1. न्यासिता-सिद्धान्त को उसकी सम्पूर्णता में न समझकर उसे हृदय-परिवर्तन तक ही सीमित करना।
2. इसकी अहिंसक प्रणाली।

सम्पूर्ण विवेचन यह दर्शाता है कि औद्योगिक सम्बन्धों एवं श्रम संघवाद पर गांधी जी ने एक सुव्यवस्थित सिद्धान्त प्रस्तुत किया है जो सत्य एवं अहिंसा पर आधारित होने के कारण विशिष्ट है। इसीलिए वे कहते हैं :

'न्यासिता का मेरा सिद्धान्त कोई कामचलाऊ सिद्धान्त नहीं है—निश्चित रूप से यह कोई छद्मावरण नहीं है। मुझे पक्का विश्वास है कि अन्य सभी सिद्धान्तों का लोप हो जाने के बाद भी यह सिद्धान्त जीवित रहेगा।'[1]

साथ ही एक व्यावहारिक दृष्टिकोण अपनाते हुए भी वे कहते हैं :

'यूक्लिड की बिन्दु की परिभाषा की तरह पूर्ण न्यासिता भी एक अमूर्त विचार है और इसे प्राप्त करना भी उतना ही असम्भव है। लेकिन अगर हम उसके लिए प्रयास करते रहें तो हम धरती पर समानता स्थापित करने की दिशा में अन्य किसी उपाय की अपेक्षा (न्यासिता के सिद्धान्त पर आचरण करके) अधिक प्रगति कर सकते हैं।'[2]

यह सिद्धान्त अपने सत्य व अहिंसा के आधारों के कारण पूर्ववर्ती मार्क्सवादी एवं पूँजीवादी सिद्धान्तों से पृथक् हो जाता है। कहीं-न-कहीं इसका मूल आधार

1. *हरिजन*, 16/12/1939, पृ. 376
2. *मॉडर्न रिव्यू*, अक्टूबर, 1935, पृ. 412

मनुष्य एवं उसके प्रयोजन की व्याख्या में निहित है। न्यासिता अहिंसक प्रक्रिया को माध्यम बनाकर स्वामित्व-परिवर्तन की पहल करता है जो स्वयं में क्रान्तिकारी विचार है।

महात्मा गांधी का ट्रस्टीशिप सिद्धान्त सत्ता, सम्पत्ति तथा एकाधिकार के खिलाफ एक प्रकार के जनवादी आन्दोलन का प्रतीक है। औद्योगिक क्षेत्र में महात्मा गांधी न तो पूँजीवादी नियंत्रण के पक्ष में हैं और न ही राज्य नियंत्रण के बहाने नौकरशाही के क्योंकि दोनों का आधार शोषण एवं हिंसा है।[1] प्रो. राघवन अय्यर के अनुसार गांधी जी का न्यासिता-सिद्धान्त सम्पत्ति, मुद्रा, समय और कौशल के प्रति हमारे दृष्टिकोण को बदलता है।[2] गांधी-विचार के विद्वान श्रीमन्न नारायण ने ट्रस्टीशिप विचार की व्याख्या करते हुए इसमें सामाजिक अंकेक्षण (सोशल ऑडिट) की अवधारणा को जोड़ा।[3] प्रो. जे.डी. सेठी के अनुसार, न्यासिता के पीछे आधारभूत उद्देश्य एक अहिंसक एवं शोषणयुक्त सम्पत्ति-सम्बन्ध बनाना है। यह सम्पत्ति या स्वामित्व का विरोधी नहीं है बल्कि सम्पत्ति की उत्पत्ति एवं प्रयोग के तरीकों पर ध्यान केन्द्रित करता है। यह आवश्यकता आधारित उत्पादन, समानतापूर्ण वितरण और सामाजिक न्याय पर आश्रित है।[4]

फ्रांसिस फ्रेंकल ने अपनी पुस्तक 'इंडियाज पॉलिटिकल इकोनॉमी (1947-1977)' में लिखा कि गांधी-दृष्टि में न्यासिता-सिद्धान्त अकेला नहीं है, रचनात्मक कार्यक्रम उसके साथ संलग्न है। न्यासिता-सिद्धान्त और रचनात्मक कार्यक्रम आर्थिक व राजनीतिक सत्ता के वितरण के लिए क्रान्तिकारी परिणाम प्रस्तुत करते हैं। न्यासिता आभिजात्य वर्ग के औचित्य के आधार में परिवर्तन लाने का कारक है। यह समूल परिवर्तन को बढ़ावा देनेवाला है।[5]

---

1. प्रसाद, डॉ. उपेन्द्र, *गांधीवादी समाजवाद*, नमन प्रकाशन, नई दिल्ली, 2007, पृ. 207
2. अय्यर, राघवन, गांधियन ट्रस्टीशिप इन थियरी एंड प्रैक्टिस, *ट्रस्टीशिप— द गांधियन अल्टरनेटिव* (सं. सेठी, प्रो. जे.डी.), गांधी पीस फाउंडेशन, नई दिल्ली, 1986, पृ. 13
3. श्रीमन्न नारायण के अनुसार, निजी क्षेत्र के लिए वित्तीय अंकेक्षण (फाइनेंशियल ऑडिट) की तरह समय-समय पर सामाजिक अंकेक्षण (सोशल ऑडिट) की व्यवस्था की जानी चाहिए जिससे जनता को इस क्षेत्र के सामाजिक एवं सृजनात्मक कार्य की जानकारी हो सके। इसमें उपभोक्ता, शेयरधारकों, श्रमिकों एवं मालिकों की वार्ता होनी चाहिए। इससे सार्वजनिक जवाबदेही तय की जा सकेगी।

   —नारायण, श्रीमन्न, *गांधी जी कॉन्सेप्ट ऑफ ट्रस्टीशिप : इट्स प्रैक्टिकल इम्प्लीकेशंस,* सेवाग्राम आश्रम फाउंडेशन, सेवाग्राम, 1973, पृ. 22
4. सेठी, प्रो. जे.डी., ट्रस्टीशिप एंड द क्राइसिस इन इकोनॉमिक थियरी, *ट्रस्टीशिप— द गांधियन अल्टरनेटिव* (सं. सेठी, प्रो. जे.डी.), गांधी पीस फाउंडेशन, नई दिल्ली, 1986, पृ. 92-94
5. फ्रेंकल, फ्रांसिस, *इंडियाज पॉलिटिकल इकोनॉमी (1947-77),* प्रिंसटन यूनिवर्सिटी प्रेस, प्रिंसटन, 1978, पृ. 38-40

गांधी जी ने एक मनोविज्ञानी की भाँति यह अनुभव किया कि किसी भी हिंसक संघर्ष या अन्याय के मूल में 'भय' काम करता है। जब तक धनी-श्रमिक-समाज के भीतर विद्यमान इस भय को दूर नहीं किया जाता, तब तक आर्थिक-औद्योगिक सम्बन्धों का उपाय कारगर नहीं हो सकता। इसके लिए आवश्यक है कि श्रम और साहस की अवधारणा में परिवर्तन लाते हुए उसे व्यापक समाज-हित से जोड़ा जाए। श्रम व साहस को सृजनात्मक, अहिंसक एवं समाज कल्याण हेतु उनमें बदलाव लाया जाना चाहिए। तीनों आयामों को अधिकार व कर्तव्य की अवधारणा के साथ संयुक्त करना होगा। वे अहिंसक वातावरण बनाकर परस्पर विश्वास पर आधारित नैतिक व्यवस्था की प्रस्तावना करते हैं।

गांधी जी के श्रम-पूँजी-सम्बन्धी विचार इसलिए प्रासंगिक हो जाते हैं कि उनकी चिन्ता श्रमिक-पूँजी-सम्बन्धों के जरिये सम्पूर्ण समाज की चिन्ता है। तेजी से स्वार्थी होते समाज में श्रमिक-पूँजी-सम्बन्धों का अस्वस्थ होना, समाज का अस्वस्थ होना भी है। महत्त्वपूर्ण बात यह है कि यह गहन विश्लेषण श्रम, पूँजी व समाज— तीनों स्तरों पर होना चाहिए। इसका कारण है कि गांधी जी के अनुसार, प्रत्येक आर्थिक क्रिया एक नैतिक क्रिया है, अत: उसका उद्देश्य नैतिक कल्याण भी है। आर्थिक प्रक्रिया में इस नैतिक कल्याण को बिना हिंसा के कैसे प्राप्त किया जाए, गांधी-दृष्टि इसे बताने का प्रयास करती है।[1]

1. जोशी, शम्भू, *पूर्वोक्त*, पृ. 224

अध्याय-7

पर्यावरणीय दृष्टि

एक पर्यावरणवादी होने के क्या अर्थ हैं? —यह सवाल बहुत महत्त्वपूर्ण है। इसका कारण यह है कि हम पर्यावरणवादी होने की कुछ कसौटियाँ रखते हैं, जिनके आधार पर किसी को पर्यावरणवादी कहा जा सकता है या नहीं कहा जा सकता है। इन कसौटियों की प्रासंगिकता-अप्रासंगिकता इस विषय के विशेषज्ञों के लिए बहस का मुद्दा है। एक बात स्पष्ट तौर पर समझी जा सकती है कि आज के समय में जब हम पर्यावरण आन्दोलन, पर्यावरण संरक्षण, पर्यावरणवाद इत्यादि की चर्चा कर रहे होते हैं तो हमारा सामना विकास की अवधारणा, शहरीकरण, औद्योगिकीकरण, तकनीक, ऊर्जा स्त्रोतों का दोहन, प्राकृतिक संसाधनों पर अधिकार इत्यादि से होता है। इस दृष्टि से यह माना जा सकता है कि एक पर्यावरणवादी कहलाने के लिए यह आवश्यक है कि इनमें से किसी एक विषय या कुछ विषयों पर ध्यान केन्द्रित किया जाए।

जब हम पर्यावरणीय अवनति, प्रदूषण, वनों का विनाश, जैव विविधता को खतरा इत्यादि विषयों पर अपने विचार व्यक्त कर रहे होते हैं तब केवल लक्षणों पर ध्यान केन्द्रित करते हैं। इन समस्याओं का मूल कहीं और तलाशा जाना चाहिए। मार्क्सवादी शब्दावली में कहा जाए तो अधिरचना (सुपर स्ट्रक्चर) को आधार (बेस) में परिवर्तन किये बिना नहीं सुलझाया जा सकता है। वैश्विक स्तर पर विगत कुछ दशकों, विशेषत: 1960-70, में पर्यावरण-सम्बन्धी मुद्दों पर गहन विचार-विमर्श प्रारम्भ किया गया। (कु) विकास के जिस प्रारूप को अधिकांश विश्व ने स्वीकार किया, उस पर पुनर्विचार किया गया क्योंकि उसकी पर्यावरणीय सामाजिक, आर्थिक, राजनीतिक और सांस्कृतिक लागतें काफी गम्भीर थीं। यह पुनर्विचार दो स्तरों पर शुरू हुआ। एक स्तर पर विकास के प्रारूप को कम दुष्प्रभावी बनाने पर विचार किया गया; दूसरे स्तर पर प्रचलित विकास के विकल्प की खोज की जाने लगी। दूसरे विकल्प के विचार को अपनाते हुए ऐसे दर्शन/विचार की खोज की जाने लगी जो इस पर्यावरणीय संकट को मूल स्तर पर समझने हेतु महत्त्वपूर्ण नजरिया प्रदान कर सके। इसमें कोई सन्देह नहीं है कि इस खोज में महात्मा गांधी एक महत्त्वपूर्ण स्थान रखते हैं।

महात्मा गांधी पर्यावरणवादी थे या नहीं, इस पर भी विद्वानों में काफी बहस रही है। यह आलेख इस बहस से सम्बद्ध नहीं है। हमारे लिए महत्त्वपूर्ण है कि क्या महात्मा गांधी की कोई पर्यावरण दृष्टि थी? या गांधी जी ने पर्यावरण को किस नजरिये से देखा था, इन्हीं के आधार पर उनके पर्यावरण-सम्बन्धी विचारों को जाना जा सकता है।

गांधी जी की सबसे महत्त्वपूर्ण विशेषता उनकी समग्रतामूलक दृष्टि (Integrated Aproach) थी। उनके लिए जीवन समग्रता में है, अतएव जीवन की बुनियाद भी एक है, उसका नियमन करनेवाला नियम भी एक है। वे मानव और मानवेतर जगत् के एकत्व में विश्वास करते हैं जिसे उनकी 'अस्तित्वमूलक दृष्टि' कहा जा सकता है। सम्पूर्ण प्रकृति के प्रति उनकी एकात्म दृष्टि को निम्नानुसार स्पष्ट किया जा सकता है :

> *'मैं अद्वैत में विश्वास करता हूँ; मैं मनुष्य की मूलभूत एकता में भी। और केवल मनुष्यों की ही क्यों, सभी जीवधारियों की एकता में भी विश्वास करता हूँ। इस कारण मेरा तो ऐसा यकीन है कि एक मनुष्य के अधःपतन के साथ काफी हद तक सारे संसार की अधोगति होती है।*[1]
>
> *'मैं केवल मानवों के साथ ही तादात्म्य अथवा बन्धुत्व स्थापित करना नहीं चाहता अपितु पृथ्वी पर रेंगनेवाले कीड़ों-मकोड़ों के साथ भी तादात्म्य अथवा बन्धुत्व स्थापित करना चाहता हूँ।...क्योंकि हम सभी उसी ईश्वर की सन्तान हैं और इसलिए जीवन जिस रूप में भी दिखाई देता है, तत्त्वतः एक होना चाहिए।'*[2]

उपर्युक्त उदाहरण स्पष्ट करते हैं कि उनके अनुसार जीवन तत्त्वतः एक ही है। यह विज्ञानसम्मत तर्क भी है। अतएव नैतिक एवं वैज्ञानिक दृष्टि से वही जीवन-दृष्टि एवं शैली उचित कही जा सकती है जो इस एकत्व को पुष्ट करती हो। महात्मा गांधी इस तात्त्विक एकता को ही सत्य मानते हैं और अहिंसा को इस सत्य की प्राप्ति का व्यावहारिक माध्यम। प्रो. नन्दकिशोर आचार्य ने सत्य, अहिंसा और सत्याग्रह के आयाम को विस्तार देते हुए बताया कि अस्तित्व के एकत्व का व्यावहारिक स्वरूप अहिंसा के रूप में ही अभिव्यक्त हो सकता है। अहिंसा की इस सनातनता का आग्रह ही सत्याग्रह है, अतः सत्याग्रह 'अन्य' के प्रति 'स्व' का उत्तरदायित्व है और साथ ही 'स्व' की तलाश भी। यही अद्वैत है, अतः गांधी जी के अर्थशास्त्र, समाज, राज्य और संस्कृति सत्याग्रही स्वरूप लिये हैं।[3] सार रूप में यह निस्सन्देह कहा जा सकता है

---

1. *यंग इंडिया,* 04/12/1924, पृ. 398
2. वही, 04/04/1929, पृ. 107
3. आचार्य, प्रो. नन्दकिशोर, *सभ्यता का विकल्प,* वाग्देवी प्रकाशन, बीकानेर (2008), पृ. 9-11

कि यह 'स्वानुभूति' की तलाश 'अन्य' के प्रति उत्तरदायित्वपूर्ण बोध ही गांधी जी की पर्यावरणीय दृष्टि का एक महत्त्वपूर्ण अंग है।

गांधी जी की दृष्टि मनुष्य-केन्द्रितता (एथनोपोसेंट्रिक) से बिलकुल विपरीत थी। वे मनुष्य को प्रकृति का ही अंग मानते थे, उसका स्वामी नहीं। अत: उनके लिए यह विचार बिलकुल असहज नहीं था कि प्रकृति मनुष्य के उपभोग के लिए नहीं है। वे मनुष्य और मनुष्येतर जगत के समान अधिकार को स्वीकार करते हुए कहते हैं :

> *'मैं यह अवश्य मानता हूँ कि ईश्वर की सृष्टि के समस्त प्राणियों को जीने का उतना ही अधिकार है जितना हमें।*[1]
>
> *'भविष्य के मापदंड में केवल मानवजाति का नहीं, समस्त प्राणि जगत् का खयाल रखा जाएगा और जिस प्रकार अब हम धीरे-धीरे; लेकिन निश्चित रूप से इस फैसले पर आ रहे हैं कि यह समझना गलत है कि हिन्दू अपनी संख्या के पाँचवें हिस्से को निकृष्ट मानने पर भी उन्नति कर सकते हैं या पश्चिम के देश पूर्वी और अफ्रीकी राष्ट्रों को शोषित और पददलित करके उसके सहारे जी तथा उन्नति कर सकते हैं, उसी तरह हमें समय आने पर यह भी स्वीकार करना पड़ेगा कि सृष्टि के निम्नतर प्राणियों पर हमारा प्रभुत्व इसलिए नहीं है कि हम उन्हें मार डालें, बल्कि वह हमारे और उनके पारस्परिक हित-संवर्धन के लिए है। मैं यह निश्चित रूप से कह सकता हूँ कि ईश्वर ने उन प्राणियों को भी वैसी ही आत्मा दी है, जैसीकि मुझे।'*[2]

मनुष्य और मनुष्येतर जगत् के समान अधिकार का तर्क एक महत्त्वपूर्ण पर्यावरणीय दृष्टि है। हमें यह स्मरण रखना चाहिए कि प्रकृति के विकास में मनुष्य में चेतना की अब तक की सर्वोच्च अभिव्यक्ति हुई है। मनुष्य ही उचित-अनुचित, विवेक-अविवेक को तय कर सकता है, अत: उसकी जिम्मेदारी ज्यादा हो जाती है। यह महत्त्वपूर्ण स्थिति दो तरह के विचारों को प्रकट करती है :

1. एक, चेतना की सर्वोच्च अभिव्यक्ति होने के नाते मनुष्य को पूरा अधिकार है कि वह प्रकृति को अपने स्वार्थ के अनुसार प्रयोग करे, उसका शोषण करे।
2. दूसरे, चेतना की सर्वोच्च अभिव्यक्ति होने के नाते मनुष्य का दायित्व है कि वह अपनी प्रकृति की रक्षा करे और उनके समान अधिकार का सम्मान करे।

गांधी-दृष्टि दूसरे विचार से साम्य रखती है। जब मनुष्य अपनी श्रेष्ठता को एक उत्तरदायित्व के रूप में ग्रहण करता है तो वह सम्पूर्ण सृष्टि के प्रति एक

1. *हरिजन,* 09/0 l/1937, पृ. 286
2. *यंग इंडिया,* 17/12/1925, पृ. 440

नैतिक कर्तव्य को जन्म देता है। इसे हम नैतिकता का जैविकीय आधार (Biological root of Morality) भी कह सकते हैं। अहिंसा दृष्टि में नैतिकता का यह जैविकीय आधार अन्तर्निहित है। यह स्पष्टत: कहा जा सकता है कि गांधी जी की पर्यावरणीय दृष्टि का आधार उनका समग्रतामूलक दृष्टिकोण और तत्प्रसूत अहिंसा दृष्टि है। इसी से ही पर्यावरण के अनुकूल जीवन-शैली का उद्भव होता है। यह संयोग मात्र नहीं है कि इसी अहिंसक पर्यावरणीय दृष्टि के कारण गांधी जी जिस जीवन-शैली और विचार-सरणी को स्वीकार करते हैं, उसमें भी एकत्व मौजूद है। यही एकत्व स्वदेशी, विकेन्द्रीकरण, सर्वोदय, गाँवों को प्राथमिक इकाई मानने, लघु प्रौद्योगिकी अपनाने, ऊर्जा स्रोतों के संयत प्रयोगों इत्यादि के जरिये अभिव्यक्त होता है।

गांधी जी की अहिंसक पर्यावरणीय दृष्टि में अनेक अन्तर्दृष्टियाँ भी प्राप्त होती हैं जिनका सामना हमें आज भी करना पड़ रहा है। उन्होंने इंग्लैंड प्रवास के दौरान औद्योगिकीकरण के अभिशाप को देखा था जिसका वर्णन कई बार किया। सबसे महत्त्वपूर्ण बात यह थी कि उपनिवेशवाद के कारण खतरे में पड़े पर्यावरण पर भी अपना ध्यान केन्द्रित किया। साम्राज्यवाद को संसाधनों के शोषण के साथ जोड़कर देखा। भारत का उदाहरण उनके सामने मौजूद था जो इस शोषण का शिकार हो रहा था। उन्होंने चेतावनी दी कि संसाधनों का यह अन्धाधुन्ध दोहन मानव अस्तित्व के लिए खतरा साबित होगा :

> *'ईश्वर न करे कि भारत कभी पश्चिमी ढंग के उद्योगवाद को अपनाए। अगर तीस करोड़ की आबादी वाला समूचा राष्ट्र पश्चिमी ढंग के आर्थिक शोषण पर उतर आए तो वह टिड्डी दल की तरह सारी दुनिया को चट कर जाएगा।'*[1]

गांधी जी के कथन का सन्दर्भ हमें याद दिलाता है कि स्वतंत्र भारत में हमने उसी उद्योगवाद और आर्थिक शोषण को अपनाया जिसके प्रति गांधी जी ने आगाह किया था, परिणामस्वरूप आन्तरिक उपनिवेशवाद को जन्म दिया। इसमें देश में उपस्थित कमजोर समूहों को हमने विकास की 'अनिवार्य लागत' का हिस्सा बनाया। प्राकृतिक संसाधनों को लेकर चलनेवाली लड़ाई का एक पक्ष पर्यावरण पर समान अधिकार की आवाज भी है। आम जनता की आजीविका की लड़ाई (struggle for right and justful livelihood) में गांधी जी ने सशक्त हस्तक्षेप किया जो पर्यावरणीय दृष्टि से भी अनुकूल था। उनके द्वारा प्रतिपादित चरखा और स्वदेशी ने (मशीनों द्वारा संसाधनों के अन्धाधुन्ध दोहन पर आधारित) व्यापक उत्पादन (मॉस प्रोडक्शन) के स्थान पर लोगों के द्वारा लघु स्तर पर व्यापक उत्पादन (प्रोडक्शन बाय मासेज) को तरजीह दी, इसका एक सशक्त पर्यावरणीय पक्ष भी है।

1. *यंग इंडिया,* 20/12/1928, पृ. 422

आज न केवल गाँवों और आदिवासी समूहों में अपितु शहरों में भी आम जनता व कमजोर समूह संसाधनों तक पहुँच से वंचित होते जा रहे हैं। संसाधनों के केन्द्रीकरण के प्रति गांधी जी ने सीधी चेतावनी दी थी :

> *'मैं नगरों की बढ़वार को एक बुराई मानता हूँ; यह मानवजाति और दुनिया के लिए दुर्भाग्य का विषय है; यह इंग्लैंड और, निश्चित रूप से, भारत के लिए दुर्भाग्य का विषय है। अंग्रेजों ने शहरों के माध्यम से भारत का शोषण किया है। शहरों ने पलटकर गाँवों का शोषण किया है। शहरों का भवन-निर्माण गाँवों की रक्तरूपी सीमेंट से हुआ है। मैं चाहता हूँ कि जो रक्त आज नगरों की धमनियों में बह रहा है, वह फिर एक बार गाँवों की रक्तवाहिकाओं में बहने लगे।'*[1]

अपनी अहिंसक पर्यावरणीय दृष्टि के कारण गांधी जी ने एक ऐसी जीवन-शैली के प्रयोग किये जिसमें गाँव केन्द्र में था। इसी को केन्द्र बनाकर 'महासागरीय वलय' की राष्ट्रीय परिकल्पना प्रस्तुत की। इसमें विकेन्द्रीकरण, रचनात्मक कार्यक्रम, ग्रामोद्योग इत्यादि पर जोर था। इन सबका स्रोत तात्त्विक एकता में निहित था।

गांधी जी की पर्यावरणीय दृष्टि का परवर्ती व समकालीन पर्यावरणीय विचारों एवं आन्दोलनों पर असर देखना चाहते हैं तो इसका एक तरीका इन विचारों एवं आन्दोलनों को उपर्युक्त बताई गई कसौटियों पर खरा उतरना होगा। अर्ने नेस्स (गहन पारिस्थितिकी), ई.एफ. शुमाकर इत्यादि के विचारों को गांधी जी की पर्यावरणीय दृष्टि का ही विस्तार कहा जा सकता है, साथ ही विभिन्न पर्यावरणीय आन्दोलनों, चाहे वे किसी भी मुद्दे को लेकर हो रहे हों, यदि वे जीवन की तात्त्विक एकता, विकेन्द्रीकरण, स्थानीय आत्मनिर्भरता, प्राकृतिक संसाधनों के सामूहिक प्रबन्धन इत्यादि को अपना आधार बनाते हैं तो इन्हें गांधी-दृष्टि के आन्दोलन कहा जा सकता है।

सारत: यह कहा जा सकता है कि गांधी जी की पर्यावरणीय दृष्टि का एक सशक्त तत्त्वमीमांसीय आधार है जो अस्तित्वमूलक एकता से सम्पुष्ट होता है। उनकी एक प्रसिद्ध उक्ति हर समय के लिए एक महत्त्वपूर्ण मार्गनिर्देशक है कि संसार में इतने संसाधन हैं कि वे प्रत्येक व्यक्ति की आवश्यकता पूरी करने में समर्थ हैं किन्तु यह एक व्यक्ति के लालच के लिए भी पर्याप्त नहीं है।

---

1. *हरिजन*, 23/06/1946, पृ. 198

अध्याय-8

गांधी और सामाजिक आन्दोलन

इतिहास की शुरुआत से ही समाज में संघर्ष विद्यमान रहे हैं और मनुष्य इस संघर्ष के खिलाफ आवाज उठाता रहा है। इन संघर्षों से निपटने के दो तरीके हैं : पहला हिंसक प्रतिरोध—यहाँ एक बात गौर करने की है कि हिंसा द्वारा समाधान किये जाने पर जीत ज्यादा हिंसा करनेवाले की होती है, फिर यह जरूरी नहीं है कि वह सही पक्ष की जीत हो। हिंसा के दौरान जो जान-माल का नुकसान होता है, उसकी भरपाई करना सम्भव नहीं है। ऐसी स्थिति में यह सवाल उठता है कि संघर्ष के समाधान के हिंसक पक्ष का कोई विकल्प मौजूद है अथवा नहीं?

महात्मा गांधी ने संघर्ष के समाधान के लिए हिंसक प्रतिरोध के बरअक्स जो मार्ग बताया, वह सक्रिय अहिंसक प्रतिरोध का रास्ता है जिसे वे 'सत्याग्रह' का नाम देते हैं। अपनी प्रविधि में अहिंसक प्रतिरोध कई तरीकों को शामिल करता है, वे हैं—असहयोग, सविनय अवज्ञा, हड़ताल, धरना, उपवास आदि।

प्रस्तुत अध्याय में इस बात को समझने की कोशिश की गई है कि गांधी जी के आन्दोलनों का मूल आधार क्या था? उनकी प्रविधि क्या थी? गांधी जी जनान्दोलन से क्या समझते थे? गांधी जी के यहाँ आन्दोलन एवं अभियान में क्या फर्क है? गांधी जी जब कोई आन्दोलन करते थे तो वे किन बातों का खयाल रखते थे? सत्याग्रह की क्या विशेषता है? सत्याग्रह के विभिन्न प्रकार कौन से हैं? —आदि।

यहाँ गांधी के आन्दोलनों (सत्याग्रह) की प्रविधि को समझने से पहले हमें गांधी-दृष्टि की तत्त्व-मीमांसा को समझना होगा।

गांधी जी के लिए दो शब्द बहुत महत्त्वपूर्ण हैं :

'सत्य', 'अहिंसा अथवा प्रेम'।

गांधी जी के अनुसार : 'सत्य सर्वोच्च सिद्धान्त है, जिसमें अन्यानेक सिद्धान्त समाविष्ट हैं। यह सत्य केवल वाणी का सत्य नहीं है अपितु विचार का भी है...।'[1]

---

1. *महात्मा गांधी के विचार,* (सं.) आर.के. प्रभु, यू.आर. राव, पृ. 39

आगे वे कहते हैं : 'सत्य प्रत्येक मनुष्य के हृदय में वास करता है और मनुष्य को इसे वहीं खोजना चाहिए। सत्य जिसे जैसा दिखाई दे, वह उसी से निर्देशित हो। लेकिन किसी को यह अधिकार नहीं है कि वह सत्य का जिस रूप में दर्शन करता है, उसके अनुसार चलने के लिए दूसरे लोगों पर जोर-जबरदस्ती करे।'[1]

साधारण शब्दों में कहें तो अस्तित्व का नियम ही सत्य है। गांधी जी हमेशा इस बात पर जोर देते हैं कि चूँकि निरपेक्ष सत्य को जानना कठिन है, अत: जिस सापेक्ष सत्य को जानते हैं, उसी के अनुसार आचरण करें। यहाँ कुछ आलोचक यह प्रश्न उठाते हैं कि गांधी जी का यह कथन अस्पष्ट है क्योंकि यदि समाज में हर व्यक्ति अपने सत्य पर बना रहे तो अव्यवस्था की स्थिति उत्पन्न हो जाएगी। इस आलोचना पर विचार करने से लगता है कि यह कथन को आधा-अधूरा समझना है। गांधी जी के सत्य की अवधारणा में अपृथक् रूप से जो अवधारणा जुड़ी है, वह है—अहिंसा। यहाँ अहिंसा का तात्पर्य है कि सत्य को जानने और मानने का सबको अधिकार है परन्तु मनवाने का अधिकार नहीं है। गांधी जी के लिए सत्य एवं अहिंसा अभेद रूप से जुड़े हुए हैं। उनके शब्दों में :

> *'अहिंसा के बिना सत्य का शोध और उसकी प्राप्ति असम्भव है। अहिंसा और सत्य एक-दूसरे से इस प्रकार गुँथे हुए हैं कि उन्हें पृथक् करना प्राय: असम्भव है। वे सिक्के, बल्कि कहिए कि धातु की चिकनी और बिना छाप वाली चक्रिका के दो पहलू हैं। कौन बता सकता है कि सीधा पहलू कौन-सा है और उलटा कौन-सा? फिर भी अहिंसा साधन है और सत्य साध्य है। साधन वही है जो हमारी पहुँच के भीतर हो और इस प्रकार अहिंसा हमारा सर्वोपरि कर्तव्य है। यदि हम साधन को ठीक रखें तो देर-सवेर साध्य तक पहुँच ही जाएँगे। एक बार इस मुद्दे को समझ जाएँ तो अन्तिम विजय असन्दिग्ध है।*[2]
>
> *'लेकिन मानवीय सम्बन्धों में सत्य की सिद्धि के सिवा इसका और कोई साधन नहीं है कि हम अहिंसा का व्यवहार करें। अहिंसा का दृढ़ता के साथ आचरण अनिवार्यत: हमें सत्य तक ले जाता है— जो हिंसा के व्यवहार से सम्भव नहीं है। इसीलिए अहिंसा पर मेरा दृढ़ विश्वास है। सत्य मेरे पास स्वभावत: आया। अहिंसा को मैंने संघर्ष करके अर्जित किया। लेकिन अहिंसा चूँकि साधन है, इसलिए स्वभावत: अपने दैनन्दिन जीवन में हमारा उससे सरोकार ज्यादा है। इसलिए हमारी जनता को अहिंसा की शिक्षा देना आवश्यक है। तदुपरान्त सत्य की शिक्षा उसके स्वाभाविक परिणाम के रूप में आएगी।'*[3]

---

1. *हरिजन*, 25/11/1933, पृ. 6
2. *फ्रॉम यर्वदा मंदिर*, पृ. 12-13
3. *हरिजन*, 23/6/1946, पृ. 199

इस प्रकार गांधी जी के लिए सत्य और अहिंसा में कोई भेद नहीं है। उनके शब्दों में : 'अपने विशुद्धतम रूप में अहिंसा का अर्थ है—अधिकतम प्रेम।'[1]

गांधी जी के सत्याग्रह-सम्बन्धी विचार को समझने से पूर्व यह आवश्यक है कि उनके अहिंसा-सम्बन्धी विचार को दृष्टिगत कर लिया जाए। इसका कारण है कि गांधी जी के लिए अहिंसा न केवल एक धार्मिक तर्क है अपितु एक वैज्ञानिक एवं ऐतिहासिक तर्क भी है। गांधी जी के लिए धर्म से तात्पर्य किसी औपचारिक अथवा सम्प्रदायगत धर्म से नहीं है वरन् समस्त धर्मों के मूल में जो धर्म है, उससे है। गांधी जी हिन्दू धर्म, इस्लाम धर्म, जैन धर्म आदि सभी धर्मों में अहिंसा को अनिवार्य तत्त्व के रूप में प्रस्तुत करते हैं।[2]

अहिंसा को वैज्ञानिक सिद्धान्त की भाँति प्रस्तुत करते हुए गांधी जी 'ससंजक बल', 'अधिकेन्द्री बल' व 'गुरुत्वाकर्षण बल'—विज्ञान के इन सिद्धान्तों को मानव जीवन व इतिहास में प्रेम के अस्तित्वगत नियम के रूप में स्थापित करते हैं :

> *'वैज्ञानिक बताते हैं कि जिन अणुओं से मिलकर हमारी पृथ्वी की रचना हुई है, उनके बीच यदि ससंजक बल या संसक्तिशील बल विद्यमान न हो तो पृथ्वी खंड-खंड हो जाएगी और हमारा अस्तित्व समाप्त हो जाएगा, और जिस प्रकार पदार्थों में ससंजक बल है, उसी प्रकार सभी चेतन पदार्थों में भी यह बल उपस्थित होना चाहिए, और चेतन पदार्थों में इस ससंक्तिशील बल का नाम है : 'प्रेम'। हमें इसके दर्शन पिता-पुत्र में, भाई-बहन में, मित्र-मित्र में होते हैं। लेकिन हमें समस्त जगत् के बीच इस बल के प्रयोग का अभ्यास डालना चाहिए; इसी प्रयोग में हमारा ईश्वर का ज्ञान निहित है। जहाँ प्रेम है, वहाँ जीवन है; घृणा विनाश की ओर ले जाती है।*[3]
>
> *'मेरा मानना है कि मानवजाति की ऊर्जा का कुल योग हमारे अपकर्ष के लिए नहीं बल्कि हमारे उत्कर्ष के लिए है और यह प्रेम के नियम अचेतन किन्तु निश्चित प्रवर्तन का परिणाम हैं। मात्र यह तथ्य कि मानवजाति का अस्तित्व बरकरार है, यह इस बात का प्रमाण है कि संसक्तिशील बल विच्छेदक बल से अधिक शक्तिशाली है; अभिकेन्द्री बल से बढ़कर है।*[4]

---

1. *यंग इंडिया,* 12/05/1920
2. गांधी के धर्म-सम्बन्धी विचार के लिए देखें—*हिन्दू धर्म, यंग इंडिया,* 31/7/1924, पृ. 254; *यंग इंडिया,* 19/1/1928, पृ. 22; वही, 20/1/1927, पृ. 352; बौद्ध धर्म देखें—*यंग इंडिया,* 24/11/1927, पृ. 392-93; जैन धर्म देखें—*सम्पूर्ण गांधी वाङ्मय,* खंड 23, पृ. 19; ईसाई धर्म देखें—*यंग इंडिया,* 8/9/1920, पृ. 2-3 एवं इस्लाम धर्म देखें—*यंग इंडिया,* 20/1/1927, पृ. 21; *हरिजन,* 7/10/1939, पृ. 296; *हरिजन,* 13/7/1940, पृ. 193
3. *यंग इंडिया,* 5/5/1920, पृ. 7
4. *वही,* 12/11/1931 पृ. 355

'जिस प्रकार गुरुत्वाकर्षण के प्रभाव से बँधकर पृथ्वी अपनी कक्षा में स्थित है उसी प्रकार सारा समाज अहिंसा के सूत्र से बँधा है। लेकिन जब गुरुत्वाकर्षण के नियम की खोज हुई तो इस खोज के अनेक ऐसे परिणाम सामने आए जिनका ज्ञान हमारे पूर्वजों को नहीं था। इसी प्रकार जब समाज की रचना सोच-समझकर अहिंसा के नियमानुसार की जाएगी तो उसकी संरचना की भौतिक विशिष्टताएँ जैसी आज हैं, उनसे भिन्न होंगी।'[1]

गांधी जी अहिंसा को ऐतिहासिक आधार पर भी पुष्ट करने की कोशिश करते हैं। उनके अनुसार अब तक के इतिहास को देखने की दृष्टि अगर परिवर्तित की जाए तो अहिंसा एक मूल्य के तौर पर हमारे सामने आता है। अहिंसा मानवीय अनुभव और इतिहास से समर्थित है। जहाँ वे आधुनिक सभ्यता से प्रेरित इतिहास को मानते हैं, वहाँ इतिहास-दृष्टि को स्पष्ट तौर पर प्रस्तुत करते हैं। आगे वे कहते हैं कि लगातार युद्धों, संघर्ष, हिंसा के बाद भी संसार टिका हुआ है, यह अहिंसा के कारण ही सम्भव है।

इस प्रकार यदि हम अहिंसा के स्वरूप को समझना चाहें तो उसे निम्न बिन्दुओं में समझा जा सकता है :

1. अहिंसा मानव-जाति का नियम है और यह पशुबल से कहीं अधिक महान तथा श्रेष्ठ है।
2. यह अन्ततः उनके लिए उपयोगी नहीं है जिनकी प्रेम/ईश्वर में जीती-जागती आस्था नहीं है।
3. अहिंसा मनुष्य के स्वाभिमान और आत्मसम्मान की पूरी तरह रक्षा करती है, लेकिन जमीन-जायदाद या चल सम्पत्ति के स्वामित्व को सदा संरक्षण प्रदान नहीं करती। हालाँकि अहिंसा-पालन का आभ्यासिक सम्पत्ति की रक्षा के लिए सशस्त्र आदमी रखने की अपेक्षा ज्यादा कारगर सुरक्षा प्रदान करता है। अहिंसा की प्रकृति ही ऐसी है कि वह गलत तरीके से कमाए गए लाभों और अनैतिक कृत्यों की रक्षा करने में कोई मदद नहीं करती।
4. अहिंसा के मार्ग पर चलनेवाले व्यक्तियों और राष्ट्रों को अपनी प्रतिष्ठा के अलावा सब कुछ बलिदान करने (अपने अन्तिम नागरिक की बलि तक) के लिए तैयार रहना चाहिए। अतः अन्य देशों पर अधिकार कर बैठनेवाले अर्थात साम्राज्यवाद, जो स्पष्टतया अपनी रक्षा के प्रयोग पर आधारित होता है, उनके साथ अहिंसा का कोई मेल नहीं है।
5. अहिंसा ऐसी शक्ति है जिसे सब साध सकते हैं—बच्चे, युवा स्त्री-पुरुष या प्रौढ़ व्यक्ति। शर्त यही है कि उनकी प्रेम/ईश्वर में सजीव आस्था हो।

---

1. *हरिजन*, 11/2/1939, पृ. 8

वे समस्त मानव जाति को एक समान प्रेम करते हों। अहिंसा को जीवन का नियम मान लेने पर यह केवल व्यक्ति के इक्का-दुक्का कृत्यों पर ही लागू न हो बल्कि उसके समूचे व्यक्तित्व को अनुप्राणित करनेवाली होनी चाहिए।

6. यह मानना गलत है कि अहिंसा का नियम व्यक्ति के लिए तो ठीक है, पर मानव-समूहों के लिए कारगर नहीं है।

गांधी जी अहिंसा के इस स्वरूप के आधार पर ही एक ऐसी तकनीक का विकास करते हैं जो संघर्ष को निपटाने में सहायक होती है। गांधी जी इसे 'सत्याग्रह' का नाम देते हैं। गांधी जी द्वारा प्रस्तुत सत्याग्रह ऐसा सिद्धान्त है जो अहिंसा को आधार बनाकर समाज में कहीं भी उपस्थित समस्या को अहिंसक तरीके से समाप्त करने का प्रयास करता है।

सत्याग्रह

सत्याग्रह एक संयुक्त शब्द है, जो दो शब्दों—सत्य एवं आग्रह—के मेल से बना है, जिसका अर्थ होता है—सत्य पर दृढ़ता यानी हर परिस्थिति में सत्य को ही पकड़कर चलना। प्रो. नन्दकिशोर आचार्य ने अपनी पुस्तक 'सभ्यता का विकल्प' में कहा है :

'सत्याग्रह वस्तुत: एक राजनीतिक प्रौद्योगिकी है।'

इस प्रकार गांधी जी द्वारा प्रस्तुत सत्याग्रह का विचार प्रेम के नियम, जोकि अस्तित्व का भी नियम है, को राजनीतिक गतिविधियों का आधार बनाना है। गांधी जी ने अनुसार : 'सत्याग्रह राजनीति में धार्मिक भावना का समावेश है।' यहाँ ध्यान रखनेवाली बात यह है कि धर्म का तात्पर्य कोई ऐतिहासिक धर्म नहीं बल्कि सभी धर्मों का सार नैतिकता से है। इस प्रकार गांधी जी के लिए धर्म का मतलब है—विश्व का व्यवस्थित नैतिक शासन।

अत: स्पष्ट है कि गांधी जी प्रेम के नियम के आधार पर एक ऐसी प्रौद्योगिकी विकसित करते हैं जो अपनी प्रक्रिया में भी इसी नियम से संचालित होती है। इसी का नाम सत्याग्रह है। गांधी जी के अनुसार सत्य सबसे बड़ी शक्ति है। गांधी जी के यहाँ सत्य तीन रूपों में प्रयुक्त होता है :

1. *आत्मबल*—अर्थात् हर व्यक्ति को सत्य पर टिके रहने से आत्मबल प्राप्त होता है।
2. *प्रेमबल*—यानी अपनी प्रक्रिया में सत्य प्रेमपूर्ण है।

3. *न्यायबल*—अर्थात किसी भी प्रकार के अन्याय अथवा शोषण, दमन और उत्पीड़न के सम्मुख मानवीय समानता; स्वतंत्रता और गरिमा को भौतिक बल की बजाय आत्मबल; पीड़ा देने की बजाय पीड़ा सहना और घृणा और हिंसा के बजाय प्रेम और अहिंसा के माध्यम से न्यायबल स्थापित करने का प्रयास है।

सत्याग्रह को परिभाषित करते हुए गांधी जी लिखते हैं :

> *'सत्याग्रह का अर्थ है— जिसे हम सत्य समझते हैं, उसे मृत्युपर्यन्त न छोड़ना; सत्य के लिए चाहे जितनी तकलीफें उठानी पड़े, सब उठाना; कष्ट किसी को नहीं पहुँचाना क्योंकि कष्ट पहुँचाने से सत्य का उल्लंघन होता है। सब सहने की इतनी शक्तियाँ पा जाना ही सच्ची जीत है।'*[1]

आगे वे लिखते हैं : 'मेरे लिए सत्याग्रह का नियम प्रेम का एक शाश्वत नियम है। इसके मूलार्थ को ग्रहण करना ही सत्य-शक्ति है। मैंने इसे प्रेम-शक्ति या आत्म-शक्ति भी कहा है। सत्याग्रह का उपयोग प्रारम्भिक अवस्था में ही करते हुए, मैंने यह देख लिया कि सत्य के अनुगमन में विरोधी के प्रति हिंसा करने की गुंजाइश नहीं है; उसकी गलतफहमी तो धैर्य और सहानुभूति के द्वारा ही दूर करनी पड़ेगी। क्योंकि एक को जो सत्य जान पड़ता है, वह दूसरे को असत्य भी लग सकता है। धैर्य का अर्थ स्वयं कष्ट उठाना है। इसलिए सत्याग्रह का अर्थ है—विरोधी को पीड़ा देना नहीं बल्कि स्वयं कष्ट उठाकर सत्य की रक्षा करना'।...[2]

सत्याग्रह का बुनियादी सिद्धान्त

गांधी जी कहते हैं : 'सत्याग्रह के सिद्धान्त का असली रूप यह है कि इस व्रत को स्वीकार करनेवाला सदा आत्मबल पर निर्भर रहकर अपने विरोधी को किसी प्रकार का कष्ट न देकर, अपनी साधना को पूर्ण करने के लिए जिस निमित्त सत्याग्रह-व्रत धारण किया हो, उसकी प्राप्ति के लिए स्वयं कष्ट भोगना।'[3]

यदि हम गांधी जी के सत्याग्रह के बुनियादी सिद्धान्त को बिन्दुवार लिखना चाहें तो इस प्रकार लिख सकते हैं :

1. मनुष्य-मात्र के हृदय में स्थित सत्य सत्याग्रह-शस्त्र की बुनियाद है। इसी को 'अन्त:करण की आवाज' कहते हैं।

---

1. *इंडियन ओपेनियन* (गुजराती), 26/9/1908
2. *सत्याग्रह की परिभाषा,* यंग इंडिया, 14/1/1920
3. वही, 5/11/1919

2. स्वार्थ के वशीभूत मनुष्य अन्त:करण की इस आवाज को दबा देने का कुछ समय तक प्रयास जरूर करता है लेकिन उसका विरोधी अगर सच्चा सत्याग्रही हो तो अन्त में उसे अन्त:करण की आवाज सुननी ही होगी।
3. यह आवाज अनेक रूपों में उसके सामने प्रकट होती है। उसे अपने अन्याय का पता चल जाना और उसके लिए पश्चात्ताप होना इसका श्रेष्ठ उदाहरण है। इसी को 'हृदय-परिवर्तन' या 'दिल-बदलाव' कहते हैं।
4. विरोधी के हृदय को उसके अपने अन्त:करण की आवाज के प्रति जाग्रत् करना प्रत्येक सत्याग्रह का साध्य है।

सत्याग्रह का सामान्य सिद्धान्त

1. सत्य, अहिंसा आदि साधनों द्वारा ही अधर्म का विरोध किया जा सकता है। यह सामान्य नियम सर्वत्र लागू होता है।
2. सत्याग्रह ऐसा उपाय है जिसमें सत्याग्रही को ही कष्ट उठाने के लिए तैयार रहना पड़ता है; विरोधी पक्ष को कष्ट देने का कोई उपाय होता ही नहीं।
3. अधर्म में सत्याग्रह का आधार धर्मयुक्त उपाय ही होना चाहिए।
4. सत्याग्रह के फलस्वरूप विरोधी के साथ कटुता बढ़ती नहीं बल्कि घटती है, और सत्याग्रह के अन्त में दोनों पक्ष मित्र बन जाते हैं।
5. अधर्म का विरोध करने के लिए सत्याग्रह की उचित रीति जब तक न सूझ जाए, तब तक सत्याग्रही कोई कदम जल्दी नहीं उठाता।
6. सत्याग्रही झूठी प्रतिष्ठा के फेरे में नहीं रहता।

सत्याग्रह और दुराग्रह

जब हम गांधी जी द्वारा प्रस्तुत सत्याग्रह के सिद्धान्त पर बात करते हैं तो एक बात आवश्यक रूप से सामने आती है, वह है—सत्याग्रह और दुराग्रह में भेद करना। गांधी जी लिखते हैं : 'बलात् लादे हुए दुखों से मुक्ति का उपाय ज्ञानपूर्वक दुख सहना ही उचित है। यही सत्याग्रह है। दुखों से मुक्ति के लिए दुख देना दुराग्रह और पशुबल है।'[1]

गांधी जी इस संक्षिप्त उद्धरण में सत्याग्रह व दुराग्रह का अर्थ सटीकता से प्रस्तुत करते हैं। स्वयं गांधी जी सत्याग्रह को स्वीकार करते हुए भी हिंसा व अहिंसा के द्वन्द्व को पहचानते हैं क्योंकि सत्याग्रह में शत्रु नहीं, विपक्षी होता है। वर्तमान समय में जॉन बोनड्यूरैंट जैसी विश्लेषक सत्याग्रह के मूल में एक

1. *महादेव भाई की डायरी* (गु.), 12/4/1981

गांधीवादी द्वन्द्ववाद (सत्याग्रह-दुराग्रह) भी देख लेती है जो वस्तुओं के स्वभाव या समय की प्रगति में नहीं बल्कि मानवीय प्रवृत्तियों और कर्म में व्यक्त होता है—लेकिन इस द्वन्द्व में अहिंसा ही जीवन के संचालक नियम के रूप में प्रतिष्ठित होती है।[1]

सत्याग्रह में स्वेच्छा से दुख को सहन करना केन्द्रीय महत्त्व रखता है। प्रत्येक व्यक्ति में अच्छाई-बुराई, दोनों प्रवृत्तियाँ होती हैं। अत: विपक्षी के हृदय में विद्यमान अच्छी प्रवृत्तियों को/अच्छाई को जगाने के लिए दुख सहन करना सर्वोत्तम उपाय है। गांधी जी के अनुसार, सत्याग्रह में (स्वेच्छापूर्वक) दुख सहन करने की प्रवृत्ति 'मानवजाति का नियम है'।[2]

सत्याग्रह की सफलता के लिए आवश्यक शर्तें

गांधी जी ने 'हरिजन' में अपने एक लेख में सत्याग्रह की सफलता की आवश्यक शर्तें गिनाई हैं, जिनमें पीड़ा-सहन को भी शामिल किया गया है[3] :

1. सत्याग्रही के मन में विरोधी के लिए घृणा की भावना नहीं होनी चाहिए।
2. सत्याग्रही का मुद्‌दा सच्चा और महत्त्वपूर्ण होना चाहिए।
3. सत्याग्रही को अपने ध्येय की पूर्ति होने तक पीड़ा भोगने के लिए तैयार रहना चाहिए।

गांधी जी ने समय-समय पर सत्याग्रह की विशेषताओं का उल्लेख किया है, जिन्हें हम निम्न बिन्दुओं में लिख सकते हैं :

1. मानव-प्रकृति में बदलने की अनन्त सम्भावनाएँ हैं। सत्याग्रह का मनुष्य की बुनियादी अच्छाई में पूरा विश्वास है।
2. सत्याग्रह में कोई शत्रु नहीं होता, विपक्षी होता है। विपक्षी के प्रति दुर्भावना नहीं होती, बल्कि उसके दृष्टिकोण में परिवर्तन लाया जाता है ताकि सकारात्मक दृष्टिकोण से वह व्यवहार कर सके।

---

1. आचार्य नन्दकिशोर, *सभ्यता का विकल्प*, पृ. 24
2. गांधी जी लिखते हैं : *'मुझे दिनोंदिन विश्वास होता जा रहा है कि लोगों के लिए बुनियादी महत्त्व की चीजें केवल तर्क के सहारे प्राप्त नहीं की जा सकतीं, बल्कि पीड़ा-भोग के रूप में मूल्य चुकाकर खरीदनी पड़ती हैं। पीड़ा-भोग मानव-जाति का नियम है, युद्ध जंगल का नियम है। विरोधी का हृदय-परिवर्तन करने और विवेकसम्मत बात के लिए बन्द उसके कानों को खोलने के वास्ते जंगल के नियम से कहीं ज्यादा शक्तिशाली नियम पीड़ा-भोग का है।' — यंग इंडिया,* 5/11/1931, पृ. 341
3. *हरिजन,* 31/3/1946, पृ. 64

3. सत्याग्रह पूर्ण रूप से अहिंसक होता है।[1]
4. सत्याग्रह अन्तिम अस्त्र के रूप में प्रयुक्त होता है।[2]
5. विपक्षी की कमजोरी का फायदा नहीं उठाना चाहिए।
6. सत्याग्रह में अभय बड़ी महत्त्वपूर्ण बात है। सत्याग्रही को हर तरह के डर से खुद को मुक्त करना होता है।
7. सत्याग्रह के प्रयोग से कम-से-कम हानि होती है। हिंसा द्वारा समाप्त एवं नष्ट किये गए प्राणियों, वस्तुओं का लौटना असम्भव होता है। सत्याग्रह यह अवसर देता है कि बिना हिंसा के उद्देश्य तक पहुँचा जाए। अगर सफलता नहीं भी मिलती है तो भी दूसरों को हानि पहुँचाने के दोष से तो बचा ही जा सकता है।
8. सत्याग्रह का उद्देश्य विपक्षी के हृदय में विद्यमान आत्मबल, प्रेमबल को जाग्रत् करना होता है। अगर ऐसा न भी कर सके तो स्वयं अपने मन में दबे उच्चतम भावों व आत्मबल को जाग्रत् करना ही है। इसलिए सत्याग्रह स्वयं सत्याग्रही के लिए भी लाभदायक है।
9. सत्याग्रह में पराजय जैसी कोई बात नहीं है।[3]

---

1. *'सत्याग्रह में शालीनता है। यह कभी चोट नहीं पहुँचाता। यह क्रोध या दुर्भावना का परिणाम नहीं होना चाहिए। इसमें अधैर्य और शोर-शराबे के लिए कोई स्थान नहीं है।'* —*हरिजन,* 15/4/1933, पृ. 8
2. 'चूँकि सत्याग्रह सीधी कार्यवाही का सबसे शक्तिशाली रूप है, इसलिए सत्याग्रही सत्याग्रह शुरू करने से पहले बाकी सब तरीकों पर अमल करके देख लेता है। तदनुसार वह पहले सम्बन्धित प्राधिकारी से सम्पर्क करेगा और उसे जारी रखेगा, फिर जनमत का ध्यान आकर्षित करेगा, लोगों को सम्बन्धित समस्या से अवगत कराएगा। जो उसकी बात सुनना चाहते हैं, उनके समक्ष शान्तिपूर्वक अपना पक्ष प्रस्तुत करेगा, और जब सभी उपाय चुक जाएँगे तब सत्याग्रह की शरण लेगा। लेकिन एक बार अन्त:वाणी का आदेश सुन लेने के बाद यदि वह सत्याग्रह शुरू कर देता है तो फिर किसी भी हालत में उससे पीछे नहीं हटेगा।'—*यंग इंडिया,* 20/10/1927, पृ. 353
3. सत्याग्रह तो सत्य की ओर बढ़ने का ही प्रयास है। जितना पहुँच पाते हैं, उतना विकास तो होता ही है। 'सत्याग्रह में दोनों की जीत होती है। जो सत्य के लिए लड़ा और जिसने सत्य को प्राप्त किया, वह तो जीता ही, लेकिन जिसने सत्य का विरोध किया और अन्त में सत्य को पहचाना और ग्रहण किया, वह भी जीता हुआ ही माना जाता है।...सत्याग्रही के लिए समय की कोई सीमा नहीं होती, न उसकी पीड़ा-भोग की क्षमता की कोई सीमा होती है। इसलिए सत्याग्रह में पराजय नाम की कोई चीज नहीं है।'—*यंग इंडिया,* 19/2/1925, पृ. 61

10. सत्याग्रह में झूठ, गोपनीयता के लिए कोई स्थान नहीं है।[1]
11. सत्याग्रह में प्रतिपक्षी पर सदैव भरोसा किया जाता है।[2]
12. सत्याग्रह में प्रतिपक्षी से घृणा के लिए कोई स्थान नहीं है।[3]
13. सत्याग्रही सदैव बातचीत करने के लिए तैयार रहता है। हर स्थिति में वह सत्याग्रह से प्रारम्भ स्थिति से अधिक बेहतर स्थिति होती है क्योंकि वह प्रतिपक्षी को बातचीत के लिए प्रेरित कर सका। संवादहीनता से संवाद तक की प्रक्रिया तक आना सत्याग्रह की जीत होती है। गांधी जी अपने आन्दोलनों में हमेशा बातचीत के किसी भी प्रस्ताव को तत्परता से लेते थे। प्रतिपक्षी से संवाद के किसी मौके को जाने नहीं देते थे। सत्याग्रही

---

1. गांधी जी स्वयं कोई भी कदम उठाने से पूर्व उसकी सूचना अपने विपक्षी को जरूर दिया करते थे : 'मैं इसे सत्याग्रह के विरुद्ध समझता हूँ कि कोई काम अधीरता या गोपनीयता से किया जाए। इसके पूर्व कि मैं कोई निश्चित कदम उठाऊँ, निश्चय ही मेरी योजनाएँ वायसराय के पास भेज दी जाएँगी। सत्याग्रही के पास अपने विरोधी या तथाकथित शत्रु से छिपाने के लिए रहस्य नहीं होते।...मैं घड़ी भर भी नहीं समझ सकता कि सत्याग्रह में गोपनीयता के लिए कैसे स्थान हो सकता है। सत्याग्रह में हमें पूरी शक्ति से अपना सत्य व्यक्त करना पड़ता है, जबकि गोपनीयता में कायरता और झूठ है।...भय और अविश्वास गोपनीयता की जुड़वाँ सन्तति हैं। जो भी करें, खुल्लमखुल्ला, दिनदहाड़े करना चाहिए। तुम क्या हो, कहाँ हो, और क्या कर रहे हो; इसे अच्छी तरह जानो।'— *महादेव भाई की डायरी,* तीसरा भाग, 21/1/1933, पृ. 75–76
2. 'सत्याग्रही भय को सदा के लिए छोड़ देता है, इसलिए वह विरोधी पर विश्वास करने से कभी डरता नहीं है। विरोधी बीस बार भी उसे धोखा दे जाए, वह इक्कीसवीं बार भी विश्वास करने के लिए तैयार रहेगा। बात यह है कि मानव-प्रकृति में अडिग विश्वास ही सत्याग्रही के धर्म का सार है।'—गांधी जी, *दक्षिण अफ्रीका में सत्याग्रह का इतिहास,* पृ. 159
3. इसके पीछे तर्क यह दिया जा सकता है कि किसी अनजान व्यक्ति के साथ और अपने किसी मित्र के साथ संघर्ष/विवाद में एक अन्तर होता है। यह अन्तर मित्र के साथ रिश्ते के कारण होता है। अत: इसके निवारण का अलग तरीका होता है। सत्याग्रह इसी बात को गहराई से अनुभव करता है। सत्याग्रह में विपक्षी से घृणा नहीं, उस पर विश्वास किया जाता है। प्रतिपक्षी पर विश्वास करने से ही व्यक्ति उन हिंसक उपायों से अलग हो जाता है जिनका वह अनजान व्यक्ति के साथ प्रयोग करता। सत्याग्रह प्रतिपक्षी को कभी लज्जित नहीं करता, घृणित नहीं करता। 'अन्याय का सर्वथा विरोध करते हुए भी अन्यायी के प्रति वैर-भाव न रखना सत्याग्रह का मूल लक्षण है। इसका अर्थ यह हुआ कि हमें सत्य का पालन करते हुए निर्भयतापूर्वक मृत्यु का वरण करना चाहिए और मरते-मरते भी, जिसके विरुद्ध सत्याग्रह कर रहे हैं, उसके प्रति वैर-भाव अथवा क्रोध न रखना चाहिए।'—(26/5/1919 सूरत की सार्वजनिक सभा के भाषण से)।...'अक्सर यह भुला दिया जाता है कि सत्याग्रही की इच्छा अन्यायी को परेशान करने की कभी नहीं होती। प्रतिपक्षी को डराने या दबाने की नहीं, बल्कि हमेशा उसके हृदय पर असर करने की वृत्ति होनी चाहिए। सत्याग्रही का उद्देश्य अन्यायी का हृदय-परिवर्तन करना है, उसे दबाना नहीं। उसे अपनी सब प्रवृत्तियों में बनावट से बचना चाहिए।'—*हरिजन,* 21/3/1939, पृ. 64

यद्यपि हर समय संघर्ष के लिए तैयार रहता है, पर उसे शान्ति के लिए भी उतना ही उत्सुक रहना चाहिए। उसे शान्ति के किसी भी सम्मानजनक अवसर का स्वागत करना चाहिए।[1]

14. सत्याग्रह व्यक्ति और उसके बुरे कर्मों को अलग-अलग करके देखता है यानी वह पाप का विरोध करता है, पापी का नहीं।[2]
15. गांधी जी ने सत्याग्रह के सबसे शक्तिशाली हथियार के रूप में 'जाग्रत् तथा प्रबुद्ध जनमत' को बताया है।[3]

---

1. (यंग इंडिया, 19/3/1931, पृ. 50) ।...सत्याग्रही सम्मानजनक शर्तों पर समझौता करने का कोई अवसर नहीं खो सकता, लेकिन समझौता-वार्ता असफल होने पर उसे संघर्ष के लिए सदा तत्पर रहना चाहिए (यंग इंडिया, 16/4/1931, पृ. 17) ।...सत्याग्रह का नियम है—जिसके विरुद्ध सत्याग्रह किया जाए, उसके साथ विचार-विनिमय का अवसर आए तो उसे करना चाहिए (नवजीवन, 9/4/1931) ।...गांधी जी ने द. अफ्रीका में जनरल स्मट्स के साथ, भारत में ब्रिटिश वायसरायों व जिन्ना के साथ हमेशा समझौते के लिए तत्पर दिखने पर सकारात्मक रुख दिखाया।

   सत्याग्रह के बारे में उपरोक्त विचारों के बाद हम यह कह सकते हैं कि सत्याग्रह की विशेषता उसके उद्देश्य में सत्यपूर्ण होने के साथ-साथ प्रक्रिया रूप में भी सत्यपूर्ण होने में है। स्थायी हानि से छुटकारा इसकी प्रमुख विशेषताओं में है जो हिंसा के विकल्प के बतौर प्रस्तुत होती है। सत्याग्रह 'लाभ-हानि, हार-जीत' के द्वन्द्व भाव से आगे जाकर 'जीत-जीत' के भाव पर कार्य करता है। सत्याग्रही का विश्वास विपक्षी को मौका देता है कि वह अपनी नैतिकता का परिचय दे। वस्तुतः सत्याग्रह विपक्षी की नैतिक आधारों पर परीक्षा है, सत्याग्रही विपक्षी को नैतिक आधारों पर प्रश्नांकित करता है और सही रास्ते पर लाने का प्रयास करता है। जहाँ आज माना जाता है कि हिंसा केवल हिंसा के शिकार व्यक्ति पर ही नहीं, हिंसा करनेवाले पर भी दुष्प्रभाव छोड़ती है। वहाँ सत्याग्रह दोनों पक्षों के हितों, प्रेमबल, आत्मबल, न्यायबल को प्राप्त करने की प्रक्रिया है। जिस सीमा तक दोनों पक्ष इसे प्राप्त करते हैं, दोनों की जीत होती है।
2. गांधी जी के अनुसार : 'सत्याग्रही का प्रथम कर्तव्य अपने प्रतिद्वन्द्वी को भी न्याय देना है (16/5/1918, पृ. 20)।' इसका यह अर्थ है कि विपक्षी भी हमसे न्याय पाने का अधिकारी है, यह हम अपने सामने स्पष्ट रखें।...'मनुष्य और उसका कर्म, दो अलग-अलग चीजें हैं। जहाँ सत्कर्म का अनुमोदन किया जाना चाहिए और कुकर्म की निन्दा, वहीं उनका कर्ता, चाहे वह भला आदमी हो या दुष्ट, सदैव यथाशक्ति आदर अथवा दया का पात्र होता है।'—*सत्य के मेरे प्रयोग या आत्मकथा,* पृ. 203

   'जो लोग आचरण के बजाय आचरणकर्ता को नष्ट करना चाहते हैं, वे इस विश्वास में कि आचरणकर्ता के साथ उसका आचरण भी मर जाएगा, वे उन आचरणों को स्वयं अपना लेते हैं, और जिस व्यक्ति को समाप्त करते हैं, स्वयं उससे भी बुरे सिद्ध होते हैं। दरअसल वे बुराई की जड़ को नहीं पहचानते।'—*यंग इंडिया,* 17/3/1927, पृ. 85
3. 'उदाहरण के लिए जिस बुराई को उसे दूर करना है, सत्याग्रही को उसके विरुद्ध जनमत तैयार करना होता है। यह काम बड़े पैमाने पर, गहरे आन्दोलनों से हो सकता है। जब किसी सामाजिक बुराई के प्रति जनमत जाग उठता है तब कोई भी खुलेआम उसे नहीं करेगा और न ही उसमें सहायता देने का साहस ही करेगा। जाग्रत् तथा प्रबुद्ध जनमत सत्याग्रही का सबसे शक्तिशाली हथियार है।' वही, 8/8/1920, पृ. 316

सत्याग्रह के बारे में उपरोक्त विचारों के बाद हम यह कह सकते हैं कि सत्याग्रह की विशेषता उसके उद्देश्य में सत्यपूर्ण होने के साथ-साथ प्रक्रिया में भी सत्यपूर्ण होने में है। स्थायी हानि से छुटकारा इसकी प्रमुख विशेषताओं में है जो हिंसा के विकल्प के रूप में प्रस्तुत होती है।[1]

उपरोक्त गिनाई गई सत्याग्रह की विशेषताओं के साथ-साथ सत्याग्रही के लिए आवश्यक योग्यताएँ भी बताई गई हैं। हम यहाँ उसे अलग बिन्दुवार प्रस्तुत कर सकते हैं :

सत्याग्रह की विशेषताएँ

1. ईश्वर में उसकी सजीव श्रद्धा होनी चाहिए, क्योंकि वही उसका आधार है।
2. वह सत्य और अहिंसा को धर्म मानता हो और इसलिए उसे मनुष्य-स्वभाव की सुप्त सात्त्विकता में विश्वास होना चाहिए।
3. वह चरित्रवान हो और अपने लक्ष्य के लिए प्राण और धन का बलिदान करने के लिए तैयार हो।
4. वह आदतन खादीधारी हो।
5. वह निर्व्यसनी हो जिससे कि उसकी बुद्धि हमेशा स्वच्छ और स्थिर रहे।
6. वह अनुशासन के नियमों का पालन करने में हमेशा तत्पर रहता हो।

---

1. सत्याग्रह की विशिष्टता के सम्बन्ध में जनरल स्मट्स के सचिव के कथन अत्यन्त प्रासंगिक हो जाते हैं जो उन्होंने गांधी जी को इनके सत्याग्रह के समय व गोरे मजदूरों की हड़ताल में साथ न देने के समय कहे थे :

> 'मुझे आपके लोग बिलकुल अच्छे नहीं लगते। मैं उनकी जरा भी मदद नहीं करना चाहता। लेकिन हम उनका क्या करें? आप लोग संकट की स्थिति में हमारी सहायता करते हैं। आपको कैसे मारा जाए? मैं तो बहुत बार चाहता हूँ कि आप भी इन अंग्रेज हड़तालियों की तरह हुल्लड़ करें। वैसी स्थिति में तो हम तुरन्त आप लोगों को सीधा कर सकते हैं। लेकिन आप तो दुश्मनों को भी दुखी नहीं करना चाहते। आप स्वयं ही दुख सहन करके जीतना चाहते हैं। आप शिष्टता की मर्यादा कभी नहीं छोड़ते, इससे हम आपके सामने लाचार हो जाते हैं।'— द. *अफ्रीका के सत्याग्रह का इतिहास,* पृ. 364

उपरोक्त कथन स्पष्ट तौर पर यह बताता है कि सत्याग्रह के बल पर गांधी जी ने द. अफ्रीकी सरकार को नैतिक रूप से प्रश्नांकित किया। इस बात के लिए बाध्य किया कि सरकार समझे कि वह गलत कर रही है। सत्याग्रह के इस रूप के कई उदाहरण हमें भारतीय स्वतंत्रता संग्राम के दौरान भी मिलते हैं जब ब्रिटिश सरकार अपने नैतिक आधारों को खो देती है। न्यायपूर्ण सरकार की उसकी छवि सत्याग्रह के आधार पर ही सच्चे रूप में संसार के सामने रखी जा सकी कि वह इस छवि के पीछे कितनी अन्यायपूर्ण है।

7. उसे जेल के नियमों का, जो कि खास तौर पर आत्मसम्मान को भंग करने के लिए न बनाए गए हों, पालन करना चाहिए।

यह न समझ लेना चाहिए कि इन शर्तों में ही सत्याग्रही की योग्यताओं की परिसमाप्ति हो जाती है। ये तो केवल दिशा-निर्देशक हैं।[1]

सत्याग्रह का कर्तव्य

1. सत्याग्रह के किसी भी संघर्ष में सर्वप्रथम कर्तव्य—सत्य पर दृढ़ रहना है।
2. अपने आस-पास जो स्पष्ट अधर्म चल रहा है, उसकी ओर से अपनी आँखें बन्द करें।
3. समाज में प्रचलित अधर्म का विरोध करना उसका कर्तव्य है।

सत्याग्रह एवं निष्क्रिय प्रतिरोध (पैसिव रेजिस्टेंस) में अन्तर

यों तो निष्क्रिय प्रतिरोध को सत्याग्रह का ही एक भाग माना जाता है लेकिन गांधी जी सत्याग्रह और निष्क्रिय प्रतिरोध में अन्तर भी करते हैं :

पैसिव रेजिस्टेंस	सत्याग्रह
1. पैसिव रेजिस्टेंस कमजोरों का हथियार माना जाता है।	1. सत्याग्रह वीर व्यक्तियों का हथियार है।
2. पैसिव रेजिस्टेंस में प्रेम की भावना के लिए कोई जगह नहीं है।	2. सत्याग्रह में वैर-भावना के लिए कोई जगह नहीं है।
3. पैसिव रेजिस्टेंस में मौका आने पर हथियार-बल का उपयोग किया जा सकता है।	3. सत्याग्रह में हथियारों के उपयोग के लिए कठिन परिस्थितियाँ पैदा होने पर भी वह सर्वदा त्याज्य है।
4. पैसिव रेजिस्टेंस हथियार-बल के साथ चल सकता है।	4. सत्याग्रह हथियार-बल का सम्पूर्ण रूप से विरोधी है।
5. पैसिव रेजिस्टेंस का उपयोग अपने प्रियजनों के प्रति वस्तुतः हो नहीं सकता।	5. सत्याग्रह का उपयोग अपने प्रियजनों के प्रति भी हो सकता है और होता है।

1. *हरिजन*, 25/3/1939, पृ. 64

सत्याग्रह के प्रकार

गांधी जी सत्याग्रह की अपनी प्रौद्योगिकी के कई व्यावहारिक रूप बताते हैं जिसमें समझाना, असहयोग, सविनय अवज्ञा, उपवास, धरना आदि हैं। अब हम एक-एक करके इनके बारे में चर्चा करेंगे :

1. समझाना

(अ) विरोधी को समझाकर समाधान-भाव से काम करने का प्रयत्न करना सत्याग्रही का पहला लक्ष्य और सत्याग्रही की पहली सीढ़ी है।

(ब) इस तरह समझाने का एक भी उपाय वह नहीं छोड़ेगा। इसमें वह अपने धीरज और उदारता की पराकाष्ठा दिखाएगा। इसके लिए मध्यस्थ की भी सहायता ले सकता है और जिनसे सिद्धान्त भंग नहीं होता है, वैसी सभी छूटें देने को तैयार रहेगा।

(स) समझाने का प्रयत्न निष्फल हो जाने पर और खास तौर पर कदम उठाने का समय आने पर वह विरोधी को आखिरी मौका दिये बिना नहीं छोड़ेगा।

2. असहयोग

असहयोग अपने-आपमें एक सकारात्मक अवधारणा है—चाहे ऊपरी तौर पर यह नकारात्मक ही लगे। असहयोग दोनों पक्षों को न्याय के आधार पर एक पवित्र सहयोग के लिए तैयार करता है। वस्तुतः यह तो 'सहयोग की शुरुआत' है[1] क्योंकि :

> *'असहयोग आन्दोलन का उद्देश्य यह है कि पारस्परिक आदर और विश्वास की बुनियाद पर बिना किसी दबाव के सच्चे तथा प्रतिष्ठापूर्ण सहयोग के लिए रास्ता तैयार किया जाए।*[2]
>
> *'वस्तुतः असहयोग जनसाधारण में अपनी गरिमा और शक्ति की भावना जाग्रत् करने का एक प्रयास है। यह तभी सम्भव है जब उन्हें वह ज्ञान कराया जाए कि यदि वे अपनी अन्तरात्मा को पहचान सकें तो उन्हें पशुबल से डरने की कोई आवश्यकता नहीं रहेगी।'*[3]
>
> *'असहयोग बुराई में अनजाने और अनिच्छापूर्वक भागीदारी करने के विरुद्ध किया गया प्रतिवाद है... । बुराई के साथ असहयोग करना उसी प्रकार मनुष्य का कर्तव्य है जिस प्रकार अच्छाई के साथ सहयोग करना।*[4]

---

1. *यंग इंडिया*, 12/9/1929, पृ. 300
2. वही, 1/6/1921, पृ. 172
3. *हरिजन*, 28/4/1946, पृ. 111
4. वही, 7/4/1946, पृ. 75-76

इस प्रकार असहयोग कोई निष्क्रिय स्थिति नहीं है, यह अत्यन्त सक्रिय स्थिति है—हिंसक प्रतिरोध या हिंसा से अधिक सक्रिय। निष्क्रिय प्रतिरोध एक गलत संज्ञा है। 'असहयोग' शब्द का प्रयोग मैंने जिस अर्थ में किया है, उसमें इसका अहिंसक होना आवश्यक है और इसीलिए यह न तो दंडात्मक है और न द्वेष, दुर्भावना अथवा घृणा पर आधारित है।

गांधी जी ने असहयोग को गीता, कुरान, जेंदअवेस्ता, बाइबल के उदाहरण देकर असहयोग को नैतिक के साथ-साथ धर्मसम्मत भी बताया है।[1]

असहयोग की सफलता की शर्तें बताते हुए गांधी जी ने तीन प्रमुख बातें कहीं :

> *'सफलता तभी सम्भव है जब पूरी समझ के साथ समवेत रूप से मिलकर असहयोग किया जाए। इसके लिए तीन बातें आवश्यक हैं—आदेश के अनुसार चलना, शान्ति और धैर्य तथा हिंसा से सदा दूर रहना।'*[2]

इसके अलावा सत्याग्रह के सारे नियम भी इस पर लागू होते हैं। सत्याग्रह में रचनात्मक कार्यक्रम अनिवार्य रूप से शामिल है। असहयोग आन्दोलन की शुरुआत करते समय भी गांधी जी असहयोग को निर्धारित कर वैकल्पिक व्यवस्था प्रस्तुत करते हैं। यहाँ ध्यान में रखना चाहिए कि सत्य और अहिंसा असहयोग आन्दोलन की बुनियाद है। यही कारण था कि 1922 में चौरी-चौरा कांड के बाद जब असहयोग आन्दोलन हिंसक हो गया तब गांधी जी ने उसे तत्काल स्थगित कर दिया। हिंसा की किसी भी सूक्ष्म स्तर तक की स्वीकृति गांधी जी को अस्वीकार थी क्योंकि वह सत्याग्रह की मूलभावना के ही विरुद्ध थी। एक बार सूक्ष्म स्तर पर हिंसा की स्वीकृति बाद की कई हिंसक घटनाओं की स्वीकृति के लिए द्वार खोल सकती है, अतएव यह अस्वीकार्य हुई। गांधी जी के अनुसार, असहयोग हिंसा करना नहीं अपितु 'आत्मत्याग और बलिदान करने के लिए आत्मसंयम का दूसरा नाम है।'[3]

3. सविनय अवज्ञा

गांधी जी के अनुसार, सविनय अवज्ञा वैधानिक आन्दोलन का विशुद्धतम रूप है। 'अनैतिक, वैध कानूनों को शिष्ट रूप में भंग करना सविनय अवज्ञा है।'[4] सविनय अवज्ञा तभी मानी जा सकती है, जब वह :

- सच्चे हृदय से की जाए।
- आदरभाव लिये हो।
- संयमित हो।

---

1. *यंग इंडिया,* 4/8/1920, 8/8/1920, पृ. 5
2. *वही,* 7/7/1920, पृ. 265
3. *वही,* 25/8/1920, पृ. 32
4. *वही,* 23/3/1921, पृ. 136

- कभी उद्धत रूप ग्रहण न करे।
- सुस्थापित सिद्धान्तों पर आधारित हो।
- स्वेच्छाचारिता के दोष से मुक्त हो।
- उसके पीछे कोई द्वेष या घृणा की भावना न हो।

पूर्व शर्त

सविनय अवज्ञा के लिए पहली पूर्व शर्त यह है कि उसमें भाग लेनेवाले की ओर से हिंसा शुरू न की जाएगी, इसकी पक्की गारंटी हो। हिंसा भड़क उठने पर यह कहना बेईमानी होगी कि वह राज्य अथवा सविनय प्रतिरोधकारियों के विरुद्ध अन्य तत्त्वों द्वारा प्रेरित थी।

यहाँ गांधी जी स्पष्ट रूप से एक बात बताते हैं कि सविनय अवज्ञा हिंसा के वातावरण में प्रगति नहीं कर सकता। इसका तात्पर्य यह नहीं है कि सत्याग्रही के पास अब कोई उपाय शेष नहीं है। उसे सविनय अवज्ञा के अलावा अन्य उपाय ढूँढ़ने होंगे।

सत्याग्रह का स्वरूप

गांधी जी सत्याग्रह को मूल रूप से धर्म से जोड़ते हैं इसलिए वह इसे 'धर्मयुद्ध' का नाम देते हैं। उनके अनुसार, 'धर्मयुद्ध जिसमें न कोई बातें गोपनीय रखने की होती हैं और न जिसमें धूर्तता तथा असत्य के लिए कोई स्थान होता है।'

सविनय अवज्ञा दो तरह की हो सकती है—किसी विशेष अन्यायकारी हुक्म या कानून की। केवल उसी हुक्म या कानून को रद्द कराने भर के लिए और सहयोग के ही खास कदम की भाँति अन्याय, अधर्म अथवा निर्दोष या तटस्थ जनता को अनुचित असुविधा पहुँचाए बिना तोड़े जा सकनेवाले—आम तौर से तमाम कानूनों की है।

यहाँ ध्यान देने की बात है कि गांधी जी सविनय अवज्ञा व आपराधिक (क्रिमिनल) अवज्ञा में भेद करते हैं। उनके शब्दों में :

> *'आपराधिक कानून-भंजक कानून को गोपनीय रूप से तोड़ता है और दंड से अपने को दूर रखने की चेष्टा करता है। सविनय प्रतिरोधी ऐसा नहीं करता। जिस राज्य में वह रहता है, उसके कानूनों को वह सदा दंड-भय के कारण नहीं, बल्कि इसलिए मानता है कि वह उन्हें समाज के लिए हितकारी समझता है। परन्तु कभी-कभी ऐसे अवसर भी आ जाते हैं, यद्यपि वे बहुत ही कम होते हैं, जब वह कुछ कानूनों को इतना अन्यायपूर्ण समझता है कि उसका पालन उसे अपमानजनक मालूम पड़ता है। तब वह खुलेआम किन्तु विनीत भाव से उनको भंग करता है और उसके लिए प्राप्त दंड को शान्तिपूर्वक सहन करता है।'*[1]

1. *पंजाब हत्याकांड* पर लिखी रिपोर्ट में से, 25/3/1920

'सविनय' के शब्द में ही इसका मूल अर्थ समाहित है जो अहिंसा से अविभाज्य रूप से जुड़ा हुआ है। इसके साथ गांधी आक्रामक-रक्षात्मक सविनय अवज्ञा की बात करते हैं :

'आक्रामक, आग्रही सविनय अवज्ञा अहिंसक होती है। यह किसी कानून की स्वैच्छिक अवज्ञा है। इस अवज्ञा में कोई नैतिक अधमता नहीं है और यह राज्य के विरुद्ध विद्रोह के प्रतीक रूप में की जाती है। इस प्रकार किसी राज्य की सुविधा के लिए निर्मित राजस्व या वैयक्तिक आचरण को नियंत्रित करनेवाले कानून—यद्यपि ऐसे कानून स्वयं कोई कठिनाई नहीं उत्पन्न करते और इनके परिवर्तन की जरूरत नहीं—की अवज्ञा आग्रही और आक्रामक अवज्ञा होगी।'

दूसरी ओर रक्षात्मक सविनय अवज्ञा, ऐसे कानूनों की, जो स्वयं में बुरे हैं और जिनका पालन मानव-प्रतिष्ठा और आत्मविश्वास से मेल नहीं खाता, अनैच्छिक या हिचक के साथ अवज्ञा है। इस प्रकार शान्तिपूर्ण उद्देश्य के लिए स्वयंसेवक दल गठित करना, ऐसे ही उद्देश्य से जनसभाएँ करना, निषेधाज्ञा के बावजूद ऐसे लेखों को प्रकाशित करना जो हिंसा को समर्थन, प्रोत्साहन नहीं देते—रक्षात्मक सविनय अवज्ञा है। और शान्तिपूर्ण धरना भी ऐसा ही है जो कि जनता को उन चीजों अथवा संस्था से विरत रखता है, जिसके विरुद्ध धरना दिया जाता है।[1]

'असहयोग' की तरह 'सविनय अवज्ञा' को भी गांधी जी रचनात्मक कार्यक्रम से जोड़ते हैं। उनके अनुसार वह सविनय भंग, जिसके पीछे रचनात्मक प्रयत्न का बल न हो—न तो सविनय है, न अहिंसक।[2]

सविनय अवज्ञा के बारे में गांधी जी का कहना था : 'सविनय अवज्ञा तभी मानी जा सकती है जब वह सच्चे हृदय से की जाए, आदरभाव लिये हो, संयमित हो। कभी उद्धत रूप ग्रहण न करे। सुस्थापित सिद्धान्तों पर आधारित हो। स्वेच्छाचारिता के दोष से मुक्त हो और सबसे महत्त्वपूर्ण बात यह है कि उसके पीछे कोई द्वेष या घृणा की भावना न हो।'[3]

गांधी जी सत्याग्रह और सविनय अवज्ञा में भी अन्तर को स्पष्ट करते हैं। सभी सविनय अवज्ञाएँ सत्याग्रह का एक अंश होती हैं, मगर सभी सत्याग्रह तो सविनय अवज्ञा नहीं हैं।[4]

साथ ही असहयोग व सविनय अवज्ञा के अन्तर को भी समझना होगा। 'सविनय अवज्ञा और असहयोग मूलतः एक ही भावना से अनुप्राणित हैं—फर्क बस इतना है

1. *यंग इंडिया,* 9/12/1921, पृ. 141
2. *हरिजन सेवक,* 6/4/1940, पृ. 355
3. *यंग इंडिया,* 24/3/1920, पृ. 4
4. *हि.न.जी.,* 14/7/1927, उद्धृत, 310

कि सविनय अवज्ञा का सम्बन्ध किसी भी अनुचित कानून को मानने से इनकार करता है जबकि असहयोग किसी भी अन्यायपूर्ण वृत्ति या व्यवस्था के साथ सहयोग करने से मना करता है। इसलिए सविनय अवज्ञा के विरुद्ध प्रतिकार है जबकि असहयोग राजकीय अथवा गैर-राजकीय, किसी भी प्रकार के अनौचित्य का विरोध। अहिंसा दोनों में ही मूल शर्त है।'[1]

4. उपवास

गांधी जी उपवास पर चर्चा करते हुए इसे सत्याग्रह का एक शक्तिशाली अस्त्र बताते हैं। साथ ही स्पष्ट करते हैं कि इसका प्रयोग हर कोई नहीं कर सकता है। उनके शब्दों में, उपवास करने की शारीरिक क्षमता से ही उसकी पात्रता निर्धारित नहीं की जा सकती। ईश्वर में जाग्रत् आस्था के बिना इसका कोई उपयोग नहीं है। यह एक यांत्रिक प्रयास अथवा मात्र अनुकरण के रूप में कभी नहीं किया जाना चाहिए। उपवास की प्रेरणा व्यक्ति की आत्मा की गहराई से आनी चाहिए, इसलिए उपवास सदा एक विरल घटना होती है।

विशुद्ध उपवास में स्वार्थ, क्रोध, आस्थाहीनता अथवा अधैर्य का कोई स्थान नहीं हो सकता। उसमें असीम धैर्य, दृढ़ संकल्प, उद्देश्य के प्रति अडिग निष्ठा, पूर्ण शान्ति तथा क्रोध का अभाव होना परम आवश्यक है। लेकिन चूँकि मनुष्य के लिए इन सभी गुणों का तत्काल विकास कर पाना सम्भव नहीं है, इसलिए जिसने अहिंसा के नियमों के पालन का व्रत न लिया हो, उस सत्याग्रही को उपवास पर नहीं बैठना चाहिए। उपवास विशुद्ध सत्य तथा अहिंसा पर आधारित होना चाहिए।[2]

यहाँ पर गांधी जी उपवास और आमरण उपवास में अन्तर करते हुए कहते हैं कि आमरण उपवास सत्याग्रह के शस्त्रागार का अन्तिम एवं सबसे शक्तिशाली शस्त्र है। यह एक पवित्र शस्त्र है। इसे इसके सम्पूर्ण निहितार्थ के साथ स्वीकार करना चाहिए। महत्त्वपूर्ण स्वयं उपवास नहीं है, बल्कि उसका निहितार्थ है।

गांधी जी उपवास को एक शक्तिशाली चीज समझते थे और कहते थे कि इसे यांत्रिक तरीके से नहीं किया जा सकता। उनके अनुसार, अनाड़ीपन के साथ करने पर यह खतरनाक साबित हो सकता है। इसके लिए पूर्ण शुद्धीकरण की आवश्यकता होती है—उससे भी कहीं ज्यादा आत्मशुद्धीकरण की, जो केवल मन में ही प्रतिकार की भावना लेकर मौत का सामना करने के लिए चाहिए। पूर्ण बलिदान का एक ही ऐसा कृत्य समूची दुनिया के लिए काफी होगा। अक्सर कई आलोचक गांधी जी की आलोचना इस बात के लिए करते हैं कि वे उपवास का प्रयोग दबाव की भाँति करते

---

1. नन्दकिशोर आचार्य, *सभ्यता का विकल्प*, पृ. 73
2. *हरिजन*, 13/10/1940, पृ. 322

थे, और यह हिंसा है। यहाँ पर यह देखना जरूरी है सत्याग्रही के तौर पर गांधी जी ने हमेशा अन्याय के विरुद्ध ही इसका उपयोग किया या फिर अपनी आत्मशुद्धि के लिए। गांधी जी स्पष्ट शब्दों में कहते हैं कि अगर विपक्षी को सत्याग्रह अनुचित मुद्दों को लेकर लगे तो कभी भी उसे उपवास की परवाह नहीं करनी चाहिए, भले ही इसके फलस्वरूप उपवास पर बैठे व्यक्ति की मृत्यु हो जाए। उनके शब्दों में :

> *'अगर लोग ऐसे उपवासों की अपेक्षा करने की आदत डाल लें—उनकी राय में, निकृष्ट उद्देश्यों को लेकर किये गए हैं—तो ऐसे उपवासों से जोर-जबर्दस्ती और अनुचित प्रभाव का कलंक दूर हो जाएगा। अन्य सभी मानव संस्थाओं की तरह, उपवास जायज और नाजायज, दोनों प्रकार का हो सकता है।*[1]
>
> *'यदि कोई व्यक्ति, चाहे वह कितना ही जनप्रिय तथा महान हो, किसी अनुचित मुद्दे को उठाता है और इस अनौचित्य की रक्षा के लिए उपवास करता है तो यह उसके मित्रों, सहयोगियों और सम्बन्धियों (जिनमें मैं अपनी गिनती भी करता हूँ) का कर्तव्य है कि उसकी प्राणरक्षा के लिए अनुचित मुद्दे को मनवाने की अपेक्षा उसे मर जाने दें। उद्देश्य अनुचित हो तो शुद्ध-से-शुद्ध साधन भी अशुद्ध बन जाते हैं।'*[2]

5. धरना

गांधी जी धरने का उद्देश्य नैतिक व आर्थिक सुधार मानते थे। उनकी नजरों में इसका राजनीतिक परिणाम एक गौण तत्त्व है। अत: इस प्रकाश में निम्न नियमों का उल्लेख किया[3] :

1. दुकानों पर धरना देने में आपका ध्यान खरीदनेवाले से जुड़ना चाहिए।
2. आपको कभी भी क्रेता या विक्रेता के प्रति असभ्य नहीं होना चाहिए।
3. आपको भीड़ आकर्षित नहीं करनी चाहिए या घेरा नहीं बनाना चाहिए।
4. आपका प्रयत्न—मौन प्रयत्न होना चाहिए।
5. आपको क्रेता या विक्रेता को अपनी सज्जनता से जीतना है, संख्या के भय से नहीं।
6. आपको यातायात में बाधा नहीं डालनी चाहिए।
7. आपको 'हाय-हाय' नहीं चिल्लाना चाहिए या शरमानेवाले अन्य उद्‌गार नहीं प्रकट करने चाहिए।

---

1. *हरिजन,* 9/9/1933, पृ. 5
2. *वही,* 17/3/1946, पृ. 43
3. *यंग इंडिया,* 19/3/1931, उद्धृत—*सत्याग्रह,* श्री रामनाथ सुमन, पृ. 466-67 एवं *यंग इंडिया,* 24/4/1930, उद्धृत—वही, पृ. 465

8. आपको प्रत्येक क्रेता की जानकारी होनी चाहिए तथा उसका पता, व्यवसाय आदि जानना चाहिए। आपको उसके घर और हृदय में प्रवेश पाना चाहिए।
9. आपको क्रेता और विक्रेता की कठिनाइयों को समझना चाहिए और जहाँ आप स्वयं उनको दूर न कर सकें, आपको अपने से बड़े कार्यकर्ता को इसकी सूचना देनी चाहिए।
10. अगर आप विदेशी वस्त्र की दुकान पर धरना दे रहे हैं तो आपको थोड़ी खादी या उसकी नमूना-पुस्तिका रखनी चाहिए, जिसमें दाम लिखे हों। आपको पास के खादी-भंडार जाना चाहिए, जहाँ आप खरीदार को ले जा सकते हैं। यदि खरीदार खादी नहीं खरीदना चाहता और मिल के कपड़े पर जोर देता है, तो आपको उसे देशी मिल वस्त्र दुकान दिखा देनी चाहिए।
11. आपको खरीदारों में बाँटने के लिए अपने पास सम्बद्ध साहित्य रखना चाहिए।
12. आपको मैजिक 'लालटेन और भजन-दल' के साथ या उनके बिना जुलूस या सभा का गठन करना चाहिए अथवा उसमें शामिल होना चाहिए।
13. आपको दिन भर के काम की एक सही डायरी रखनी चाहिए।
14. यदि आपको अपने प्रयत्न असफल होते लगें, तो निराश न हों किन्तु कारण और प्रभाव के सार्वभौम नियम पर भरोसा रखें और आश्वस्त रहें कि अच्छे विचार, वचन या कार्य निरर्थक नहीं जा सकते।

यहाँ स्पष्ट है कि गांधी जी सत्याग्रह की प्रविधि का कितना विस्तार से वर्णन करते हैं। सत्याग्रह की विभिन्न प्रविधियों में बल मुख्यत: अहिंसा को आधार बनाकर कार्य करने पर है। इसके अतिरिक्त गांधी जी समय-समय पर धरने के सम्बन्ध में, हड़ताल के सम्बन्ध में; बहिष्कार, पिकेटिंग इत्यादि के सम्बन्ध में दिशा-निर्देश जारी करते हैं तथा इन सभी कार्यक्रमों को रचनात्मक कार्यक्रम के साथ जोड़ते हैं। यहाँ पर उसे विस्तार देना सम्भव नहीं है। कृपया सन्दर्भ एवं टिप्पणी के अन्तर्गत इसे देखें।

सत्याग्रही का अदालत में व्यवहार

1. कानून की सविनय अवज्ञा करने का संकल्प करनेवाले सत्याग्रही को उस अवज्ञा के फलस्वरूप हो सकनेवाली पूरी सजा भुगताने को तैयार रहना ही चाहिए।
2. अत: जब किसी ऐसे कानून को भंग करने का इल्जाम लगाकर अधिकारी उसे पकड़ने आएँ तो वह बिना किसी आनाकारी के गिरफ्तार हो जाए।
3. अगर असलियत यह हो कि सत्याग्रही ने कानून तोड़ा ही न हो, फिर भी उसके खिलाफ झूठा सबूत पेश करके यह दिखाया जाना कि उसने कानून तोड़ा है, तो सत्याग्रही को चाहिए कि वह अदालत की कार्रवाई में भाग न

ले और अपना बचाव भी न करे। खुद का विचार उस कानून को तोड़ने का था ही, इसलिए बिना तोड़े ही जो सजा उसे मिल रही हो, उसे उसका स्वागत ही करना चाहिए।

4. कानून तोड़ा ही हो तो उसे चाहिए कि अपना अपराध स्वीकार कर ले और सजा माँग ले।
5. सफाई न देने के विषय में नीचे लिखे अपवाद हैं :
   (अ) सत्याग्रह सिद्धान्त के विरुद्ध होने के कारण, जिस प्रकार के अपराध के करने का उसने कभी इरादा ही नहीं किया हो, वैसे अपराध का इल्जाम उस पर लगाया जाए, तो सत्य की खातिर वह सफाई पेश करे; जैसे कत्ल के इल्जाम में।
   (आ) सत्याग्रहियों अथवा अधिकारियों के व्यवहार या नीति की कोई ऐसी बात पैदा हो गई हो जो सिद्धान्त या सार्वजनिक महत्त्व का विषय हो और इसमें सत्य प्रकट होने की आवश्यकता जान पड़ती हो, तो वहाँ सफाई देनी पड़ती है। जैसे—जब पुलिस ने अत्याचार किया है, इस बात की दिलजमई करके सत्याग्रही ने यह हकीकत जाहिर की हो, पर इस बात को गलत बताकर झूठी बात प्रकाशित करने का अभियोग उस पर चलाया गया हो, अथवा जब सत्याग्रही पर मार-काट और दंगे-फसाद को उत्तेजन देने का इल्जाम लगाया गया हो।
   (इ) जहाँ ऐसा ज्ञात पड़ता हो कि अधिकारियों ने उत्साह के अतिरेक में या भ्रम से ऐसे हुक्म निकाले हों जिनके बारे में यह मानने के लिए कारण हों कि सरकार का इरादा वैसे हुक्म निकालने का नहीं था, और जिन कानूनों की रूह से वे निकाले गए हों, वे कानून वैसे अधिकार अधिकारियों को देते हैं, यह न माना जा सकता हो तथा उन हुक्मों की बदौलत ऐसे साधारण लोगों के भी भारी संकट में पड़ने की सम्भावना हो, जिनका इरादा सत्याग्रह करने का न हो, वहाँ सफाई पेश करने की आवश्यकता उपस्थित हो सकती है।
6. सत्याग्रही अदालत के काम में भाग न ले। इसका अर्थ यह नहीं है कि वह अदालत के प्रति तुच्छता या अविनय का व्यवहार करे अथवा असत्याचरण करे। अत: उसे किसी अधिकारी का अपमान या उपहास न करना चाहिए और न उसे तुच्छतासूचक उत्तर देना चाहिए। इसके सिवा वह अपना नाम-धाम न छिपाए; परन्तु यदि अधिकारी मामले से सम्बन्ध न रखनेवाली अथवा दूसरे अभियुक्तों या मनुष्यों से सम्बन्ध रखनेवाली बातें पूछे तो सत्याग्रही उनका उत्तर देने के लिए बाध्य नहीं है और ऐसे जवाब देने से उसे विनयपूर्वक इनकार कर देना चाहिए।

7. जब तक सत्याग्रही पुलिस की हिरासत में होता है तब तक उसे नहलाने-धुलाने, खिलाने-पिलाने तथा सलाहकार और मित्रों से मिलने की सुविधा देना और उसके प्रति सभ्यता का व्यवहार करना पुलिस का फर्ज है। उसी प्रकार सत्याग्रही का कर्तव्य है कि वह पुलिस के साथ शिष्टता का व्यवहार करे। अगर पुलिस की ओर से अड़चनें पैदा की जाएँ, कष्ट दिया जाए, असभ्यता का बर्ताव या मारपीट की जाए तो सत्याग्रही को चाहिए कि वह इसकी सूचना पुलिस के बड़े अफसर को (वह मिल सके तो) दे, और वह न मिल सके या ध्यान न दे तो अपनी शिकायत मजिस्ट्रेट के सामने रखे। लेकिन मजिस्ट्रेट भी उस पर ध्यान न दे तो यह मानकर कि तकलीफें सरकार की सम्मति से दी जा रही हैं, अपने सलाहकारों को सारी हकीकत से आगाह करके शान्त रहना चाहिए।
8. यदि सत्याग्रही को जुर्माने की सजा दी जाए तो वह खुद कभी जुर्माना न भरे और न किसी को जमा करने की प्रेरणा दे, बल्कि जमा न करने का धर्म समझाए और उसके एवज कैद की सजा भुगत ले।
9. जुर्माना वसूल करने के लिए उसके घर यदि कुर्की ले जाई जाए तो अपना माल-असबाब कुर्क हो जाने दे और इससे अधिक हानि होती हो तो वह भी सह ले, पर खुद जुर्माना अदा न करे। क्योंकि जिसने अपनी सत्त्वरक्षा के लिए कानून तोड़ा है, उसके लिए सर्वस्व अर्पण करने को तैयार रहना चाहिए। इस कारण अपने हाथों जुर्माना अदा न करके वह अपनी सत्त्वहानि न होने देगा।
10. सत्याग्रही ऊँचा दर्जा प्राप्त करने का प्रयत्न न करे। वर्गीकरण के नियमों के पीछे कुछ अंश तक सत्याग्रहियों और मामूली कैदियों में तथा सत्याग्रहियों में भी परस्पर भेद डालने का हेतु रहता है। उसमें ईर्ष्या, भय और लाभ भी आते हैं। इसके सिवा इसका उपयोग भी अक्सर मनमाने तौर पर और नीचे का दर्जा देकर अधिक सजा देने के लिए किया जाता है। इसलिए वर्गीकरण की यह नीति ही उचित नहीं है। फिर भी सत्याग्रही को जो श्रेणी मिली हो, उसको वह भोगता हो तो यह नहीं कह सकते कि इसमें कानून भंग होता ही है।

सत्याग्रही का जेल में व्यवहार

1. सत्याग्रही जेल में भी अपनी शिष्टता और विनय कदापि न छोड़े।
2. जेल के नियमों को भंग करने की नहीं बल्कि साधारणतः पालन करने की वृत्ति रखे और जहाँ किसी महत्त्व के सिद्धान्त या स्वाभिमान का प्रश्न हो, वहीं नियम का विरोध करने को उद्यत हो। इस दृष्टि से वह कोई चीज चोरी से जेल में न लाए, किसी को घूस न दे तथा नियम के बाहर किसी प्रकार की सुविधा प्राप्त करने के लिए किसी की खुशामद न करे।

3. श्रम करना जेल का ही नहीं बल्कि प्रकृति या धर्म का नियम है। अतः जेल के नियमानुसार दिया हुआ काम स्वीकार करने या करने में सत्याग्रही जी न चुराए।
4. जो काम समय की अवधि के अन्दर अपनी तबीयत खराब होने या दूसरे कारण से पूरा न कर सकता हो, उसकी ओर उस काम के अधिकारी का विनयपूर्वक ध्यान दिलाए। फिर भी वह काम उसे सौंपा जाए तो उसे करने का यत्न करे और जो कष्ट हो, वह सह ले।
5. डॉक्टरी जाँच में उसे अपने रोग सही-सही बताने चाहिए। उसे कोई छूत वाली बीमारी हो तो उसे छिपाना न चाहिए।
6. कैदी अपने धर्म व नियम के विरुद्ध दवा या इलाज कराने को बाध्य नहीं है; पर इससे वह किसी दूसरी तरह की दवा या इलाज की अधिकारपूर्वक माँग नहीं कर सकता। टीका लगवाने जैसे कुछ इलाजों से इनकार करने पर वह दंड का पात्र भी समझा जा सकता है। कैदी का अगर सच्चा धार्मिक आग्रह हो तो उसे यह सजा भुगत लेनी चाहिए; पर महज सजा भुगत लेने को तैयार होने के कारण ही झूठ-मूठ उसे धार्मिक रूप देकर आग्रही न बने।
7. अपने स्वास्थ्य के सम्बन्ध में जो शिकायत हो और जिस सुविधा की आवश्यकता हो, उसे वह सम्बद्ध अधिकारी के सामने रखे। पर उस पर सन्तोषजनक कार्रवाई न हो तो उसे भी सत्याग्रह के कष्टों में मानकर शान्ति से सहन करे। ऐसी सुविधाएँ चुरा-छिपाकर प्राप्त करके स्वास्थ्य-रक्षा का प्रयत्न न करे। इस प्रकार स्वास्थ्य-रक्षा करने से अधिकारी यही समझेगा कि उसकी माँग अनुचित थी।
8. यदि ऐसे कोई व्रत-नियम हों जिनका पालन जेल में भी अवश्य हो तो उनके बारे में सम्बद्ध अधिकारी से कहकर आवश्यक सुविधा माँग सकता है। पर ऐसे खास व्रत-नियम वाला व्यक्ति जेल के ही खर्चे से उसका पालन करने का आग्रह नहीं रख सकता। इसलिए यदि अपने खर्चे से ऐसी सुविधा मिल जाए तो इससे उसे सन्तोष करना चाहिए। ऐसी सुविधा न मिले तो अपने व्रत-नियम का पालन करने के लिए जो कष्ट उसे सहना पड़े, वह सह लेना चाहिए।
9. केवल जेल-जीवन में पालने के लिए कोई खास व्रत-नियम सत्याग्रही को स्वीकार नहीं करना चाहिए।
10. मार या गाली अथवा जूठा, गन्दा, कच्चा, सड़ा या कीड़ा पड़ा हुआ खाना खा लेना कैदी का फर्ज नहीं है। अतः उसे ऐसी बातें सहन न कर लेनी चाहिए। मार-पीट या गाली-गुफ्ता की शिकायत की सुनवाई न हो तो

अधिक मार, गाली या सज़ा का जोखिम उठाकर भी वह काम करने से इनकार कर सकता है और आवश्यक होने पर उपवास भी करे।

11. न खाने लायक खुराक लेने से वह इनकार कर दे और उसके लिए जो सजा मिले, भुगत ले।
12. सत्याग्रही अपने या अपने ही वर्ग (क्लास) के कैदियों के लिए जेल-व्यवहार में सुधार होने या सुविधा मिलने के वास्ते सत्याग्रह न करे। हाँ, वह अन्याय-व्यवहार केवल उसके या उसके वर्ग के कैदियों के साथ ही किया जाता हो तो बात दूसरी है। पर सारी जेल-व्यवस्था में जो सुधार कराने की आवश्यकता हो, सिर्फ उसी के लिए उचित कारण और परिस्थिति मिलने पर वह सत्याग्रह का सहारा ले सकता है।
13. सत्याग्रही को इस प्रकार व्यवहार करना चाहिए जिससे जेल-व्यवस्था ठीक तौर से चलती रहे। सहयोग सत्याग्रह के सिद्धान्त का विरोध नहीं है, इसलिए इस तरह की सारी सहायता जेल-अधिकारियों को देना सत्याग्रही का धर्म है। पर सत्याग्रही जेल की वार्डरी या पहरेदारी आदि स्वीकार नहीं कर सकता।
14. छूटने के दिन बढ़ाने के लिए सत्याग्रही लालसा न दिखाए।
15. स्वराज्य के लिए किये जानेवाले सत्याग्रह का उद्‌देश्य सारी राज्य-व्यवस्था को जड़ से बदल देना है। इसलिए सत्याग्रही को जेल में कोई ऐसा आन्दोलन न उठाना चाहिए जिससे जेल-प्रबन्ध का सुधार एक स्वतंत्र लड़ाई बन जाए; किन्तु अक्षम्य, अमानुषी व्यवहार या नियम के खिलाफ उसे अवसर आने पर लड़ना चाहिए।

सत्याग्रही की नियमावली

23 फरवरी, 1930 के 'नवजीवन' में गांधी जी ने सत्याग्रही की नियमावली बताई :

1. सत्याग्रह का अर्थ है—सत्य का आग्रह। यह आग्रह रखने से मनुष्य को अतुल बल मिलता है। इस बल को हम सत्याग्रह का नाम देते हैं।
2. सत्य का आग्रह सच्चा हो तो उसे माता-पिता, स्त्री-पुत्रादि के मुकाबले, राजा-प्रजा के मुकाबले और अन्त में सम्पूर्ण जगत् के मुकाबले काम में लाना पड़ता है।
3. ऐसा व्यापक आग्रह करते समय स्वजन-परजन, बालक-वृद्ध, स्त्री-पुरुष का भेद नहीं रहता। अत: किसी के विरुद्ध शरीर-बल का उपयोग नहीं किया जा सकता। तो जो बल बचा, वह अहिंसा का—प्रेम का बल ही हो सकता है। इस बल का दूसरा नाम 'आत्मा का बल' है।

4. प्रेम का बल दूसरे को नहीं जलाता, खुद ही जलता है। इसलिए सत्याग्रही में मौत तक का कष्ट हँसते-हँसते सह लेने की शक्ति होनी चाहिए।
5. इससे यह स्पष्ट है कि सत्याग्रही प्रतिपक्षी का आत्यन्तिक विरोध करते हुए भी मन, वचन या काया से विपक्ष के किसी भी व्यक्ति का अहित न चाहे और न करे। इस विचार-श्रेणी से ही असहयोग, सविनय अवज्ञा इत्यादि उत्पन्न हुए हैं।
6. सत्याग्रह की इस उत्पत्ति को जो याद रखेगा, वह नीचे लिखे नियमों को आसानी से समझ सकेगा :
   - सत्याग्रही किसी पर क्रोध न करेगा।
   - वह विरोधी का क्रोध सहन करेगा।
   - क्रोध सहन करते हुए वह विरोधी की मार सह लेगा पर उसे कदापि न मारेगा। इसी प्रकार गुस्से में दिये गए उचित या अनुचित आज्ञा को भी पिटाई या और किसी डर से न मानेगा।
   - सिपाही के पकड़ने पर वह खुशी से गिरफ्तार हो जाएगा। माल-जायदाद जब्त करने आने पर वह आसानी से दे देगा।
   - दूसरे की सम्पत्ति अपने संरक्षण में होगी तो उसका कब्जा वह मरते दम तक न छोड़ेगा, फिर भी कब्जा करने आनेवाले को मारेगा नहीं।
   - न मारने के मानी गाली न देना भी है।
   - इस दृष्टि से सत्याग्रही विरोधी का अपमान न करेगा। आजकल प्रचलित कितने ही हिंसक नारे सत्याग्रही के लिए सर्वथा त्याज्य हैं।
   - सत्याग्रही ब्रिटेन के झंडे को सलामी नहीं देगा, पर उसका अपमान भी न करेगा। अधिकारी या किसी अंग्रेज का वह अपमान न करेगा।
   - आन्दोलन के सिलसिले में किसी अंग्रेज व किसी सरकारी कर्मचारी का कोई अपमान करे या उस पर हमला करे तो सत्याग्रही अपनी जान जोखिम में डालकर उसकी रक्षा करेगा।

जेल-सम्बन्धी

- कैद हो जाने पर सत्याग्रही जेल में उन तमाम नियमों का पालन करेगा जो आत्म-सम्मान के विरुद्ध न हों और अधिकारियों के साथ शिष्टता से व्यवहार करेगा। मसलन—वह अधिकारियों को साधारणत: नमस्कार करेगा, पर वे नाक रगड़ने को कहेंगे तो न रगड़ेगा। वह सरकार की जय न बोलेगा। जेल का साफ-सुथरा भोजन, जिसमें कोई धार्मिक आपत्ति न हो, वह ले लेगा। सड़ा हुआ, कूड़ा-मिट्टी मिला हुआ, मैले बर्तन में परोसा हुआ या अपमानपूर्वक दिया हुआ खाना वह न लेगा।

- सत्याग्रही खूनी कैदी और अपने में भेद न मानेगा। इसलिए उससे अपने को ऊँचा मान या बतलाकर अपने लिए विशेष सुविधा न माँगेगा, पर शरीर या आत्मा की आवश्यकता की दृष्टि से जरूरी सुभीता माँगने का उसे अधिकार है।
- जिसमें आत्मसम्मान भंग न होता हो, वैसी रियायतें न पाने पर सत्याग्रही उपवास आदि न करे।

दल-सम्बन्धी

- अपनी टुकड़ी के सरदार के जारी किए हुए सम्पूर्ण आदेशों का पालन सत्याग्रही खुशी से करेगा, चाहे वे उसे पसन्द हों या न हों।
- आदेश अपमानजनक हो, द्वेष-प्रेरित या मूर्खता से भरा मालूम होता हो, तो भी उसका पालन करके, फिर ऊपर वाले अफसर से शिकायत करे। दल में शामिल होने से पहले शामिल होने की शर्तों पर विचार करने का अधिकार सत्याग्रही को है। पर शामिल हो जाने के बाद दल के कड़े-नरम नियमों और उनके नियमन का पालन धर्म हो जाता है। दल के समूचे व्यवहार में अनीति दिखाई दे तो सत्याग्रही उससे अलग हो सकता है, पर उसमें रहकर नियम-भंग करने का अधिकार उसे नहीं है।
- किसी सत्याग्रही को किसी से अपने आश्रितों के भरण-पोषण की आशा न रखनी चाहिए। किसी के लिए कोई प्रबन्ध हो जाए तो उसे अनपेक्षित बात समझे। सत्याग्रही को अपने को और अपने आश्रितों को ईश्वर की शरण में ही छोड़ना चाहिए। शरीर-बल के युद्ध में भी, जहाँ लाखों लोग लड़ते हैं, किसी का भरोसा नहीं रखा जाता। सत्याग्रही युद्ध के बारे में तो कहना ही क्या! सार्वभौम अनुभव यह है कि ऐसों को ईश्वर ने भूखों नहीं मरने दिया।

साम्प्रदायिक झगड़ों में

- सत्याग्रही साम्प्रदायिक लड़ाई-झगड़ों का कारण जान-बूझकर हर्गिज न बने।
- यदि साम्प्रदायिक झगड़ा हो जाए तो सत्याग्रही किसी की तरफदारी न करे। जिधर न्याय देखे, उसकी मदद करे। वह खुद हिन्दू होगा तो मुसलमान इत्यादि मजहब वालों के प्रति उदारता दिखाएगा, और हिन्दुओं के आक्रमण से उन्हें बचाते हुए अपने प्राण तक दे देगा।

यदि मुसलमान आदि का हिन्दू पर हमला हो तो हिन्दू की रक्षा करने में वह अपनी जान दे देगा, पर उन पर किये जानेवाले जवाबी हमले में हर्गिज शरीक न होगा।

- जिन प्रसंगों से साम्प्रदायिक झगड़े उत्पन्न हो सकते हैं, उनसे वह अपने को भरसक अलग रखेगा।
- सत्याग्रही को यदि जुलूस निकालना पड़े तो वह ऐसा कोई काम न करेगा जिससे किसी भी सम्प्रदाय का दिल दुखे। दूसरों के निकाले हुए ऐसे जुलूसों में भी वह शरीक न होगा जिससे किसी धर्म-सम्प्रदायवालों का दिल दुखता हो।

सत्याग्रही की योग्यता

26 मार्च, 1939 के 'हरिजन-बन्धु' में गांधी जी ने एक लेख में सत्याग्रही के लिए कम-से-कम निम्नलिखित योग्यताएँ आवश्यक मानी हैं :

1. उसे ईश्वर पर ज्वलन्त विश्वास होना चाहिए, क्योंकि वही एकमात्र अटूट आधार है।
2. उसकी सत्य और अहिंसा में धर्मभाव से श्रद्धा होनी चाहिए और इसलिए मनुष्य-स्वभाव के अन्दर बसनेवाली भलाई में उसका विश्वास होना चाहिए। इस भलाई को सत्य और प्रेम के द्वारा स्वयं दुख सहकर जाग्रत् करने की वह सदा आशा रखे।
3. वह शुद्ध जीवन बितानेवाला हो तथा अपने लक्ष्य के लिए अपना जान-माल कुरबान करने को हमेशा तैयार रहे।
4. वह आदतन खादीधारी और साथ ही कातनेवाला हो। भारतवर्ष के लिए यह बहुत ही जरूरी चीज है।
5. वह निर्व्यसनी हो और सभी प्रकार की नशीली वस्तुओं से दूर रहे, जिससे उसकी बुद्धि सदा निर्मल और मन निश्चल रहे।
6. समय-समय पर बनाये गए अनुशासन के नियमों का वह प्रसन्नतापूर्वक और मन से पालन करे।
7. वह जेल-नियमों का पालन करे—सिर्फ उन नियमों को छोड़कर जो उसके मानभंग के लिए ही खास तौर से गढ़े गए हों।

सामुदायिक सत्याग्रह

कहीं भी सामुदायिक सत्याग्रह करने के लिए आगे लिखी अनुकूलताएँ आवश्यक हैं। इनके अभाव में सामुदायिक सत्याग्रह शुरू करने में मार-काट मच जाने से

आपस में और जिसके मुकाबले सत्याग्रह शुरू किया गया हो, उससे वैर–विरोध बढ़ने का डर रहता है। और सम्भव है, आखिर में बल–प्रयोग या दमन के कारण जनता भयभीत हो जाए तथा और ज्यादा दब जाए :

1. सत्याग्रह शुरू करने की इच्छा रखनेवाले नेताओं में परस्पर सम्पूर्ण विश्वास और विचारों की एकता होनी चाहिए। यदि एक–दूसरे की ईमानदारी पर शंका या नेता की विचारधारा पर अविश्वास या अर्द्धविश्वास हो तो इसे सामुदायिक सत्याग्रह के लिए प्रतिकूल परिस्थिति समझना चाहिए।
2. यदि सत्याग्रह चलाने की इच्छा रखनेवाले नेताओं में भिन्न–भिन्न राजनीतिक विचारों के लोग हों तो सत्याग्रह के तात्कालिक उद्देश्य के बारे में भिन्न–भिन्न प्रकार के राजनीतिक विचारों के वाद–विवाद या उस दृष्टि से की जानेवाली आलोचनाओं को बन्द करने में सबको एकमत होना चाहिए।
3. सत्याग्रही नेताओं का जनता पर इतना काबू होना चाहिए कि लोग उनकी दी हुई हिदायतों पर खुशी से और लगन से अमल करें। उनकी मना की हुई बात या काम कभी न करें।
4. जनता का नेताओं पर इतना विश्वास होना चाहिए कि विरोधियों की ओर से उनके विषय में चाहे जैसी बातें कही–फैलाई जाएँ, पर उनसे अपने में बुद्धि–भेद न होने दें।
5. स्वराज्य अथवा उत्तरदायित्वपूर्ण शासन–प्रणाली प्राप्त करने के उद्देश्य से सत्याग्रह करना हो तो सत्याग्रह आरम्भ करने के पहले ही महत्त्व वाले साम्प्रदायिक प्रश्नों के बारे में समझौता हो जाना चाहिए। ऐसी परिस्थिति न रहने देनी चाहिए कि ऐसे सवाल खड़े करके विरोधी पक्ष जनता में फूट डाल सके।
6. सत्याग्रही की योग्यता वाले प्रकरण में बताई हुई शर्तों में विश्वास होते हुए जो उनका पालन नहीं कर सकते, उन्हें सत्याग्रह के तीव्र अर्थात् जोखिम वाले कार्यक्रम में शरीक न होना चाहिए, पर बाहर रहकर वे जनता के विधायक कार्यक्रम को भली भाँति चलाते रहें और उसकी जिम्मेदारी अपने ऊपर ले लें। आम जनता को उन्हें पूरा–पूरा सहयोग देना चाहिए।
7. सत्य और अहिंसा द्वारा स्वराज्य प्राप्त करने के लिए साम्प्रदायिक एकता, अस्पृश्यता–निवारण, व्यापक खादी–प्रचार और मद्य–निषेध के विषय में यदि जनता में प्रबल बहुमत तथा सत्याग्रह में दिलचस्पी रखनेवालों में सम्पूर्ण एकमत न हो तो सामुदायिक सत्याग्रह के लिए अनुकूल परिस्थिति नहीं मानी जा सकती। तब तक सच्चा स्वराज्य असम्भव ही है।
8. सत्याग्रह की किसी भी लड़ाई के पूर्व और उसके दौरान भी विरोधी व्यवस्था या अधिकारी के विषय में तिरस्कार का भाव न होना चाहिए

और ऐसा भाव पैदा करनेवाली भाषा का व्यवहार नहीं करना चाहिए। यदि प्रचारकों को वैसा करने से रोका न जा सकता हो तो यह अनुकूल परिस्थिति नहीं मानी जा सकती।

9. गुप्त प्रबन्ध किये बिना सत्याग्रह का जारी रहना शंकास्पद हो तो यह अनुकूल स्थिति नहीं है।
10. जब तक अनुकूल परिस्थिति न हो तब तक चतुर्विध रचनात्मक कार्यक्रम तथा दूसरी लोकोपयोगी सेवा करते रहना ही स्वराज्य की साधना है। बहुत वर्षों तक ऐसा करना पड़े तो भी इसमें हानि नहीं है। इसे प्रगति ही कहेंगे, पीछे हटना नहीं।

इस प्रकार हम देख सकते हैं कि गांधी जी सत्याग्रह की सैद्धान्तिकी को कितने विस्तार से स्पष्ट करते हैं। जन–आन्दोलनों के सन्दर्भ में यह बहुत ही महत्त्वपूर्ण है कि जन–आन्दोलन अपनी प्रविधि में इस विचार को कहाँ तक उतारने की कोशिश करते हैं। अपने चरित्र में अहिंसक आन्दोलन गांधी जी की प्रविधि को किस रूप में स्वीकार करते हैं, यह भी देखना महत्त्वपूर्ण है।